藤巻健史

# 藤巻健史の資産運用大全

GS 幻冬舎新書 610

# はじめに

　JPモルガン時代のボスのマーカス・マイヤー氏が、数年前「あんなに日本を愛していたフジマキがいうのだから、日本の財政危機は本当なんだろうな」とおっしゃってくれたことがあります。日本人は冷静に現状を見つめるべきです。危機感を持たないと、ご自身とご家族を守っていくことができません。その来《きた》るべき危機に対して、私は各種の媒体で、「米ドル」と「暗号資産」を買うことをお勧めしてきましたが、本書では**一歩進んだ金融手法**をご教示したいと思います。本書は、いわゆる「**金融の教科書**」ですが、学者になりたい人のために書かれた本ではありません。個人が近い将来に経験するであろう困難から「**どうやって財産と生活を守るか**」を書いたつもりです。

　私は自他ともに認める金融市場の最前線で働いてきた人間です。最初から自慢話になって恐縮ですが、モルガン銀行（現JPモルガン・チェース銀行）の在日代表&東京支店長時代は、世界最大規模のリスクを取ること（リスクテイカー）を許され、長年、世界のJPモルガンで

〝儲け頭〟だった男です。

多くのヘッジファンドオーナーたちがリスクテイカー仲間として付き合ってくれていた唯一の日本人だとも自負しています。それゆえに当時世界最強の銀行と評価されていたＪＰモルガンの会長から「伝説のトレーダー」と呼んでいただいたのです。

英語で「伝説の」は最高の誉め言葉です。相場の予想がよく当たり、しかも予想を生かすための金融商品についての深い知識を持っていたからこそ、会社の利益に貢献できたと思います。その知識と経験を、本書で存分にお話ししたいと思っています。

ここまで財政赤字が世界断トツで膨れ上がり、日銀がメタボになっている日本の状況は異常です。国難ともいえると思います。正直、私は「日銀にはもう出口戦略はない」と思っています。

唯一の解決策は「日銀を廃し、新しい中央銀行を創設すること」ぐらいだと思います。そう発言すると、「フジマキは過激だ」とよく非難されます。

ただ私は自分自身を、過激な人間だとは全く思っていません。一橋大学商学部と米国ノースウエスタン大学のビジネススクールでオーソドックスな金融教育を受け、三井信託銀行とＪＰモルガンでオーソドックスな金融を実践し、実績を上げ、そして一橋大学経済学部で13年間、早稲田大学の大学院（商学研究科）で6年間、学生にオーソドックスな金融の仕組みを教え、期末試験の作成も担当してきました。

その私の目から見ると、今、日銀がやっている政策は、余りにも常識からかけ離れているのです。だからこそ、日銀の行く末に悲観的にならざるを得ません。

一国の中央銀行の破綻ですから、それはとりもなおさず、国民生活に大打撃を与えます。

本書では、第1部でオーソドックスな金融の仕組みを解説します。また、今の日銀がいかに無謀なことをやっているかを知ることも現状を把握するうえで欠かせませんから、それについても解説しています。

今の世の中、トンデモ理論を主張している方々が多いのですが、私にいわせると、金融の本来の仕組み、基礎を知らないがゆえの暴論・楽観論が大半のように思います。

金融知識があれば、ニュースの理解も早くなるでしょうし、起きていることの背景もおわかりいただけると思います。

そして、「いざというときに、どうすべきか」もすぐわかるようになるのです。

つまり**金融知識は、今の世の中では、身を守る財産となる**のです。

私はプロとして、多くの金融商品（主にデリバティブ／金融派生商品）を使いこなしてきました。本書では、**その金融商品の中でも個人投資家が簡単に使え、そして適切に運用すれば、来るべき「Xデイ（日本経済が大混乱に陥る日）」を乗り切る際に極めて有効な商品を取り上げ、その活用法を説明しています。**

**景気がいいとき用の投資本は数多《あまた》あれど、株や債券、円の暴落時に備える資産運用本はほとんどないと思います。**

母校・一橋大学で非常勤講師として講座を持っていたときは、オリエンテーションで「財政危機の可能性」を述べました。最初は机に突っ伏している学生が、ガバッと起き始めるのを見るのは、微笑ましいものでした。そこで私は、こう言います。

「君たちが会社に入って、その会社の社長から『フジマキの話は大げさだが、2割の確率なら私も財政破綻リスクがあると思う。万が一に備え、対策を練っておけ』と言われたとする。そのときにきちんとした対策を進言できるようにするのが、この授業の目的だ」

その言葉につられたのか、毎年、非常に多くの学生が講座を取ってくれました。「財政破綻対策」の初級はドルへの投資と暗号資産口座の開設なのですが、中・上級編は「デリバティブ」の活用です。それも「プレイン・バニラ（基本的な）」の活用です。

デリバティブと聞くと、すぐ悪者扱いしたり、腰が引けたりする方が多いのですが、忌み嫌うものではありません。食わず嫌いなだけだと思うのです。

ある銀行の入社試験の説明会で、学生の一人が「デリバティブの仕事をしたいのですが、理系でないとダメですか？」と質問したところ、人事担当者が「ある外銀（外資系銀行）にフジマキさんという人がいて、めちゃくちゃ文系なのにデリバティブを使いこなして莫大な利益を上げたんですよ」と答えたという話が伝わってきたことがあります。

「めちゃくちゃ文系」という表現には、ちと抵抗感がありますが、デリバティブが決して難しいものでないことを説明するのに、これほど適した言い方はないのかもしれません（苦笑い）。

学者や先生になるためには必要でも、実戦では必要でない知識は、本書では省いています。些末なことは、必要なときにウェブ先生に聞けばよいのです。

ぜひ本書を読んで、プロの技を盗んでいただきたいと思うのです。

なお、本書は2020年6月から7月にかけて5回シリーズで、インターネットで行った「藤巻健史の金融マーケット講座～with コロナを生き抜くためにプロの金融知識を学ぶ」をベースにまとめました。高額な受講料にもかかわらず、定員が瞬時に埋まり、多くの方がご参加くださいました。

その際、数多くの質問をいただき、参加者の方たちがどういう点に疑問を持ち、知りたいと思っているのかがよくわかりました。それらの質疑応答も載せていますので、読者の方たちがさらに知識を深めていただけたら、とてもうれしく思います。

２０２０年11月

藤巻健史

藤巻健史の資産運用大全／目次

図版・DTP　美創

第1部

# 実戦で役立つ、金融マーケットの基本

# 第1章 経済が手にとるようにわかる基礎知識

## 先物取引は「悪」ではない

講義を始める前に、この講義でしばしば出てくる基礎概念をいくつかお話ししておきます。講義に共通する必要な知識だからです。

「はじめに」でJPモルガンの中でも稼ぎ頭だったことをお話ししましたが、儲けの95%ぐらいはデリバティブで稼いでいました。デリバティブの知識があり、活用法を熟知していたからこそ、大きな利益が上げられたのだと思っています。デリバティブとは先物、オプション、スワップ等のことをいうのですが、中でも「先物」はデリバティブの代表です。

しかし「先物」と聞くと、「何か危ないもの」「投機みたいなもの」「まがいもの」などの悪いイメージを持っていらっしゃる方が多いのではないかと思います。そこで、最初に「先物は決して危ないものではない」「まがいものではない」というお話をさせていただきます。

皆さんが「マーケット」という言葉を聞いて、まず思い浮かべるのは「現物市場」だと思います。それに対比されるのが「先物市場」です。

「現物市場」と「先物市場」では何が違うかというと、実はあまり差がないのです。取引をするときは、まず契約をし、その後、決済をします。

決済というのは、「モノやサービス」と「お金」を交換することです。取引には「契約」と「決済」という2段階があるのです。

ここにおいて現物取引と先物取引で何が違うかというと、決済日の「差」のみです。商品とお金を交換する日が今日、契約と同時に決済をするのが現物取引なのです。

現物の株の決済は、厳密には2営業日後ですが、ほとんど同じですから、同じ日に決済すると考えてください。要するに契約したら、すぐ決済をするのが現物取引。一方、契約をした後、しばらく先に決済をするのが先物取引。それだけの差なのです。決済日が今日か、もしくは将来か。これだけの違い。

不動産取引は、考えようによっては先物取引なのです。大多数の不動産取引では、今日、契約を交わしても、とりあえずは手付金を払うだけ。例えば10%だけ手付けを打ちます。

それから銀行に行って、融資の申請をする。例えば3カ月後に融資決定がおりれば、売買価格の残り90%の融資額を銀行から受け取り、それを売り主の銀行口座に振り込む。その振り込み済みの証明と交換に権利証を譲り受ける、というのが通常の不動産取引だと思います。これが決済です。残額を支払って、権利証を受け取る。まさに今日契約し、しばらく先に決済をする。ですから不動産取引は、先物取引なわけです。

先物取引は、現物取引と何が違うのか？　一つは「売りが先行できる（ショートができる）」ことです。これは不動産ではなく、株の例で話します。

私の父が東芝のサラリーマンだったものですから、東芝には愛着があります。ですので、株の例では東芝株を使わせてもらいます。

現物市場で、東芝の株を買うのは、お金さえ持っていれば簡単にできますが、逆に売りは難しい。２日後に株券を渡そうにも、手元に株券がないのですから。渡すには、誰かから借りてこなくてはならないのです。

ところが、例えば決済が２カ月後の先物取引で売れば、２日後に株券を持っていなくても、大丈夫です。株価が今後下がると思うときは、うれしいですね。

例えば、今日１００円で、東芝株を１００株、２カ月後の先物取引で売った。予想通り株価が下落してきたので、１週間後に40株を90円で現物市場にて買い、１カ月後に50株を80円で現物市場で買い、その10日後に10株を75円で現物市場で買う。そうして約束の２カ月後に１００株を売り渡す。値段は２カ月前に決めた１００円です。ですから利益を上げられるわけです。

## 図表1-1　BさんがAさんから土地を買い、すぐCさんに売る場合

| | 6/18<br>（土地1億円） | 7/20<br>（土地3億円） | 9/20<br>（決済） |
|---|---|---|---|
| 土地の動き | A→B | B→C | 権利証<br>A→B→C |
| Bさんの資金の動き | −1,000万円<br>（Aさんへ支払い） | +3,000万円<br>（Cさんから入金） | −9,000万円<br>（Aさんへ支払い）<br>+2億7,000万円<br>（Cさんから入金） |

**現物取引　1億円の元手で2億円の儲け**

**先物取引　1,000万円の元手で2億円の儲け**

このように先物取引では、買戻しに時間的な余裕があるので、売り先行が簡単にできるのです。もう一つの現物取引との大きな違いは、レバレッジが効くことです。

レバレッジとは「てこの原理」なのですが、これは不動産取引で説明したいと思います。

図表1－1を見てください。6月18日に、BさんがAさんから9月20日決済をするという契約で土地を1億円で買った。この日、Bさんは手付金として1000万円をAさんに渡します。1億円で買う契約をしたのですが、今日払うのは10%、1000万円だけです。そして、残りの9000万円の融資の交渉を銀行と始めます。

ところが、7月になってみたら隣に道路が通ることになり、利便性が上がって、地価が上がり、なんと3億円にまで急騰した。静かな住宅地を求

めていたBさんは「ちょうど儲かることだし」と転売をすることにした。

9月20日までは権利証がないので、9月20日付でCさんに3億円で転売します。Cさんからは、この日（7月20日）は3億円の10％の手付金３０００万円を受け取るだけです。

そして2つの取引の決済日の9月20日、BさんはAさんに銀行融資で得た残金の９０００万円を渡し、Cさんからは残金2億７０００万円を受け取ります。

権利証は9月20日に、それまで保有していたAさんがBさんに渡し、Bさんは即Cさんに渡します（注：昔は、紙による登記済証〈＝権利証〉があり、不動産売買の際にそれを授受していました。そのほうが説明が簡単なので、昔の方式で説明させていただきました）。

この取引の結果、Bさんは2億円儲かりました。6月18日にAさんに１０００万円払い、7月20日にCさんから３０００万円をもらい、決済日の9月20日にAさんに９０００万円払い、Cさんから2億７０００万円もらうからです。

2億円を儲けるためにBさんがいくらの資金を使ったかというと、最初に払った手付金１０００万円だけです。確かに銀行から９０００万円借りていますが、この不動産取引の儲けの2億円で即座に返せます。結局１０００万円で2億円の儲けを生み出したことになります。これを「レバレッジが効く」といいます。

一方、現物取引（＝契約と決済日が一緒）だとしたら、現金を1億円持っていないと、この土地をAさんから買うことができません。Cさんに3億円で売却し2億円儲けるためには、1億円のお金が必要だったことになります。

要はレバレッジが効いているので、少ないお金で大きく儲けられるのが先物取引なのです。株や債券には先物市場があるので、少額の証拠金を取引所に置くことによって、大きな利益を得ることができるのです。

もちろん逆もあるわけで、少ない金額で大きく損をすることもあります。そのあたりの注意がとても重要になります。

まとめます。現物取引と先物取引、その差というのは、決済日が今日か将来かの差にすぎない。その差によって、先物取引に2つの大きな特徴が出る。一つは、売りが簡単にできる。2番目に、少ないお金で大きく儲けられる、ということです。

私がJPモルガンで先物取引をやっていた頃は、日本の金融機関は、お金があってそれを運用するために、買うことしかやりませんでした。値段が下がりそうなときは、ただ損を極小化することしか頭になかったのです。

ところが私は、どのマーケットでも値段が下がると予想した際に、先物取引で売りをしたのです。それが、日本の金融機関が儲からなくても、私が大儲けできた理由です。

もし、近い将来、Xデイが来て、多くのモノの値段が下がるのなら、先物はとても魅力的な商品になるということです。

またROA（総資産利益率）を気にする米銀においては、先物はバランスシートを使わずに大きな勝負ができる、魅力的商品でした。

先物取引と現物取引の違いは、決済が将来か今日かにすぎないのですから、先物を悪者扱いにする人は「決済は、今日やらないといけない。決済を将来する取引は、悪魔の取引だ」といっているに等しくなります。「先物取引は悪者」というのは完全な偏見なのです。

## 投機家は「悪」ではない

世の中には先物と同様に、投機家を悪者扱いする人がいます。これも偏見です。それも最初にお話ししておきたいと思います。

ある米国人が「投資をして成功すると投資家といわれ、失敗すると投機家といわれる」と、うそぶいたことがあると聞きました。「言い得て妙かな」と思います。それはともかくとして、投機家、投資家というのは資本主義社会においては、重要な構成要因です。

世界が、そして日本が資本主義の国であろうとする限り、マーケットは必要不可欠です。市場（マーケット）主義とは、資本主義と同義語なのです。

マーケットは、実際の需要だけでは成り立ちません。投機取引のほうが実需取引より何百倍、何千倍、何万倍と大きいのです。大量の投機筋が入ってきて、初めてマーケットが成立します。投機家は、そのマーケットに流動性を与えるためには不可欠な存在なのです。

流動性があるとは、いつでも断続的に取引ができる状態です。大学の経済学部（近代経済学）では、資本主義は「見えざる手で、資源の最適配分がなされる制度」と習います。

マーケットの参加者たちが自分の利益のことだけを考えて行動することで、その国なり経済主体なりが最適な資源配分という利益を享受できる仕組みなわけです。

そのマーケットの構成要因であるならば、その参加者は悪でも善でもありません。善悪で判断するような対象ではなく、単に「必要な人」だからです。投機家だからといって、悪者扱いしてはいけないのです。

皆さんが米国に行くのに、ドルが必要になったとします。投機家がいなければ、羽田空港や成田空港に行って、ユナイテッド航空などの飛行機から降りてくる米国人に「ドルと円を交換してくれ」と頼まなくてはいけなくなるかもしれません。そうなると、円をドルに替えるときは1ドル１５０円で、余ったドルを円に替えるとなると1ドル70円、などという世界になってしまってもおかしくないのです。要は、たくさんの投機家がいることによって、1ドル１０７円で買って１０６円で売れる世界が成立するのです。

## 正味現在価値とは何か

「正味現在価値」という言葉にも最初に触れておきたいと思います。

英語では“Present Value”というのですが、「今日の100円と1年後の100円、あなたはどちらがいいですか？」という話です。

今は金利が非常に低いので、あまり差はないかもしれませんが、金利が高ければ、今日の100円のほうが1年後にもらえる100円より、うれしいと思います。

今日100円もらえれば、銀行預金をして、利息を稼げるからです。ですので1年後の100円よりは、今日100円もらって運用して利息を稼いだほうがいいわけです。

その意味で「今日の100円」と「1年後の100円」では価値が違うのです。「1年後の100円は、今日のいくらに相当するか？」の答えが“Present Value”なのです。

今、手元に100円あったとします。金利が年率5％だとすると1年後には105円になります。逆にいうと、1年後の100円は、今のいくらに相当するかといえば、「X×1・05=100円」のXですから、X=95・238で95円23銭8厘ということになります（図表1－2）。

1年の金利が5％のとき、1年後の100円の現在価値は、95円23銭8厘なのです。同じように金利がずっと5％だとすると、今日の100円は2年後に110円25銭になります。1年

**図表1-2　正味現在価値**

**1年目**

$100 \times 1.05 = 105$

$X \times 1.05 = 100$

1年後の100円の正味現在価値　$X = 95.238$

**2年目**

$(100 \times 1.05)^2$

$= 110.25$

$(X \times 1.05)^2 = 100$

2年後の100円の正味現在価値　$X = 90.703$

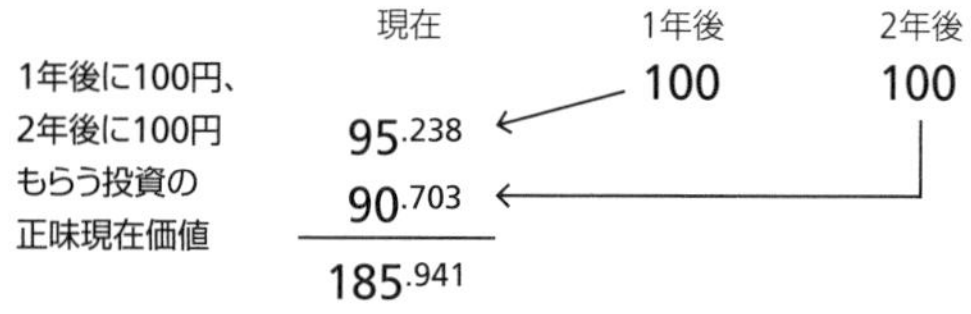


後は105円、2年後は100円×1・05の2乗で、110円25銭です。

逆にいえば、2年後の100円は今いくらか？　といえば、90円70銭3厘になります。

1年後には100円もらえる、2年後にも100円もらえるということは、今日185円94銭1厘もらうのと同じことになるわけです。

この理屈がわかっていると、2年間で200円儲かる投資でも、例えば「1年目に150円儲かり、2年目に50円儲かる」投資と「1年目に70円儲かり、2年目に130円儲かる」投資と、どちらが得なのかの判断ができます。

「正味現在価値」に直して、判断ができるということです。

　金利が現在のように低ければ、あまり関係ないのですが、金利が高くなればなるほど、この正味現在価値という概念は重要になってくるわけです。これは知識として覚えていただければと思います。

## 裁定取引とは何か

　市場間には、ゆがみができます。そのゆがみを狙って、ゆがみをなくす動きが「裁定取引《さいていとりひき》」です。

　ゆがみにより生じる細《ささ》やかな利益を狙って裁定取引をする人がいるおかげで、先物と現物の間などに生じた不合理な動きが解消されるのです。

　私が1980年に三井信託銀行で最初にディーラーになったときの仕事が、この裁定取引でした。この頃は、まだ情報端末も発達しておらず、情報の伝達に時間がかかっていました。

　三井信託銀行の本店のディーリングルームには、為替課長席に1台、資金課長席に1台の情報スクリーン（ロイター端末）しかありませんでした。今のディーリングルームはまさに様変わりしました。

　当時、東京市場とシンガポール市場で、金利がかなり異なる瞬間が生じたことがありました。そこで、私のような裁定者が出場したのです。東京市場で6カ月間の資金を4・25％で借り入れし、シンガポール市場で4・5％で貸し出し、6カ月間0・25％の鞘《さや》を取るのです。典型的な裁定取引でした。

国際電話があり、英語ができれば、できる取引でした。そのうち同じようなことをする人が現れ、東京市場の金利は（借り手が多くなって）上昇し、シンガポール市場では出し手が多くなって、金利は下がっていきます。そして東京市場とシンガポール市場の金利は、同じレベルになったのです。

1980年に10分か15分ほど続いた市場間の金利差は、今なら数秒しか継続しないでしょう。情報が一瞬で世界中を駆け回り、取引手段も電話を通じて、などという悠長な時代ではなくなったからです。

余談ですが、JPモルガンに移ってから同じようなことをしようとして、どやされました。「バランスシートを、そんな薄利ビジネスに使うな」との理由です。犯罪者のような怒られ方でした。

米銀はROA（総資産利益率）を非常に気にするからです。株価に影響するからでしょう。それがゆえに先ほどお話ししたように、私もバランスシートを使わないデリバティブに傾倒していったともいえます。

## 理解を深めるための質疑応答

**Q** 仕事で市場部門業務に携わらなくても、マーケットの動きを深く理解する勉強法でお勧めの方法があったら教えてください。

**A** 一番の勉強法は、やはり自分でやってみることだと思っています。私は一橋大学で13年間、早稲田大学の大学院で6年間、非常勤講師をさせていただいていたのですが、よくいっていたことがあります。

「もし、私が租税法の先生で、相続税のことを教えても、皆さんのモチベーションは〈優〉評価を取るぐらいのことで、そんなに一所懸命、勉強しないと思います。しかし、お父様が亡くなられた直後で、相続税の申告期限が迫っていれば、必死に勉強すると思うのです。

少額でいいから何かをやってみる。それも親からもらったお金でなく、アルバイトでもいいから自分で稼いだお金で少額やってみる。為替でも、ミニ債券先物でも、株先やオプションでも、興味のあるものをやってみる。自分のポケットからだと、たとえ少額でも、儲けよう、損をしまいと必死に勉強するからです」

それと同じで、少額でいいですから「まずやってみる」ことが一番重要かなと思っています。

どんな情報が重要なのか、誰の分析を参考にするのかなどは、実戦を通して学べるのです。

**Q　財政ファイナンスの状況（米国22%、日本50%）等の情報を得ようとした場合、どこにアクセスすればいいでしょうか？　金利の動向など、どこから情報を得ていますか？**

**A**　現役のトレーダー時代、「儲けを生むような秘密情報は、どこから得るのですか？」とよく聞かれました。この情報化時代、プロだけが独占する情報など、ほとんどありません。個別株の情報ならいざ知らず、私がやっていた株、金利、為替のインデックス取引では、皆無といっていいでしょう。

ただ日銀や財務省のホームページ、特に「統計ページ」には、絶えず目を通していました。財政に関しては財務省が説明つきで、いろいろ資料を提供していますから、参考にされるといいと思います。

今日（2020年7月22日）も日経新聞に「予算編成『歯止め』なし」というタイトルの記事が載っていました。「コロナ危機の影響で、日本の財政状況は着実に悪化している。20年の国・地方を合わせた一般政府の債務残高はGDP比で268%」「4月時点の見通しから16ポイント悪化した。米国の141%、ユーロ圏の105%と比べて突出して厳しい」

この記事の中に「268%」という数字が出てきます。

終戦直後、すなわち、新券発行・預金封鎖のときよりも悪い数字です。財務省の資料を読み込んでいた人には、この268%が、いかにとんでもない数字であるかが直感でわかると思います。

今後とも財政問題に関する記事には、目を通していくことが重要だと考えています。

第2章

# 日銀とは何か

## 日銀を知れば、金融がより理解できる

金融を知るためには、金融政策の元締めである日本銀行（日銀）のことを熟知しなければなりません。

私が金融マンの頃（2000年3月まで）は「短期金利は日銀が決める」ものでした。今後とも、日銀が短期金利をコントロールできるかは疑問ですが、それは後で述べたいと思います。

日銀の資本金は1億円。ジャスダックに上場されています。普通の会社は株式を発行しますが、日銀の場合は「出資証券」を発行しています。

後で「日銀が債務超過になる可能性もある」という話もしますが、そうなったらジャスダックは上場廃止にするのかね？　などと仲間内で話をしています（今のところは冗談ですが）。

## なぜ「発行銀行券」はバランスシートの「負債」になるのか

まず日銀のバランスシート（ＢＳ）を見てみましょう。

ＢＳがわからない方もいらっしゃるかもしれないので、簡単に説明をします。左側（借方）は資産。右側（貸方）は負債と資本金。左右の金額のバランスがとれているので、ＢＳというのでしょう。

簡単な例で説明します。資本金が1億円の会社があるとします。その会社が99億円を銀行から借りると、右側は99億円の借入金と1億円の資本金で計１００億円です。

その１００億円全部で株を買ったとします。そうすると、その企業のＢＳの左側の資産サイドは「株１００億円」となります。右側の負債サイドの「99億円の借入金と資本金1億円」と合計額のバランスがとれるわけです。

発行銀行券（日銀券・紙幣）は、右側の負債に計上されます。個人にとって、お金は資産ですから、日銀だけ負債サイドに計上されるのは、何となくしっくりこない方がいるかもしれません。次のように考えてください。昔は兌換《だかん》紙幣といって、銀行に持っていくと、金《きん》に換えてくれました（詳しくは後で説明します）。

要は、この紙幣とは、日銀が「これを持参すれば金に換えますよ」という約束の書面だったのです。約束手形と同じようなものですね。実際、英語では約束手形（promissory note）と同じ note という言葉を使い、銀行券のことを bank note といいます。こう考えると、発行銀行券は負債サイドだということがわかりますね。

## 法律では「日銀の解散」も想定している

ところが100億円で買った株が、購入直後に大暴落して、10億円になったとします。購入時の簿価（帳簿に記載されている価額を指します）で株を評価すれば（簿価会計といいます）、左右両サイドともに100億円でバランスが保たれています。

しかし、暴落後の価格で株を評価すると（これを時価評価といいます）、資産サイド（左側）は10億円。負債＋資本金サイド（右側）は100億円のままですから、資産サイドは「負債＋資本金」より俄然《がぜん》少なくなってしまうわけです。これを「債務超過」というのです。

この状態が危険なのは、わかりますよね。借金は99億円返さなくちゃいけない。今、返そうと思って株を売却しても、10億円しか手元にないのですから、借金を返せっこない。株価が回復しなければ、倒産間違いなしです。そんな会社とは、皆、お付き合いしたくないですよね。これは、まさに倒産状況と等しいからです。

今の日銀には、そのような状態になる可能性があります。日銀に関して基礎的な説明をした後に、詳しくお話ししたいと思います。

私が「日銀が債務超過になるかもしれない」とか「日銀が倒産する可能性もある」というと、「フジマキは何を過激なことをいっているんだ」という反応が殺到します。

しかし日本銀行法第60条第2項には、こう書いてあるのです。

「日本銀行が解散した場合において、その残余財産の額が払込資本金額を超えるときは、その超える部分の額に相当する残余財産は、国庫に帰属する」

皆さんが「日銀なんて解散しっこない。倒産なんかありえない」「日銀は絶対的な存在だ」と思われていたとしても、法律家は、解散の可能性まで考えて法律を作っているのです。「解散する可能性はゼロではない」という認識で法律を作っているということです。

なお、日銀の1億円の資本金は「55％が政府」「45％が民間」と規定されています。

## 日銀はインフレ沈静化のため、明治15年に作られた

日銀の設立は明治15年（1882年）です。かなり古いですね。日銀設立前の明治政府は、政府自身が不《ふ》換《かん》紙幣を発行していました。不換紙幣というのは、「金や銀に換えてくれない」紙幣です。「金とか銀に換えてくれない」という意味では今の紙幣と同じですが、中央銀行ではなく、政府自身が紙幣を発行していたわけです。

そんなとき、明治10年（1877年）に西南戦争が起こりました。明治政府は西南戦争に関

してての軍事費用がたくさん必要だったので、どんどん不換紙幣を刷って、西南戦争の費用を捻出しました。

今の日銀と同じことをしていますね。今の日銀は戦費調達のためではありませんが、社会保障費やコロナ対策費を捻出するために、どんどん、どんどん紙幣を刷っているからです。

しかし紙幣の刷りすぎで、悪性インフレが起こってしまいました。

そこで、これはまずいということで日銀を作り、兌換紙幣（金や銀に換えられる紙幣）を発行させたのです。兌換紙幣は日銀だけが発行できるという法律を作り、明治15年に日銀を発足させたわけです。

インフレ抑制のために、日銀という中央銀行を政府から独立させ、兌換紙幣を発行させた。これが日銀発足の経緯なのです。

## 日銀の「独立性」はこんなに重要だった！

創立以降、日銀はずっと政府とは別組織のままでした。よく「日銀は政府の一部だから」という前提で論陣を張る方がいるのですが、このような経緯を知ったうえで論陣を張っていただきたいと思います。日本だけではなく、どの国でも中央銀行は政府とは別組織です。

西南戦争の例ではないですが、政府の一部だと、政府は「税金を取って歳出をまかなう」よりも、「紙幣を刷って歳出をまかなおう」としてしまいます。税金を取ると国民から嫌がられますから、「紙幣を刷って歳出をまかなおう」という安易な道に走りがちになるのです。

そういう過去の教訓や反省を生かして、世界中の中央銀行は、政府とは別組織になっているのです。中央銀行を政府から独立させること（日銀の独立性）は、先人の知恵なのです。

同じ概念で禁止されているのが「財政ファイナンス」です。政府の歳出を、中央銀行が国債を買い取ることによってファイナンスする（＝まかなう）。これは、まさに中央銀行が政府の一機関であるということになってしまうので、今述べたのと同じ理由で、世界中で禁止されています。政府が税金徴収の代わりに、紙幣を刷ってファイナンスするという安易な道に走らせないためです。

全世界の国々の代表が集まって、相談して「財政ファイナンスをやめましょう」と決めたのではなく、各々の国が自分たちの判断で、財政ファイナンスを禁止したのです。

「財政ファイナンスをやってはいけない」とは世界共通の認識で、それだけ「先人たちは歴史に学んだ」ということです。

第3章
# 日銀の役割とは何か

## 通貨とは「貨幣」「発行銀行券」「日銀当座預金」

日銀の役割について、お話をしたいと思います。まずは発行銀行としての役割。紙幣を発行するのが、日銀の重要な役目の一つです。お札を見ていただくとわかりますが、お札の左のほうに、「壱万円」とか「千円」と漢字で書いてあります。その上に「日本銀行券」、下に「日本銀行」と書いてあります。日銀が紙幣を発行しているからです。

この他に現金としては100円玉、500円玉などの貨幣（コイン）があります。これらのコインは政府が発行しています。つまり、紙幣は日銀、コインは政府が発行しているのです。

銀行券が、現在（2020年7月末）114兆円弱発行されているのに対し、コインは4・9兆円ですから、日本の現金の大半は発行銀行券といえます。

ちなみに貨幣という言葉は、一般的には発行銀行券とコイン、双方の呼び名に使われることが多いかと思いますが、法律的にはコインのことだけを貨幣と呼びます。

なお日銀は、発行銀行券のほかに「日銀当座預金」という形で通貨を供給しています。

私が金融マンのとき（2000年3月まで）は日銀当座預金残高は数兆円にすぎませんでしたが、現在（2020年7月末）は457兆円もの巨額です。発行銀行券の4倍もあるのです。

皆さんのお財布に入っている現金も、銀行の普通預金口座に預けてあるお金も、区別なくお金と認識しているのと同じで、発行銀行券も日銀当座預金も同じお金なのです。

## なぜ「兌換紙幣」から「不換紙幣」になったか

私が子供の頃は、日銀発足当時と同じように、金本位制でした。発行銀行券を日銀に持っていくと、金に換えてくれる。すなわち私が子供の頃の紙幣は、兌換紙幣だったのです。

もっとも厳密にいうと、日本で採用されていたのは「金為替本位制《きんかわせほんいせい》」と呼ばれるものでした。米国の中央銀行であるFRB（米連邦準備制度）が「金とドルとの交換」を約束し、そのドルに円が固定レートでリンクしていたのです（＝固定相場制）。

1971年、私がちょうど大学生のときでしたが、ニクソン・ショックが起こりました。米国が金とドルとのリンクを廃止してしまったのです。そして1973年2月に1ドル＝360円の固定相場制が崩れ去りました。そもそも金本位制には無理があったのです。

「発行したドルを金と換える約束をしていた」ということは、金が手元にないと、ドルが発行できません。要は、ドルが足りなくなる事態が起きたのです。

経済が拡大していくとき、同じペースでお金の量も拡大していかないと、お金が足りなくなります。お金の奪い合いになるわけですね。お金が足りなくなると、お金の価値は上昇する。そして、一定の金額でモノがたくさん買える。つまり、金本位制だとデフレになってしまうということです。

こういう理由で、経済の成長に伴い、お金が供給できる管理通貨制度に変わっていったのです。ただ後でお話ししますが、現在の仕組みでは、金本位制のように強制的なブレーキがないので、経済規模に比べて紙幣を発行しすぎるという事態が起こりえますし、実際に起こっています。これまた大問題なのです。悪性インフレ、ハイパーインフレが起きてしまう可能性があるからです。

そういう事態を避けようと、各国は中央銀行を政府から独立させたり、財政ファイナンスを禁止したりしていたのです。

実際、ハイパーインフレは歴史的に3度起こりました。第1次世界大戦後、第2次世界大戦後、そして1980年代。金本位制を放棄して、紙幣を刷りすぎた国が現れたからです。

ちょっと脱線になりますが、1973年2月14日まで、1ドル＝360円だったのですが、なぜ360円だったのか？　円というのは「丸」を意味し、角度でいうと360度です。ですから1ドル＝360円になったなどという都市伝説レベルの話があります。また、日銀本店を上空から見ると、建物が円という字の形になっています。以上、与太話の域を出ない話でした。

## 「異次元緩和」で日銀が行っていること

異次元緩和とは「銀行間市場に存在するお金の量を増やす。そうすると、お金が市中（街の中、市場）にしみ出ていくだろう。しみ出ていけば、お金の価値が下がり、デフレから脱却できる」という発想のもとに始められた政策です。それが政府・日銀の公式発言です。

もっとも私は「財政破綻危機の先送りのために、財政ファイナンスをしている」ととらえていますが、政府・日銀の公式発言では、現在、日銀が行っているのは「財政ファイナンス」ではないそうです。「本当にそうかな？」と思いますが。

図表3－1を見ていただきたいのですが、1998年に比べて現在（2020年7月末）の発行銀行券残高は2倍にしかなっていません。1998年の55・9兆円から現在は114兆円弱。日銀のBSの規模は91兆円余りから666兆円弱へと7・3倍にもなったのに、発行銀行券はそれほど増えていないのです。

財政ファイナンスとは「中央銀行が紙幣を刷って、政府の歳出にあてる」ことのはずなのに、

**図表3-1　日銀のバランスシート**

**1998年12月末**

| 資産（兆円） | | 負債・資本金（兆円） | |
|---|---|---|---|
| 金 | 0.4 | **発行銀行券** | **55.9** |
| 国債 | 52.0 | 日銀当座預金 | 4.4 |
| その他 | | ⋮ | |
| ⋮ | | 引当金 | 2.9 |
| | | 準備金 | 2.1 |
| | | 資本金 | 0.0001 |
| | 91.2 | | 91.2 |

**2020年7月末**

| 資産（兆円） | | 負債・資本金（兆円） | |
|---|---|---|---|
| 国債 | 526.6 | **発行銀行券** | **113.8** |
| （うち長期国債484.4） | | 日銀当座預金 | 457.4 |
| ⋮ | | 政府預金 | 46.8 |
| 貸出金 | 78.1 | ⋮ | |
| ⋮ | | 引当金勘定 | 6.4 |
| | | 準備金 | 3.3 |
| | | 資本金 | 0.0001 |
| | 665.8 | | 665.8 |

発行銀行券はそんなに増えていないではないか？と思われるかもしれません。

実は、私が「紙幣を刷る」というのは、わかりやすくするための表現なのです。正確にいうと、日銀は異次元緩和において「発行銀行券」ではなくて、「日銀当座預金残高」を増やしているのです。これは、どの国も同じです。

## 「発行銀行券」を増やすのは至難の業

発行銀行券を増やすのは、そう簡単ではありません。中央銀行が一所懸命増やそうと思っても、思ったようには増えないからです。

例えば政府・日銀が一所懸命、1万円札を印刷しても、日銀の倉庫に保管してある限り、単なるブツにすぎません。発行銀行券残高とはならないのです。

国民が、休日前に手持ち現金を増やそうと思い、ATMや銀行窓口で預金を引き出すことによって、初めて発行銀行券残高にカウントされるのです。

1999年末、2000年になるとき、コンピューターがきちんと対処できるのか、銀行のコンピューターがおかしくなるのではないか、などと騒がれたことがあります。

その対策として、預金通帳に取引記録を記入することが推奨されていたことがありました。それと同時に、多くの方が、万が一に備えてタンス預金を増やしたのです。私もそうした記憶があります。そういうときは発行銀行券残高はグンと増えますが、そうした特別な場合以外で、政府・日銀が主導的に発行銀行券残高を増やすのは容易ではありません。

確かに20年ちょっとで2倍にはなりましたが、最大の理由は金利が低かったせいでしょう。金利が高ければ多くの人が銀行に預け、高い金利を得ようとしますが、金利が低いと、銀行に預けてもたいして増えないので、タンス預金が増え、発行銀行券残高はあまり増えないのです。

## 渋沢栄一の「新1万円札」発行の真相

ここで2024年に新しく発行される渋沢栄一の図柄となる1万円新券に触れておきます。

このニュースを聞いたとき、私は不気味に思いました。昭和21年（1946年）の新券発行を思い出したからです。当時、ハイパーインフレ沈静化のために、預金封鎖をして新券を発行しました。その後は、新券しか使えなくなるわけですし、新紙幣の配布は銀行預金口座内で行われるわけですから、タンスに眠っていた紙幣はあぶり出されました。古い紙幣は紙くずになってしまうので、銀行に預けて新券に替えてもらわねばならなかったからです。

当時は新券を発行したくとも印刷が間に合わず、最初のうちは旧紙幣にシールを貼って、新券扱いにして急場をしのいだと聞きます。

私はハイパーインフレの可能性をかなり前から指摘し、「預金封鎖」や「日銀解散&新中央銀行設立」の可能性を懸念していました。同時に、「日銀解散&新中央銀行設立を進める場合、どうやって秘密裏に新紙幣を刷るのか？」という疑問を絶えず持っていたのです。

昭和21年ならいざ知らず、現在、秘密裏に新券を刷り始めても、これだけの情報化社会ですから、すぐに広まり「これは大変だ。預金封鎖か、新券発行か」と、銀行窓口で取り付け騒ぎが起きてしまうでしょう。ですから、このニュースを聞いた途端「さすが財務省、その手があったのか」と感心したものです。このニュースさえ流しておけば、取り付け騒ぎを起こすことなく、堂々と新紙幣を刷れるのですから。

新しい紙幣を刷り終われば、もう準備万全で、ある日突然、「福沢諭吉の1万円札は明日から使えません。法定通貨ではありません。今後、渋沢栄一だけが法定通貨の1万円札です」という荒事《あらごと》ができるのです。

２０２４年、仮に日本でハイパーインフレが起きていなければ、福沢諭吉の旧1万円札も法定通貨のまま残し、渋沢栄一新1万円札と福沢諭吉旧1万円札を併用できるようにしておけばいいだけです。そのうち、福沢諭吉1万円札は経年劣化でボロボロになり、引退させていくことになるのです。

２００４年の新券（表の肖像は福沢諭吉のまま、裏のデザインはキジから平等院鳳凰堂《びょうどういんほうおうどう》の鳳凰像に変わりました）発行の発表は、発行の2年前です。今回は5年も前です。

国会議員のときに麻生太郎財務大臣に「なぜ5年も前から印刷を開始するのですか。5年も前に、なぜ発表するのですか。今の技術だったら1年でできるのではないですか」と聞いたら、「いや、前回は偽造紙幣が多くて、大至急切り替える必要があった。だから2年前に発表し、大急ぎでやった」との答弁でした。それを聞いて、「20年近く前、偽造紙幣が大問題だったっけな？　記憶にないな。何かおかしいな〜」と思ったものです。

もっとも過去の歴史を見ると、C一万円券（聖徳太子）の発行は１９５８年、D一万円券（福沢諭吉）の発行は１９８４年、E一万円券（福沢諭吉）の発行は２００４年、今度の渋沢栄一新券の発行は２０２４年ですから、発行間隔は26年、20年、20年と、急に短縮されたわけではありません。その観点からすると今、述べてきたことは思いすごしなのかもしれません。

第4章

# 日銀当座預金とは何か

## なぜ異次元緩和でデフレ脱却を図ったのか

異次元緩和では、日銀当座預金残高が増えるという話をしました。日銀当座預金とは何か？皆さんが民間銀行に口座を持っているがごとく、民間銀行も日銀に口座を持っているのです。その口座を日銀当座預金といいます。ということで日銀は銀行の銀行であり、この日銀当座預金残高を増やしているのが異次元緩和だということをしっかり頭に入れておいてください。

皆さんは「マネタリーベース」という言葉を聞いたり、新聞で読んだりすることがあると思いますが、マネタリーベースとは、この日銀の負債である「日本銀行券発行高」と「日銀当座預金」、そして「貨幣（政府が発行するコイン）流通高」の合計のことをいいます。

先ほど述べたようにコインは4・9兆円にすぎませんから、日銀が発行している日本銀行券

## 図表4-1　お金の流れ

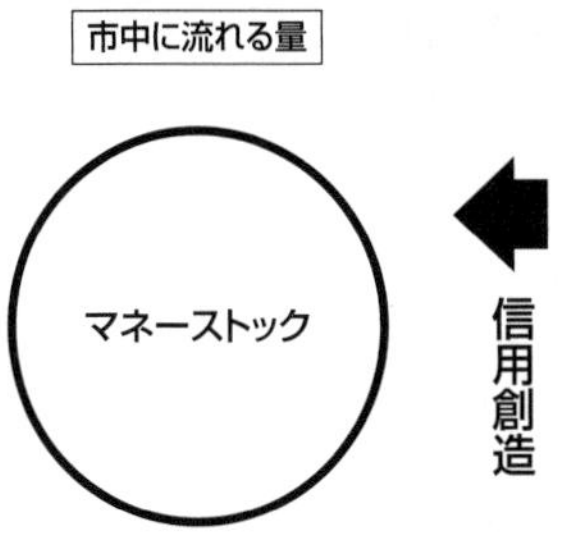


銀行間市場

マネタリーベース
資産　日銀BS　2020年7月末

| | |
|---|---|
| 貸付金　78兆円 | 発行銀行券　113兆円 |
| 国債　526兆円 | 日銀当座預金　457兆円 |
| （うち長期国債　484兆円） | その他負債・資本金　95兆円 |
| その他資産　61兆円 | |
| 665兆円 | 665兆円 |

| マネーストック | マネタリーベース |
|---|---|
| 銀行の貸し出し量 | 日本銀行券発行高 |
| 市中に出回るお金 | 日銀当座預金 |
| | 貨幣（コイン）流通高 |

と日銀当座預金を、いわばマネタリーベースというわけです。ベースというわけですから、一種の種銭みたいなものです。

図表4－1にある「マネーストック」というのは「経済全体に供給されている通貨の総量」のことです。

異次元の量的緩和で、日銀当座預金残高を増やしていく。これは、銀行間市場で動くお金の量を増やすということです。日銀当座預金の役割は、後で説明します。

銀行間で動くお金の量が増えると、いずれ余ったお金が銀行間市場から市中にあふれていくだろう、あふれたお金で市中もお金がじゃぶじゃぶになれば、マネーストックが増え、結果として市中のお金の価値が下がってデフレから脱却できるだろう、という発想だったのです。

少なくとも、異次元緩和発動に関しての公式発言はそうです。市中にお金があふれていけば、「信用創造」によって、市中にお金の量がべらぼうに増えていくだろうとの話だったわけです。

信用創造について、ごく簡単に述べますと、三井住友銀行が東芝にお金を貸す。その借金で東芝は工場建設のために鹿島建設と契約する。鹿島建設の口座がみずほ銀行にあるなら、みずほ銀行には鹿島建設からの預金が増えることになる。その預金を原資に（注：全額ではなく、法定準備預金額を除いて。法定準備預金については、のちほど説明します）みずほ銀行は東武百貨店にお金を貸す。すると、市中に存在するお金が増えていきます。それを信用創造というのです。

## デフレから脱却する仕組み

少し専門的になりますが、MV＝PTという式があります（図表4－2）。経済学部出身の方は習ったことがあると思いますが、Mはマネーストック（信用創造によって増えた、市中にあふれ出したお金）、Vはベロシティといってお金の流通速度。Pはプライス（物価）、Tはトランザクションで一期間における財・サービスの取引量。

流通速度のVと一定期間における財とサービスの取引量であるT（慣習的に大きな変動はな

**図表4-2　フィッシャーの交換方程式**

$$MV = PT$$

M　マネーストック

V　ベロシティ（お金の流通速度）

P　プライス（物価）

T　トランザクション（一期間における財・サービスの取引量）

**VとTが一定なら、マネーストックを増やせばプライスが上がる**

い）が一定であるならば、M（マネーストック）を増やすことによって、P（物価）が上昇する。だからインフレになって、デフレ脱却ができるだろうという話だったわけです。これが「異次元緩和」を開始した政府・日銀の公式理由です。

## 国家が借金をする理由

国家が借金をしないと通貨量は増えないと思っている人がいるようなので、誤解を解くために説明をいたします。

今までお話ししたように、通貨は日銀が発行し、民間金融機関の信用創造によって増えていきます。

信用創造には国家は関係ありません。関係するのは民間金融機関の貸し出しです。

日銀が種銭である通貨（マネタリーベース）を発行する際は、日本国債の購入が必要不可決なわけではありません。約束手形でもいいし、米国債でもOKなのです。なお、通貨を発行できることと、信用ある通貨を発行できることとは別の話であることも頭に入れておいてください。

**Q** 日銀当座預金が増えてじゃぶじゃぶになったにもかかわらず、市中にお金があふれていかないのはなぜでしょうか？ 市中にお金が流れないと、デフレ脱却にならないのでしょうか？

**A** 銀行間市場から、市中にお金があふれていかないと、インフレにはなりません。市中にお金があふれ出ないのは、貸し出しが増えていないからです。確かにマネーストックは増えてはいますが、政府・日銀が当初、予想したほどではないのです。

マネタリーベース、要するに種銭がものすごくばらまかれていますから、信用創造による掛け算の数値（乗数）が変わっていなければ、市中のお金はじゃぶじゃぶになり、ハイパーインフレに向かって一直線だったろうと思います。

市中の借り入れ需要が増えず、乗数が下がっていった理由は、いろいろあると思いますが、円が高すぎて、景気がよくなる気配がないのも大きい理由の一つだと思っています。

円安になれば景気がよくなりますので、投資も増えると思うのです（もっとも現在は少しでも円安が進んでインフレが始まると、日銀の危機が表面化し、円暴落の可能性が大だという思惑が広がるかと思います。その環境下で企業が借り入れを増額して投資を増やすかは疑問です）。

## 決済は日銀当座預金口座で行う

日銀の役割の一つは日銀券を発行することだと先に述べました。次にあげる大きな役割が「銀行中の銀行」としての役割です。皆さんが三菱ＵＦＪ銀行に口座を持つがごとく、三菱ＵＦＪ銀行も日銀に口座を持っており、それを日銀当座預金ということはすでにお話ししました。手形交換、内国為替（＝国内送金）、外国為替、国債振替決済等の銀行間の決済のすべては、日銀当座預金を通して行われるのです。その意味で、極めて重要な口座です。

手形というブツの交換は、手形交換所で行われます。

約束手形の受取人は、自分の取引銀行である三菱ＵＦＪ銀行に持ち込む。三菱ＵＦＪ銀行は期日に手形交換所に持ち込み、振出人の取引銀行である三井住友銀行に提示する。ここまでは手形交換所で行われますが、そのお金の決済は、日銀当座預金を通じて行われます。三井住友銀行の口座から三菱ＵＦＪ銀行の口座に、その約束手形のお金が移動するのです。

## 国内送金も日銀当座預金口座を通じて行われる

三井住友銀行の鹿児島支店に口座を持っているお母様がその支店に行き、三井住友銀行の新宿支店に口座を持つ息子さんに、１００万円の送金依頼をしたとします。

まさか三井住友銀行は鹿児島支店から新宿支店に１００万円の現金輸送をするはずはなく、同じ銀行内でしたら、帳簿で処理をします。

お母様の銀行と息子さんの使っている銀行が違っても、実は同じような仕組みで処理をします。日銀は、銀行の銀行です。三井住友銀行も三菱ＵＦＪ銀行も、日銀という銀行に口座を持っている以上、わざわざ現金輸送をしないでも、帳簿で処理をすればいいだけの話です。

お母様の口座が三菱ＵＦＪ銀行で、息子さんの口座が三井住友銀行の場合だと、三菱ＵＦＪ銀行の日銀当座預金の額を１００万円減額し、三井住友銀行の日銀当座預金を１００万円増やします。後は三菱ＵＦＪ銀行内と三井住友銀行内の本支店間の口座残高の操作が行われれば、送金は完結するのです。

## 日銀は「銀行の銀行」の役割を果たす

民間銀行が、日銀当座預金口座を持っていないと、手形交換、国内送金、外国為替の決済、国債振替決済ができなくなります。日銀当座預金口座を持たないと、銀行の体《たい》を成さないということです。

読者の皆さんは、日銀に口座を持っていないと思います。なぜなら一般の人は、日銀に口座を持てないからです。日銀に口座を持てるのは、銀行、証券会社、銀行協会、短資会社など限られたところだけです。

日銀に口座を持つときには、日銀と契約を交わします。日銀法にもとづき日銀が行う定期的な立入検査（日銀考査）も受けなくてはなりません。検査結果で、ずさんなことをしているとの判定が下れば、最悪、日銀当座預金の口座を閉鎖されてしまうのです。

となると、銀行としての業務ができなくなってしまいます。他の銀行のお腹を借りる（＝口座を持つ）なども考えられなくはありませんが、それでは銀行としての体を成すことができません。だからこそ民間金融機関は、日銀が怖いのです。

## 日銀が債務超過になったら日本が悲惨なワケ

前項で、為替の決済も日銀当座預金を通して行うと述べました。例えば、私がかつて勤めていたＪＰモルガンとみずほ銀行が為替取引をしたとします。ＪＰモルガンの円買い／ドル売り、みずほ銀行の円売り／ドル買いが行われるとしましょう。ドルのほうは米国の中央銀行であるＦＲＢのＦＲＢ当座預金を通じて決済されます。

ＪＰモルガンのＦＲＢ当座預金残高を減らし、みずほ銀行がＦＲＢに持つＦＲＢ当座預金残高を増加させて、ドルの決済は終了します。

一方、円の決済は、みずほ銀行の日銀当座預金残高を減らし、ＪＰモルガンの日銀当座預金残高を増やして終了です。

注意しなくてはいけないのは、邦銀にとって中央銀行はいつまでも怖い存在であっても、外銀にとっては、そうとも限らない点です。その国でビジネスを行っていこうとする限り、中央銀行は外銀にとって邦銀同様、怖い存在です。しかし撤退しようと思ったら、そうではありません。日銀当座預金を閉鎖して、「はい、さようなら」です。

万が一、日銀が債務超過に陥った場合、外銀がどういう態度を示すか、今の時点でははっきりしません。ただ私が１９８５年に邦銀からＪＰモルガンに転職したとき、驚いたことがあります。別にＪＰモルガンだけではなく外銀全体にいえるのではないかと思うのですが、外銀はＧ７の国であろうとも、どの中央銀行も倒産の可能性あり、との前提で取引枠を設けていたのです。邦銀はというと、（少なくとも）当時Ｇ７各国や中央銀行との取引枠は青天井でした。

Ｇ７各国や中央銀行など倒産するはずがないとの認識だったのでしょう。

日銀が万が一債務超過になり、それが継続し、債務超過の額が大きくなると推測された場合、外銀の審査部はどう評価するのでしょうか？

外銀の取引先に対する信用審査は極めて厳しいので、取引枠の縮小か削除の可能性が大いにあると思います。外銀は、日本の公共の福祉のために仕事をしているわけではありません。

相手が倒産し、株主に大きな損害を与えるリスクが生じれば、すぐに撤退です。残念なことに外銀は、現在、日本市場で大きな利益を上げているわけではありません。ハイリスク・ローリターンのビジネスなら、一時的だとしても撤退でしょう。

それは日銀当座預金の閉鎖を意味します。米銀がみずほ銀行と円買い／ドル売りをしたとします。ドルはみずほ銀行に渡しますが、円をみずほ銀行から受け取る手段がありません。米銀本店の審査部から日銀との取引中止令が来たら、日銀当座預金は閉鎖されるからです。

対価を受け取る手段がなければ、米銀は当然ドルを邦銀には売ってくれません。もちろん、他の邦銀のお腹を借りる（＝邦銀に口座を持つ）という方法は理論上は可能ですが、日銀との取引枠が廃止になれば、すべての邦銀との取引枠も廃止になると思います。

こうなると、日本人は新たなドルを買うことができなくなります。外貨準備など保有しているドルで、原油や農作物を買わねばなりません。世界の基軸通貨ドルとのリンクを失った通貨などローカル通貨もいいところで、その価値は暴落するでしょう。

日銀との取引枠が廃止されれば、外国人は国債の決済もできなくなります。円を受け取る手段がなくなるからです。現在、国債の買い手は日銀と外国人しかいませんが、中央銀行が債務超過になり、通貨価値が暴落してしまうような国の国債を外国人は持ってはいられません。競

### 図表4-3　日銀のバランスシート

**1998年12月末**

| 資産（兆円） | | 負債・資本金（兆円） | |
|---|---|---|---|
| 金 | 0.4 | 発行銀行券 | 55.9 |
| **国債** | **52.0** | **日銀当座預金** | **4.4** |
| その他 | | ⋮ | |
| ⋮ | | 引当金 | 2.9 |
| | | 準備金 | 2.1 |
| | | 資本金 | 0.0001 |
| | 91.2 | | 91.2 |

➡

**2020年7月末**

| 資産（兆円） | | 負債・資本金（兆円） | |
|---|---|---|---|
| **国債** | **526.6** | 発行銀行券 | 113.8 |
| （うち長期国債484.4） | | **日銀当座預金** | **457.4** |
| ⋮ | | 政府預金 | 46.8 |
| 貸出金 | 78.1 | ⋮ | |
| ⋮ | | 引当金勘定 | 6.4 |
| | | 準備金 | 3.3 |
| | | 資本金 | 0.0001 |
| | 665.8 | | 665.8 |

って売却に走ると思います。とんでもない事態です。

このような理由から、日銀の債務超過とは絶対に避けなければならない非常事態なのです。

## 異次元緩和で劇的に変化した日銀のバランスシート

図表4－3で、日銀の1998年12月末と2020年7月末のバランスシートを見比べてみてください。えらく違いますよね。これは2013年4月から始まった異次元緩和のせいなのです。

何が違うかといえば、まず国債の保有量が段違いです。しかも1998年頃、日銀が保有していた国債は、満期まで2カ月や3カ月などの短期国債か政府短期証券でした。ところが現在は、ほとんどが長期国債です。526兆円のうち484兆円が長期国債で、なんと92%を占めます。
これが異次元緩和の結果なのです。
負債サイドでは日銀当座預金が増えています。4・4兆円が457・4兆円と、100倍以上になりました。これも異次元緩和のせいなのです。

## 昔は法定準備預金が日銀当座預金のほぼすべてだった

1998年末の日銀当座預金はたったの4・4兆円だったのですが、この4・4兆円はほとんどが「法定準備預金」でした。法定準備預金とは金融政策の一手段で、日銀が、民間銀行に日銀当座預金口座に置いておくよう課している預金のことです。

要は、銀行が100万円預かったとして、そのうちの一部は使ってはいけません、日銀に置いておきなさい、というのが法定準備預金なのです。前に信用創造を説明している中で（注：全額ではなく、法定準備預金額を除いて）と注意書きしましたが、このことです。

100万円のうち、例えば1万円は日銀当座預金口座に残しておかねばならないとなると、銀行は99万円しか融資に回せません。金融を引き締めたいときは、例えば極端ですけれども、20%は日銀当座預金口座に置いておくよう日銀が指示すると、銀行は80万円しか融資に回せないわけです。こうすれば、金融は引き締まります。要は金融調整手段として、法定準備預金制度を定めたわけです。

法定準備預金の率（準備率）は、金融機関の規模や預金の種類によって違います。

例えば2兆5000億円以上の預金がある銀行には、その1・2%を日銀当座預金口座に置いておきなさいと命じ、それ以下の1兆2000億円から2兆5000億円までの預金の銀行には、その0・9%を日銀当座預金口座に残しておきなさい、などと命じるわけです。

1998年12月末の日銀当座預金残高は、ほぼすべてがこの法定準備預金でした。私が金融マンのときは、だいたい3兆～4兆円ぐらいが日銀当座預金の残高でした。そして日銀当座預金残高のほぼすべてが法定準備預金です。

1993年の法定準備預金の平均残高は、2兆9195億円。一方、日銀当座預金の平均残高は2兆9224億円。その差はたった29億円なのです。法定準備預金の平均残高と日銀当座預金の平均残高の差は、たったの29億円しかなかったということです。

当時の日銀当座預金残高は、ほとんど全部が法定準備預金だったことがわかります。

## かつての法定準備預金の仕組み

前項で、民間銀行が法定準備預金以上のお金を、日銀当座預金に置かなかったと書きましたが、民間銀行が自発的に置かなかったのではなく、実は許されていなかったのです。

これには理由がありました。そもそも当時の日銀当座預金の付利は0%でした。資金が余ったら、銀行間市場で貸したほうが、金利が稼げる分いいわけです。

それに当時の大蔵省は、1995年に木津信用組合や兵庫銀行が破綻するまで、「護送船団方式」といって「銀行は一行たりともつぶさない」という政策を取っていましたから、金融機関が倒産するリスクはゼロ。リスクがゼロなら他行に貸して、金利を稼いだほうがいいのです。

それが、不必要に民間銀行が日銀に預金を置かなかった理由なのは確かです。

しかし、より重要な理由は、日銀が法定準備預金以上のお金を日銀当座預金に置くことを許さなかったからなのです。法定準備預金と日銀当座預金の残高がほとんど同じであって初めて、正確な政策金利（短期金利）への誘導（精緻な業）ができるからなのです。

## 私が「マイナス金利にすべきだ」と主張していたワケ

ところで、異次元の量的緩和を開始した理由は、すでにおわかりかと思います。

それは、デフレ脱却のためでした。伝統的金融政策とは「景気が悪くなったら短期金利を下げる、景気が過熱しそうだったら上げる」というものです。効果も副作用も検証済みでした。

日本はなかなかデフレから脱却しないし、景気もパッとしなかったので、日銀は伝統的金融政策にのっとり、金利をどんどん下げていったら、0%になってしまったのです。

0%なら、もう下げようがない。しょうがないので、銀行間にお金をじゃぶじゃぶにして市中にお金が流れていくよう仕向けよう。それが異次元緩和開始の理由だったのです。

数直線はゼロで断絶しているわけではないので、0%の次はマイナスにすべきだと私は主張しました。「着地点がマイナスだろうが、効果も副作用も検証されている伝統的金融政策の延長線上にあるものだ」「引き下げた着地点がプラスではなく、マイナスになったにすぎない」と主張していたのですが、「フジマキは頭がおかしくなった」と無視されました。ただ最近では、ハーバード大学のケネス・ロゴフ教授が、私の説と同じ主張をしてくださるようになりました（苦笑い）。なお、私の主張していたマイナス金利政策は、黒田東彦《はるひこ》日銀総裁のマイナス金利政策とは百八十度違います。この辺を含めて、詳しいことは後でお話しします。

## かつては日銀当座預金の残高が多いと怒られた

ところで、ここまでの話を聞いて疑問を持ちませんでしたか？

「今日から異次元緩和を開始する」などと黒田日銀総裁が宣言しなくても、市中金利が0%に近づくにつれ、日銀当座預金残高は自然発生的に増えていったはずではないか、と。

余った資金を他行に回しても、大した金利を稼げないのだから、日銀当座預金に資金を置いておいても、逸失利益はごくわずか。それなら残高が赤になるのを防ぐためにも、多めの残高を日銀当座預金に残しておくのが合理的なはずです。

実は伝統的金融政策の下では、前に少し触れたように、それが許されていなかったのです。日銀当座預金残高と法定準備預金の額がほぼ一致していて、初めて日銀が精緻《せいち》に短期金利を誘導できたからです。

この事実は、非常に重要です。将来、景気やインフレが加速していったとき、日銀が短期金利を誘導できなくなる理由がこれだからです。ここを理解していないと、日銀に「出口がない」ことの基本が理解できません。

日銀は法定準備預金が日銀当座預金残高になるように、銀行間市場に資金を供給したり吸収したりしていました。

先ほど話しましたように、1993年の法定準備預金の平均残高は2兆9195億円。日銀当座預金の平均残高は2兆9224億円。銀行が積まなくてはいけない法定準備預金が2兆9195億円と巨額だったのに、たったの29億円しか差がなかったのです。

もし、ある金融機関が多めに資金を日銀当座預金に置いてしまうと、他の銀行が必要な法定準備預金を積めなくなり、外銀や小規模の金融機関は、その日の日銀当座預金残高が赤になってしまうのです。

ですから日銀当座預金に過剰な資金を置いておくと、日銀から怒りの電話がかかってきたわけです。「そんなことしたら他の銀行の残高が赤になり、法定準備預金が積めないではないか。金融システムのことを、なんと考えているのか!?」と。

銀行は、法定準備預金より、多くもなく、少なくもない資金を日銀当座預金に置かなければならなかったのです。逸失利益とか、そういう話ではなかったのです。

第5章

# 金融政策を決定する日銀

## 伝統的金融政策はもうできない

異次元緩和が開始されて以降、日銀当座預金に残高を積みすぎても、日銀から怒りの電話がかかってこなくなりました。銀行は好き勝手に日銀当座預金残高を積み上げることができるようになったのです。実は、それが「異次元緩和」なのです。

このことは非常に重要な意味を持っています。「異次元緩和」をした以上、短期金利を昔のように精緻に誘導する手段がなくなったことを意味するからです。

銀行間市場の政策金利を0・1%上げようと思ったら、ぴったり0・1%高めに誘導できる、あるいは0・2%下げようと思ったら、ぴったり0・2%下げられる手段を日銀は失ったということです。

「日銀当座預金残高と法定準備預金の額がほぼ一致する」ことが、短期金利を精緻に誘導できる大前提だったからです。

このことを、米本位制だった江戸時代の世界で説明したいと思います。幕府が米の値段を上げたければ、旗本に渡す米（蔵米《くらまい》）の量をちょっと減らす。需給が均衡しているときにそれをすれば、値段がポンと上がります。供給が減ったことにより、需給バランスが崩れるからです。米の値段を下げたければ、蔵米の量を増やす。そうすれば、米の値段はスッと下がるはずです。

お金も同じで、銀行間市場で資金のバランスが取れているときに、日銀が資金を引き上げれば金利は上がり、供給を増やせば金利は下がるのです。そうすることにより、日銀の思うままにピタッと短期金利を誘導できたのです。それが伝統的金融政策の要だったわけです。

しかし、江戸時代に豊作が長年続き、旗本の蔵にも、幕府の蔵にも、農家の蔵にも、商人の蔵にも、米が余っていればどうでしょう。幕府が蔵米の量をちょっとくらい減らそうが、ちょっとくらい増やそうが、米の値段はびくともしないと思います。

お金でも同じです。異次元緩和でお金をじゃぶじゃぶにしてしまった以上、昔のような短期金利の精緻な誘導策が取れなくなってしまったのです。ならば、どうやってじゃぶじゃぶにしたお金を銀行間市場から回収していくのか？　これが今後の日銀の大きな課題です。

中央銀行がかつての伝統的金融政策にいざ戻ろうとした際、あの精緻な業がなくて可能なのかと、私は大変危惧《きぐ》しています。

## 民間銀行が日銀のいいなりになる理由

なぜ、民間銀行は日銀が怖かったのでしょうか？

前に述べましたように、最悪、日銀当座預金口座を閉鎖されてしまうからです。

もう一つの理由は、以前は、日銀が民間金融機関に非常に有利な金利でお金を貸してくれたからだと思います。お金を有利なレートで貸してくれるなら、お金を扱う銀行としては、普通はいうことを聞きますよね。

以前は、「どこの銀行にいくら貸すか」を日銀の裁量で決めていたのです。「今日は三井住友銀行に○億円貸そう」「今日は三菱ＵＦＪ銀行に○億円貸そう」「今日はみずほ銀行から○円回収しよう」等々。

借り入れについても、その返済期日が事前に決められているわけではなく、いきなり借りていた金額の回収通知が来たりしました。その借り入れには公定歩合という最低の金利が適用されていたので、民間金融機関にとっては大変魅力的だったわけです。

民間金融機関が割り引いた商業手形を日銀が再割引したり（＝手形割引）、民間金融機関が保有していた手形や債券を担保にして、民間金融機関が振り出す約束手形でお金を貸す（＝手形貸し付け）という形がとられていました。そのときに適用される最低のレートが、公定歩合でした。その公定歩合を上げ下げすることによって、日銀が短期金利を完璧にコントロールしていたのです。コントロールできた、といったほうがいいかもしれません。

公定歩合は、日銀が市中金利をどのくらいのレートに誘導したいか、というメッセージでもあったのです。

## 政策金利は公定歩合からどう変わったか

「どこの銀行にいくら貸すか」を日銀の裁量で決めていたことに対し、ＪＰモルガンをはじめ外銀が文句をいい始めました。私もニューヨークから来た副会長を伴って、日銀に文句をいいに行ったことがあります。「日銀が恣意的に貸し出し先を決めるのはまずいのではないか？　日本の悪しき慣行である裁量行政ではないか」というクレームでした。日米貿易摩擦が激しかった頃なので、競争の平等を主張する米国からの改善要求の一つだったのでしょう。

当時の日銀の回答は「ＪＰモルガンは４０００万円ほどしか金利ゼロの法定準備預金を置いていないが、邦銀は大量のゼロ金利の法定準備預金を積んでいる。結果として日銀の金融政策に協力しているのだから、その補塡《ほてん》だ」というものでした。

その後も米国からの圧力が強かったせいか、結局、日銀が恣意的に貸し出し先と金額を決める公定歩合主体の金融政策は終わりをつげ、公定歩合は「ロンバート型貸出制度」に変わりました。これは公定歩合と違い、「借りたい銀行のほうから手を挙げる」方式です。

しかし手を挙げると、その銀行は「財務内容が苦しくて市場から資金を取れないのではないか」と邪推されるのでは、との思惑で、ほとんど使われなかったと記憶しています。

そこで、日銀が採用する政策金利は、銀行間市場の一つであるコール市場（短期資金の貸し借りが行われるマーケット）で取引されるレート（コールレート）に変わっていったのです。

政策金利とは「誘導目標金利」とも呼ばれ、市場金利を実体経済に見合った水準に誘導するために、中央銀行が決める基準金利のことです。

## 日銀の「マイナス金利政策」は効果なし

今の日銀は金利に関して「長期金利を0％程度、短期金利は『日銀当座預金のうち政策金利残高を−0・1％』にする」としていますが、何をいっているのかちっともわかりません。

マスコミもこの記述を妄信しているせいか、今の日銀の金融政策は「マイナス金利政策」と盛んに書きますが、マイナス金利が適用されるのは補完当座預金に適用される（補完当座預金制度適用利率）ほんのごく一部です。

2020年7月16日から8月15日の平均日銀当座預金残高は428兆円なのですが、そのうちマイナス金利適用はたったの23・6兆円にすぎません。日銀当座預金残高のたったの5・5％にすぎないのです。208兆円には＋0・1％の金利がつきます。196兆円が0％です。

この23・６兆円に適用する金利を－０・２％にしようが、－０・５％にしようが、無担保コールレート（銀行間市場で余剰資金を担保なしで１日間貸借するレート。２０２０年９月28日現在、－０・０３％。ほぼ０％）はきっと変わらないと思います。

銀行の行動にもなんら変わりはありません。もしあるとすれば、この金利を引き下げると、余剰資金を日銀当座預金に置く代わりに国債購入にあてる。その結果、国債の金利が多少下がる程度でしょうか。

銀行間の金利の誘導もできないのに「政策金利」といえるのでしょうか。円高を抑えるために「日本はマイナス金利だぞ！」と印象を操作しただけの表現だと思えてなりません。

# 第6章 財政ファイナンスとは何か

## 財政法で財政ファイナンスは禁じられている

前に財政ファイナンスに多少触れ、財政ファイナンスで日銀当座預金残高が急増した話をしました。

ここでは、もう少し財政ファイナンスについて詳しくお話しいたしましょう。

「財政ファイナンス」とは中央銀行がお金を刷って、政府の歳出をファイナンスすることをいいます。正確にはお金を刷るというより、中央銀行の当座預金残高を増やすことで行われます。

この行為は日本では財政法第5条で禁止されていますし、世界中で禁止されていることはすでに述べました。

日銀が政府から直接、国債を買うのは「引き受け」というのですが、これは財政法第5条で明確に否定されています。今、政府と日銀がやっているのは、図表6－1の下にある「買いオ

**図表6-1　政府、日銀、マーケットでのお金の流れ**

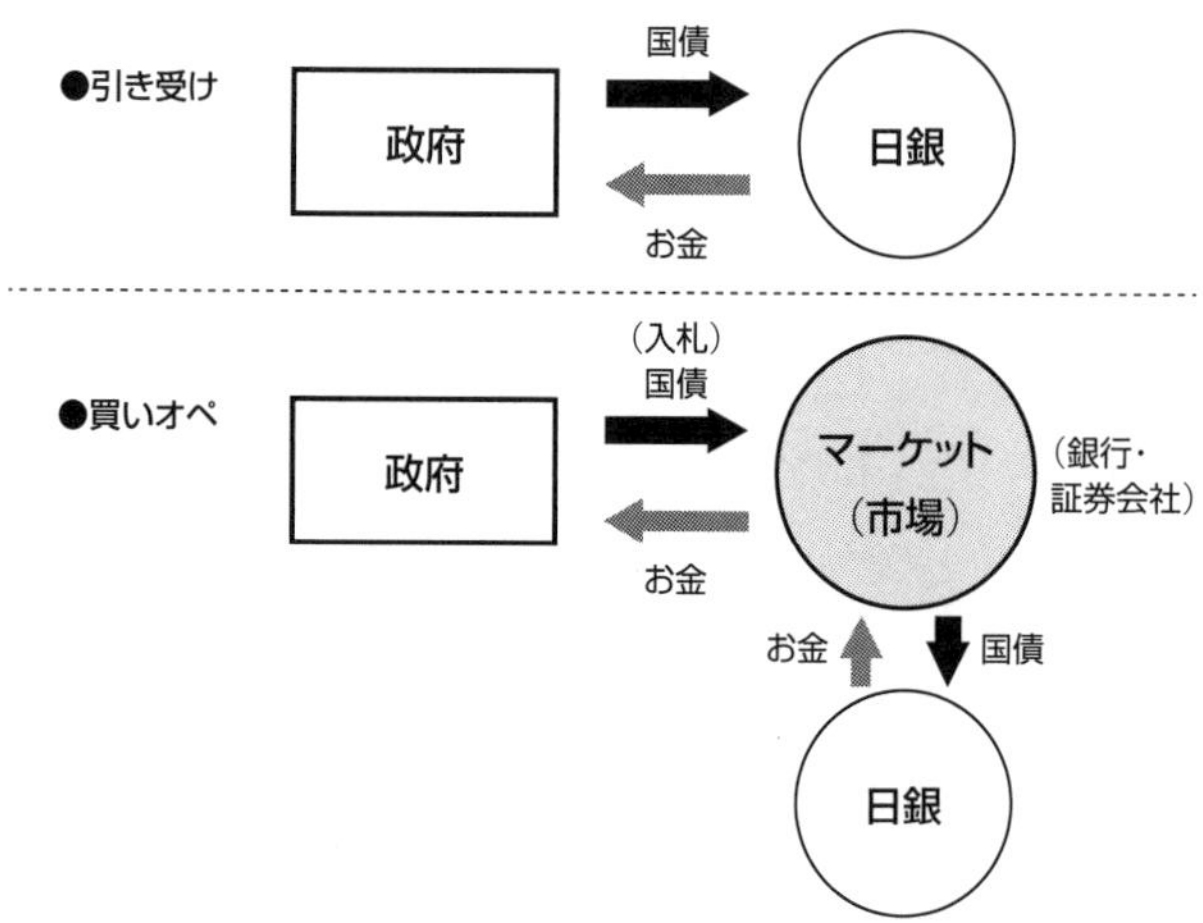


ぺ」という方法です。直接的でなく、間接的に日銀が国債を購入しているのです。

まず入札で、政府が国債を銀行や証券会社に売ります。それを日銀が買うのです。直接、日銀に売るわけではなく、マーケット（市場）というワンクッションが入っています。これをもって、政府・日銀は「財政法第5条で禁止されている引き受けではない」と強弁しています。

## 入札の実態は日銀への転売目的

しかし、最近は入札直後に、銀行、証券会社等が日銀に転売するケースも増えています。入札に参加する銀行や証券会社は、日銀が「これくらいの値段ですぐ買い取るだろうから、このくらいの値段で入札しよう」と考え、入札に参加しているといわれています。単に日銀から仲介料を稼いでいるにすぎないのです。「日銀トレード」と称されていますが、まさに「ハイパーインフレを防ぐため」に財政法第5条を設けた法の趣旨に反しているのです。

私が金融マンだった頃（2000年3月まで）は、入札で購入された国債の多くは、満期まで民間金融機関や（日銀以外の）公的機関で保有されていました。入札で入手した国債を、満期まで保有する機関も多かったと思います。

また他の機関から国債を買った機関も、利息を得る目的で、満期まで保有するところが多かったのです。ですから簿価会計が適用されている国債が大半でした。

日本の投資信託等を含む債券の評価は「満期保有目的」であれば「簿価計上」、「売買目的有価証券あるいはその他目的」であれば「時価計上」すると定められています。

簿価会計とは、110万円で買った額面100万円の10年国債の価格が、今期70万円に下がっていようと、購入価格の110万円で評価する会計です。評価損は計上しません。満期まで保有するのであれば、元本額が償還されるのだから毎期評価替えをする必要はないだろう、という発想のようです（もっとも、米銀では簿価会計など前世紀の遺物で、満期保有の国債にも時価会計が適用されています）。

なお、簿価より高く購入した10万円分は、毎年均等償却する方法（日銀が採用している償却原価法）と満期時に一括償却する方法とがあります。

一方、時価会計では今期40万円の損を計上し、翌年90万円になれば翌年は20万円の評価益を計上します。

平成29年6月13日の参議院財政金融委員会で、金融庁の遠藤俊英監督局長（当時）に簿価計上と時価計上の割合を聞いてみました。これを聞けば、銀行がどういう目的で国債を購入しているかがわかるからです。メガバンクでは、簿価計上されるものが8％、時価計上されるものが92％。地域銀行では、簿価計上が4％、時価計上されるものが96％とのことでした。

驚きました。昔と違って、時価計上される債券の割合が、私が想像していたよりはるかに大きかったからです。トレーダーとしても経営者としても、毎年、損益が市場の動きによってジェットコースターのように上下する時価会計はうれしいものではありません。なるべく時価計上は避けたいと思うのが普通です。ですから時価計上が圧倒的に多いのに驚いたものです。時代は変わったものです。

理由は容易に想像できます。入札で購入した国債は満期まで保有するつもりはなく、日銀に転売して鞘《さや》を取るためだからでしょう。

また平成29年6月8日の参議院財政金融委員会で、岩田規久男日銀副総裁（当時）に聞いたところ、6月8日の時点で、その年の3月から5月の間に発行された10年国債のうち、すでに約75％は日銀に転売されていました。

この事実からも、今の日銀のオペレーションは、まさに財政法第5条で禁止された「財政ファイナンス」そのものだと思います。

## 財政ファイナンスに対する政府・日銀の詭弁

国会で何度か「実質的に財政ファイナンスではないか？」と質問いたしましたが、黒田日銀総裁や麻生太郎財務大臣の回答は、一つには先ほど述べたように「一度は市場を通しているから、財政ファイナンスではない」。2つ目は、「デフレ脱却のためにやっているのだから違う」でした。これに対し、私は「財政ファイナンスか否かというのは結果、事実で判断すべきで、目的で判断するのではない。火事の場合、放火であろうと、失火であろうと、家が燃えていれば火事だ」と反論しましたが、「財政ファイナンスではない」との主張はお二人とも変えませんでした。

また最近では、黒田日銀総裁の記者会見で朝日新聞の原真人編集委員が「日銀が国債発行残高の6割、7割を買い占めても、財政ファイナンスではないのか？」と質問されたとき、黒田総裁は「長期金利を低位に抑えるために行っているのだから、財政ファイナンスではない」との珍回答をされたそうです。他紙にもその発言が載り、市場の話題になりました。私は唖然とするしかありませんでした。

## 財政ファイナンスの防止策だった「発行銀行券ルール」

「財政ファイナンスでハイパーインフレになった」歴史があるので、昔の日銀はやっていることが「財政ファイナンスだ」と市場にとらえられることを、非常に怖がっていました。

そこで発行銀行券ルールというルールを自ら作り、自らを縛っていたのです。「長期国債の保有額を銀行券発行残高以下にする」というルールです。

「日銀は紙幣を刷って長期国債を買い取っている。財政ファイナンスをしているのだ」とマーケットが認識すると、円の暴落や長期金利急騰が起きてしまう、と恐れたのです。

２０１３年４月５日の日経新聞「銀行券ルール一時停止」の記事にも、「中央銀行が無尽蔵に国債を買い増すと、財政赤字の穴埋め、いわゆる『財政ファイナンス』だと見なされる可能性がある。市場参加者が急激なインフレや財政破綻に対する警戒感を強めれば、長期金利は急上昇しかねない。そのため日銀は、保有する長期国債の残高は、世間に流通するお札の総額である銀行券発行残高を上限とする、というルールを掲げていた。それが銀行券ルールだ」と解説しています。

ところがこの記事のタイトルにあるように２０１３年の金融政策決定会合で、このルールの一時停止を決めてしまったのです。２０１２年末で長期国債保有額が89兆円、銀行券発行残高は87兆円で、ルール違反となってしまったからです。

それから7年後、日銀が保有する長期国債額は銀行券発行残高の4・26倍です。

なお、この記事が危惧したような長期金利急騰が、今のところ発生していないのは、日銀が長期国債を爆買いして、腕力で長期金利高騰を抑え込んでいるからにほかならないと思います。

「長期国債の保有額＜銀行券発行残高」に戻る方法はなく、きっと未来永劫《えいごう》に無理でしょうから、後はいつまで腕力が続くか？　の問題だと考えています。

## 日銀の元総裁の発言

2020年6月末で政府が発行済みの国債は991兆円ですが、7月末時点で日銀は526兆円も持っています。50％以上の金額を日銀が保有しているのです。まさに財政ファイナンスそのものだと思います。

1998年12月の資金運用部ショックのとき、当時の日銀の速水優総裁が「日銀が国債を50兆円も保有しているのは自然な形ではない」と発言されました。526兆円も保有している今の日銀を見たら、びっくり仰天されることでしょう（図表6－2参照）。

米国もコロナ騒動で随分国債を買っているではないか？　とおっしゃる方がいるかもしれませんが、FRBの保有額は2019年末の段階で、発行額の14％にすぎないのです。2020

## 図表6-2　日銀当座預金残高の推移

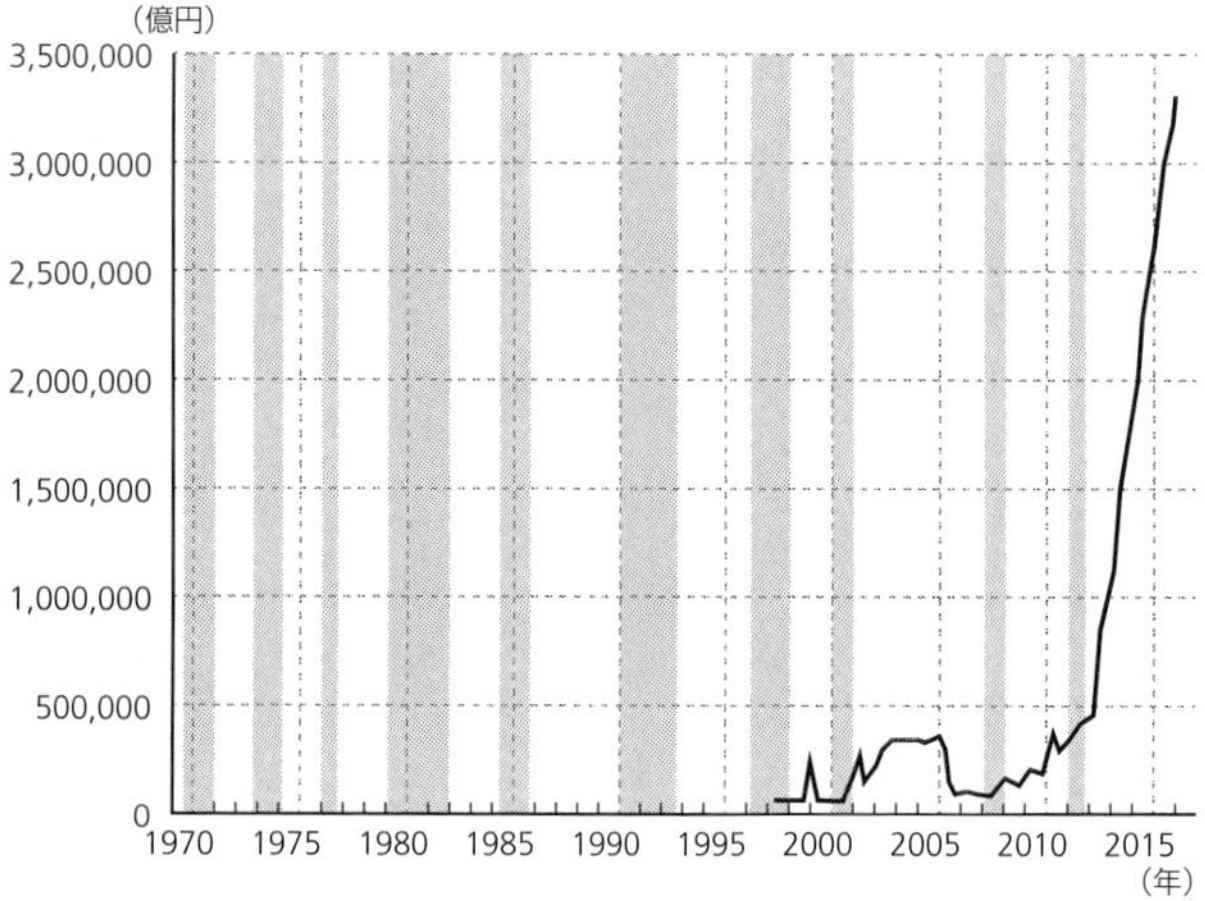


出典：日銀HP

## 図表6-3　中央銀行と国債の関係

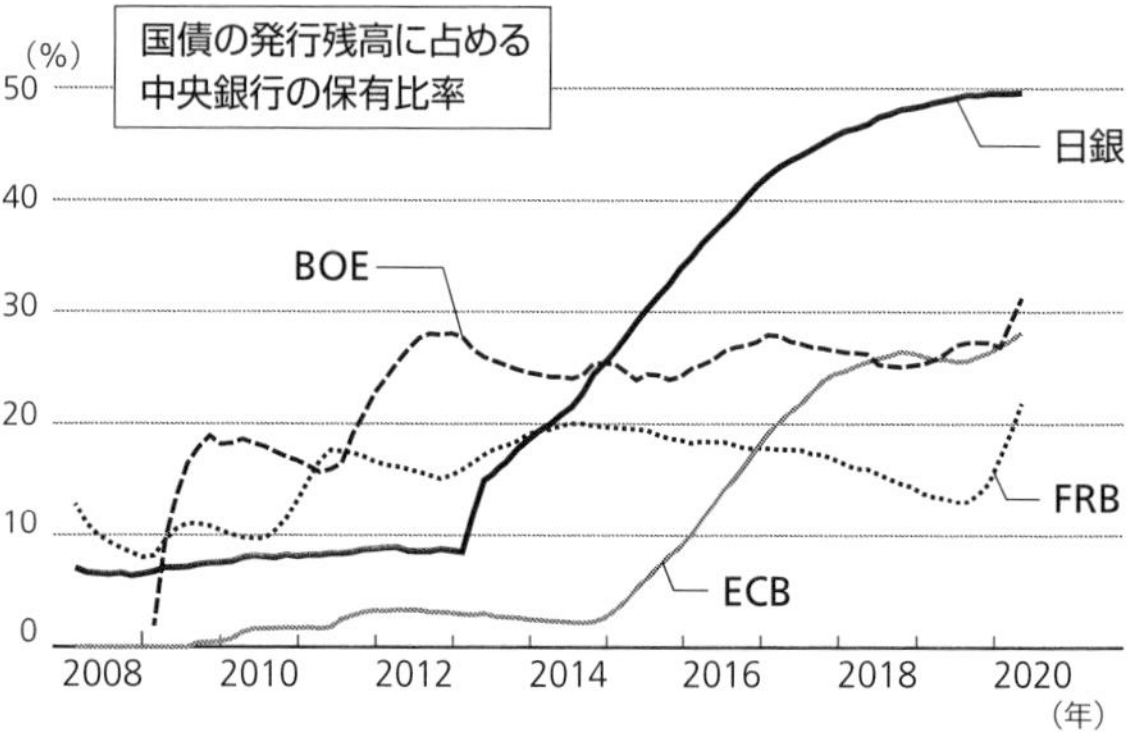


**日銀の国債保有比率は突出している**

注：IIF（国際金融協会）、日銀資料をもとに作成。出典：2020年6月14日、日本経済新聞

年の6月末に22％になるだろうといわれていました。一方の日銀は、50％超です。イギリスの中央銀行（ＢＯＥ）やヨーロッパ中央銀行（ＥＣＢ）は約30％です。ですから日銀が世界で断トツで、財政ファイナンスを行っているのです。図表6－3からも、それは明らかだと考えられます。

## 日銀は炭坑のカナリアである

各国の中央銀行はハイパーインフレの歴史を熟知していますから、財政ファイナンスを開始することは怖かったと思います。禁じ手中の禁じ手ですから。

しかし、一つだけ安心材料がありました。日銀がこれほどまでに財政ファイナンスを行っているのに、日本はまだハイパーインフレになっていないという事実です。ですから、日銀と同じ程度までは財政ファイナンスをやっても大丈夫とひたすら思いこんで、始めたのではないかと思います。万が一、日銀がこけたら、すぐ方針転換。消費税率を大幅にアップして、税金で返す態度をマーケットに示すかもしれません。

その意味でも日銀は、まさに「炭坑のカナリア」だと私は思っています。有毒ガスが出てくるとカナリアが鳴くのをやめたり、死んでしまったりする。それを見たら、坑員は緊急避難をするのです。

## 異次元緩和は財政規律の崩壊を招いた

異次元緩和、実質財政ファイナンスですが、これは財政規律の崩壊をも招きました。国の財政赤字が膨らみ、国債発行額が増加すると需給バランスが崩れ、国債の値段は下がっていきます。それが普通の世界です。すなわち累積赤字が膨らんでいくと国債発行額が増え、需給バランスが崩れ、長期金利は上昇するのです。これはマーケットが「累積赤字の上昇」に警戒警報を鳴らすということです。「政治家さんよ、橋を造る、道路を造る、社会保障費を増やす。それは景気にいいかもしれないけれど、その一方で、国債が増発されて長期金利が上昇してしまう。それは経済にマイナスでしょう。長期金利の上昇を招いてまでして財政赤字を増やしてもいいのか考えてくださいね」とマーケットが警戒警報を鳴らしてくれたのです。

ところが日銀が長期国債を爆買いし続ければ、財政赤字が膨らんでも、長期金利はちっとも上昇しない。日銀が、市場の警戒警報を壊してしまったわけですね。異次元緩和が財政規律を崩壊させたということです。

## 異次元緩和が銀行経営の不振を招いた

2020年6月26日の日経新聞に「高利の国債満期　地銀に追い打ち」という記事が載りま

した。今まで保有していた国債が償還期限を迎える。それらの保有していた国債の利回りは0・6〜0・7%あったので、それなりの収入を期待できた。しかしその満期で返ってくる資金を新しい国債に投資すれば、利回りは、ほぼ0%だから収益を生まない」という記事です。

このこと以上に地銀を苦しませているのが、本業の収益低下です。マスコミは、地銀の経営が苦しいのを「マイナス金利のせい」と表現しますが、違います。

前に述べたように、マイナス金利が適用されているのは、日銀当座預金のうちのたった5・5%、23・6兆円にすぎないのです。無担保コールレートは、ほぼ0%。マイナス金利のお金などほぼないのです。地銀が苦しいのはマイナス金利のせいではなく、異次元緩和のせいなのです。

国会で地銀が苦しい理由を質問したことがあります。「少子化だから」とか「地銀の経営努力が足りないから」との答弁が返ってきました。それでは、地銀の経営者があまりにかわいそうです。異次元の量的緩和のせいなのですから。

量的緩和開始前、日銀は長期国債など買っていませんでした。それが異次元緩和で爆買いを始めたのです。長期国債の値段が上がり、長期金利は下がる。そこで長短金利差がなくなりました。銀行の収益の根幹は長短金利差ですから、地銀が苦しくなったのです。

## 日銀の財務内容は脆弱化している

2020年7月1日の日経新聞に「貸倒引当金、世界で2・3倍」という記事がありましたが、この記事は結構衝撃的です。「BIS（国際決済銀行）の報告書に『いくつかの中央銀行がかつてのレッドラインを越えた』と書かれていた」というのです。これ、明らかに財政ファイナンスのことでしょう。BISのいう「いくつかの中央銀行」のトップに日銀があるのは間違いありません。というより、日銀のみを念頭に置いて書いていると思われます。

さらにいえば、先進国の中央銀行で、金融政策目的で株を買っているところはないのに、日銀は大量に買って、2020年中には日本最大の株主になるでしょう。そして株からの利益が収入の4分の1近く。中央銀行が株を保有するなど、昔の金融マンならびっくり仰天もいいところです。この点でもレッドラインを越えています。通貨価値の安定のために、なにがなんでも財政基盤が堅固でなくてはいけない機関が、値段が上下する株を買うなんて、と。

さらにこの記事には「世界中が低成長・低インフレの『日本化』に陥る恐れも消えない」と書いてあります。日本だといつも、このような事態を「日本〝化〟」と書くのですが、欧米では「日本〝病〟」といわれています。昔英国が英国病と揶揄《やゆ》されていたのと同じです。

しかしマスコミや政治家などは相変わらず「日本はすごい」との認識で、危機感が全くありません。本当はパラダイムシフト（劇的変化）が必要なのですが。

# 第7章　日銀の「出口戦略」とは何か

## 日銀の収益構造を考える

通常、中央銀行の収益の柱は通貨発行益です。日銀もそうです。主な収入は国債の利息など保有している資産からの収入です。保有資産による収入から負債に対する支払利息を引いたものが通貨発行益で「シニョリッジ」といいます。

ただ負債に対する支払利息といっても、昔は日銀の負債のほぼすべては発行銀行券でしたから、支払利息はほぼなしです。ですから、保有資産による収入から経費を引いたものが、日銀の当期純利益だったのです。

ところが今は、負債の80％近くは日銀当座預金です。金利0％の適用分もありますが、過半数の残高には＋0・1％の金利を払っています。ただ、所詮＋0・1％ですから、今のところ、支払金額はそれほど多くはありません。しかしゼロではありません。

## 図表7-1　日銀のバランスシート

**1998年12月末**

| 資産（兆円） | | 負債・資本金（兆円） | |
|---|---|---|---|
| 金 | 0.4 | 発行銀行券 | 55.9 |
| 国債 | 52.0 | 日銀当座預金 | 4.4 |
| その他 | | 引当金 | 2.9 |
| | | 準備金 | 2.1 |
| | | 資本金 | 0.0001 |
| | 91.2 | | 91.2 |

**2019年度**
経常利益　1兆6375億円

**2020年3月末**

| 資産（兆円） | | 負債・資本金（兆円） | |
|---|---|---|---|
| 2019年度 平均残高 482.6兆円 平均利回り 2.47% 利息収入 1兆1960億円 | | 発行銀行券 | 109.6 |
| 国債 | 485.9 | 日銀当座預金 | 395.2 |
| （うち長期国債473.5） | | 2019年度 支払利息 1882億円 | |
| 2019年度 平均残高 472.2兆円 平均利回り 0.257% | | （うち法定準備預金約9.4） | |
| 貸出金 | 54.3 | 政府預金 | 12.6 |
| | | 引当金勘定 | 6.4 |
| | | 準備金 | 3.2 |
| | | 資本金 | 0.0001 |
| | 604.4 | | 604.4 |

図表７－１にある通り、２０１９年度決算を見ると、国債からの受取利息が１兆２０００億円弱で、支出は日銀当座預金への支払利息が約１８００億円。なんとか通貨発行益を上げている状態です。

ところが今の日銀は、その他に保有株式（ＥＴＦを含む）から、なんと８０００億円もの収益を上げています。したがって日銀の収入合計は、国債からの受取利息１兆２０００億円弱だけではなく、その他を含め、合計２兆２０００億円にもなるのです。支出のほうも、為替差損の２１００億円等があります。その結果、経常利益は１兆６３００億円余りになります。

ちなみに保有株式（ＥＴＦを含む）からの収入８０００億円に「なんと」という感動詞をつけたのは、中央銀行の損益計算書に〝株式〟の利益が載るなんて、しかも中央銀行の収入の〝3分の1が株式から〟など、かつての金融マンの常識ではありえないもいいところだからです。

他の国では今でもありえません。日銀の決算書でも、〝株式〟の利益は、経常収益の中の「その他の利益」の範疇《はんちゅう》で計上しているくらいです。

中央銀行は、収益が上がったり損が出たりする資産など持ってはいけないのです。通貨の価値は中央銀行の財務内容で決まりますから、損失が生じるような資産を持ち、通貨が暴落することは避けなくてはならないのです。

## 日銀が金利を引き上げれば、債務超過になる

現在、日銀は異次元緩和を行っていますが、景気が回復したり、インフレ気味になれば、緩和を継続したままにしておくことはできません。景気が過熱してしまうからです。

金融政策を中立に戻し、その後、引き締めできるような状態に戻せるか？　それが日銀の「出口戦略」問題です。

「バランスシートの規模を縮小できるか？」と「金利を上げられるか？」が二大課題です。

すでにお話ししたように、「日銀当座預金残高と法定準備預金残高がほぼ一致」の状態でしたら、日銀はいとも簡単に金利の引き上げ誘導をすることができます。コストもかかりません。

しかし今のように、市場にお金がじゃぶじゃぶの状態では、金利を引き上げるのは容易ではありません。

日銀が異次元の量的緩和を始めたとき、金融関係者は「どうやって金利を引き上げるのだろうか？」と話していましたが、誰もその方法を思いつかなかったのです。私にもわかりませんでした。日銀は、出口を発見する前に見切り発車をしたのです。

しかし、その後、米国のＦＲＢが発見しました。私も「さすがＦＲＢだな」と思った次第です。日銀当座預金への付利を引き上げればいい。今は大半の部分に０・１％の金利を支払っていますが、これを、例えば１％に引き上げればいいではないか？　と考えたのです。三井住友銀行が日銀当座預金に預金を置けば、日銀は三井住友銀行に１％の金利を支払うよ、となるのです。そうすれば三井住友銀行は、東芝に０・５％の金利でお金を貸すわけがないからです。

要は、日銀の口座にお金を置いておけば１％もらえるのに、事務的にも面倒くさく、そして（たとえ小さくても）東芝の倒産リスクを背負ってまでして１％以下の金利で貸すわけがないからです。ですから、日銀当座預金への付利を引き上げることによって市中の金利を引き上げていこう、とＦＲＢが考えついたわけです。今のところ、それ以外に方法を発見した人はいません。

ところが日銀当座預金残高は、２０２０年７月末現在で４５７兆円。ここに１％の利息を支払ったら、年間4・6兆円です。消費者物価指数が2％になったら、さすがに市中金利は2％以上に持っていかねばならないでしょう。そうなると、1年間で9・2兆円もの利息支払いとなってしまいます。

先ほど見たように、当期経常利益は1兆6300億円余りですから、完全に損の垂れ流しとなってしまいます。

一方、引当金勘定と準備金は合わせても、9・7兆円しかありません。支払利息を2％にしたら、1年間でこのバッファーを全部食ってしまい、債務超過ぎりぎりとなってしまいます。

## 嘘まみれ、苦し紛れの「日銀答弁」

私が国会で「政策金利を引き上げると債務超過になりませんか？ 大丈夫ですか？」と聞いたところ、黒田総裁も若田部昌澄副総裁も「確かに金利を上げると支払利息が増えるかもしれませんが、日銀の受取利息も増えますから大丈夫です」と答弁したのです。嘘つけ、です。

私が金融マンの頃、日銀の保有国債は、ほとんどすべてが短期国債でした。2カ月、3カ月で満期が来る。そうすれば新しい高い金利に変わって、受取収入は増える。しかし、異次元緩和以降の保有国債は、大部分が長期国債です。2020年7月末現在では92％が長期国債です。

異次元緩和とは、正式には「異次元の量的質的緩和」というのですが、「質的」とは「長期債を爆買いし始めた」ことをいうのです。10年債や30年債を買うのです（メインは10年債ですが）。それらは固定金利債ですから、満期が来て新しい国債に買い替えるまで、日銀の金利収入は増えるはずがないのです。

ただ、「大丈夫です」と答えないと、明日、窓口で取り付け騒ぎが起こる可能性があるので、そう答えざるを得ないのでしょう。しかし、そうこうしているうちに膿はどんどんたまっていき、破裂はより強烈になります。

ちなみに、この質問の後も攻め続けていたら、黒田総裁は「債務超過の可能性」を認められました。あくまでも「一時的には」と強調されていましたが。私には一時的だとは、到底思えません。

## ＦＲＢは政策金利を上げられるが、日銀は上げられない

図表７－２は、ＦＲＢの損益計算書の推移です。

ＦＲＢは２０１５年12月から２０１８年まで、利上げを継続しました。０・０～０・２５％から２・２５～２・５％まで９回に亘って引き上げたのです。前項で述べたように、ＦＲＢ当座預金への付利を引き上げることで行いました。ただ、純利息、純損益ともに増えていません。保有の大部分が、日銀同様、長期の固定金利債だからです。

## 図表7-2 FRBの損益計算書

| | 2015年 | 2016年 | 2017年 | 2018年 |
|---|---|---|---|---|
| 受取利息【A】 | 1,136億ドル | 1,111億ドル | 1,136億ドル | 1,123億ドル |
| 支払利息【B】 | 72億ドル | 132億ドル | 292億ドル | 430億ドル |
| うち翌日物リバースレポ利息 | 2億ドル | 11億ドル | 34億ドル | 46億ドル |
| うち預金利息 | 68億ドル | 120億ドル | 258億ドル | 385億ドル |
| 純利息【C】（A−B） | 1,064億ドル | 979億ドル | 844億ドル | 693億ドル |
| 純損益【D】（C−経費等） | 999億ドル | 924億ドル | 807億ドル | 631億ドル |

注：「純損益」は、米国財務省への拠出前損益。
出所：FRB

一方、支払金利（支払利息）はどんどん増えていきました。FRB当座預金への付利を上げていったからです。

「FRBが利上げをできたから、日銀も利上げをできるはずだ」とおっしゃらないでください。収入面に大きな違いがあるからです。

FRBの収入は増えてはいないものの、受取利息はコンスタントに約12兆円もあります。保有国債とMBS（不動産担保証券）の平均利回りが2・6％ほどもあったからです。

一方の日銀は、保有国債からの受け取りは、たったの1兆2000億円にすぎません。FRBの12兆円とはえらい違いです。2019年度の日銀の保有長期国債の平均利回りが、たったの0・257％だからです。

さらに述べれば、コロナ禍に対する財政出

動に伴って発行される国債は、ほぼ０％です。２０２０年度、日銀は90兆円の新発債《しんぱっさい》（新規に発行される国債）を購入することになると思いますが、それらはほぼゼロ金利です。

また50兆〜60兆円は満期が来ることになると思います。これらの国債には、多少なりとも金利がついていたでしょうが、買い替える国債の金利は０％なのです。

しかも、急速に平均利回りは下落していくでしょう。ほぼゼロ金利の国債保有額は増える一方、将来高い金利を払わざるを得ない日銀当座預金の額は、それに比例して急速に増加していくのです。状態はますます悪化していきます。

## 日銀のバランスシートの問題点

つい最近、２０２０年７月末の日銀資料を見て、驚きました。何に驚いたかというと、２０１９年12月末に５７３兆円だった日銀のバランスシート（ＢＳ）の規模が、２０２０年７月末には６６６兆円と、93兆円も増えていたのです。93兆円とは、ものすごい額です。

地銀全体の現在の国債保有高16・５兆円（３月末）と比べてみてください。別な言い方をすると、１９９８年当時の日銀ＢＳ分を７カ月で増やしてしまったともいえます。ものすごい勢いで超メタボ化進行中なのです。１９９８年に銀行間に存在していたお金と同額を、７カ月間でさらにばらまいたということです。

## 図表7-3　2020年9月18日の日経新聞

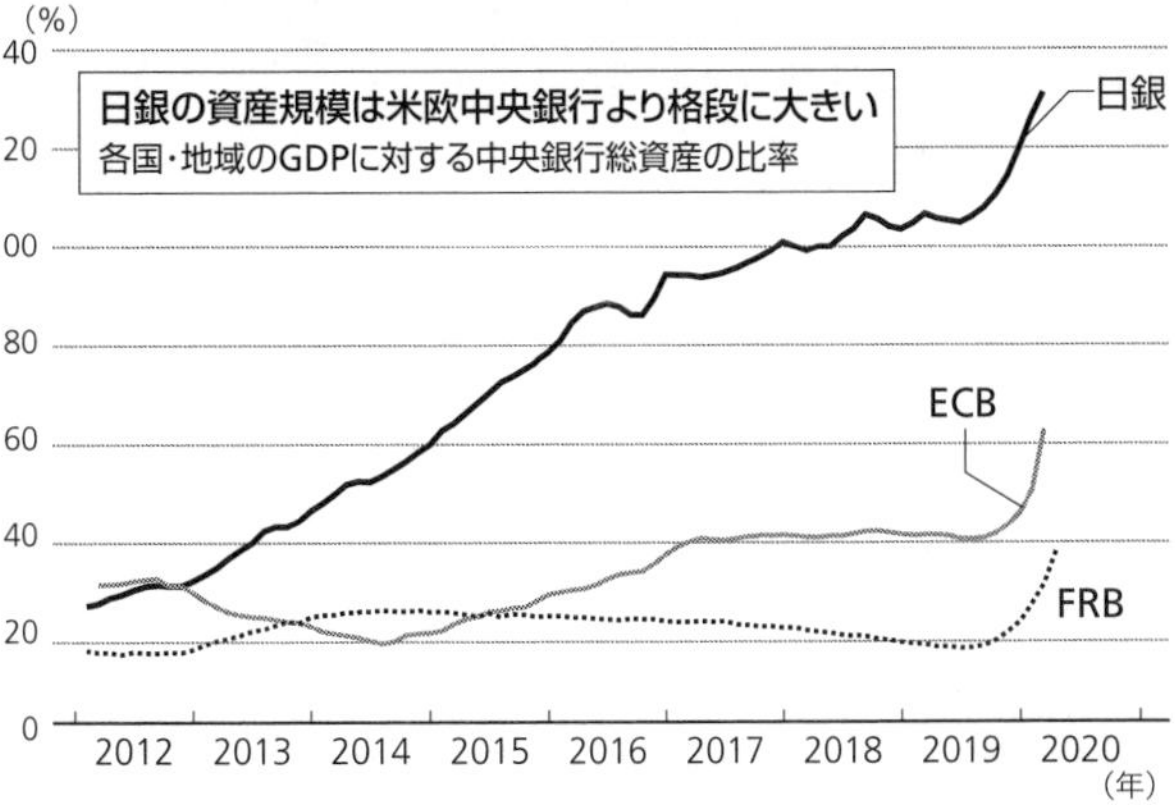


出所：SMBC日興証券
出典：2020年9月18日、日本経済新聞

確かにＦＲＢも財政ファイナンスで、資産規模を拡大しています。それを見て、「フジマキは日銀が危ないと騒ぐが、ＦＲＢも同じことをしているではないか。なぜ日銀だけが危ないと騒ぐのだ？」とクレームをつける人がいます。

しかし図表７－３を見てください。ＦＲＢは現在の増やし方はすごくても、もともとが大した規模ではありませんでした。一時は総資産を減らす努力をしていたのです。

一方の日銀は、減らす努力など頭にもなく、コロナ禍が始まる前の平時からどんどん増やしてきてしまったのです。その結果が、２０２０年９月18日付けの日経新聞の図表７－３のようになるのです。

日銀はこのＢＳを縮小させる手段を持ちま

せん。唯一の方法は、保有国債満期時に元本額を政府から返してもらうことです。それには政府が大増税をして、単年度予算を黒字化しなければなりません。そんなことはまず無理でしょう。ほかに方法があるなら、教えてほしいと思います。

縮小できなければ、日銀を廃し、新中央銀行設立しかありません。

経済・金融史が専門のスタンフォード大学フーヴァー研究所上級研究員ニーアル・ファーガソン氏いわく「１９５０～80年は中央銀行の肥大化がインフレと深くかかわっていた。１９００年以降、主な中央銀行の資産規模はＧＤＰ（国内総生産）のほぼ10～20％」。

ファーガソン上級研究員が今の日銀の数字を知ったときに、なんとおっしゃるのか聞いてみたいです。「いずれハイパーインフレは間違いなし」とおっしゃると私は思います。

## 日銀のバランスシートが膨らむプロセス

図表７－４は、平成29年度の国債の動きを示しています。平成29年度には１４１・３兆円の国債が発行されました。１４１・３兆円とは新発債と借換債《かりかえさい》（償還資金を調達するために発行される国債）の合計です。

ちなみに国債発行の際、新発債や借換債を明示して発行するわけではありません。国債の満期には元本を返さねばなりませんが、毎年その他の歳出ですでに赤字なので、満期が来た元本

図表7-4　政府、マーケット、日銀のお金の流れ

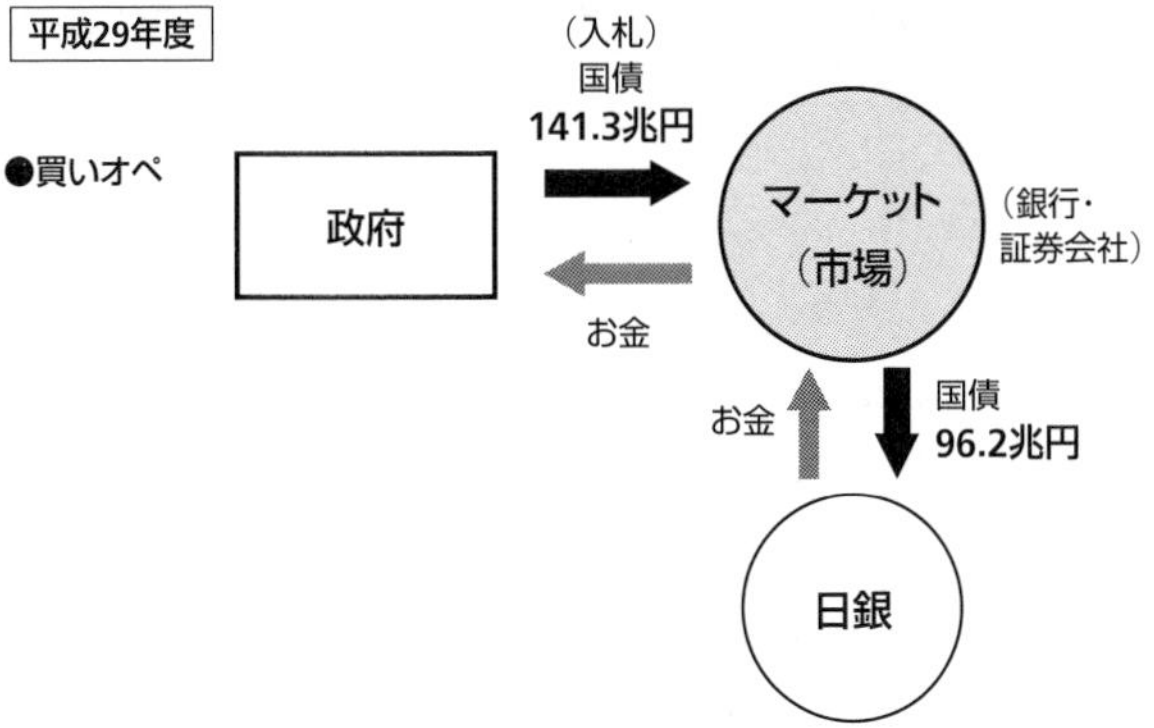


返済資金までは捻出できません。したがって返済する資金を再度調達しなければなりません。借換債といわれる金額です。その借換債と新発債の合計が141・3兆円ということです。

一方、日銀は平成29年度に96・2兆円分の国債を買いました。直接政府から買うのは財政法第5条違反ですから、マーケット（市場）、すなわち銀行や証券会社から買います。この96・2兆円には前年発行されたものもあれば、つい先日発行されたものもあります。これが平成29年度の国債の動きです。

私が金融マンの頃は、日銀は国債市場では、ほとんど存在感がありませんでした。図表7－4でいえば、市場と日銀との取引の部分は、ほぼ存在しないに等しかったのです。

長期国債の購入は、ほぼゼロです。経済が成長するときにお金の量も同じように増えないと、お金が不足

し、お金の価値が上がってしまうということです。物価が下がってデフレになってしまうということです。そこで日銀は、その分だけは長期国債を買っていました。「成長通貨の供給」と称します。いうなれば、回収の必要がないお金を供給するときだけ、長期国債を購入していたのです。現在の購入額に比べたら微々たるものです。

**Q　国債を買って政府に渡したお金は、日銀BSのどこに仕分けされるのですか？　また国債の代金が日銀当座預金に残れば、政府にお金は回るのですか？**

**A**　「国債を買って政府に渡したお金」というのは、入札時のお金の流れのことだと思います。政府や民間銀行は日銀に当座預金を持っています。もちろんBS（図表7－5参照）上では、両方とも日銀の負債です。政府の預金は「政府預金」という勘定です。

政府発行の国債を、入札で銀行や証券会社が買う。例えばみずほ銀行が国債を1000億円分買ったとします。その場合、みずほ銀行の日銀当座預金残高口座から1000億円減らし、政府預金勘定を1000億円増やすことによって完了します。

なお、政府はみずほ銀行とか三井住友銀行の民間銀行に口座を持っていません。日銀にのみ持っています。ですから日銀は「政府の銀行」という役割も担っているのです。

## 図表7-5　日銀のバランスシート

2020年7月末

| 資産（兆円） | | 負債・資本金（兆円） | |
|---|---|---|---|
| 国債 | 526.6 | 発行銀行券 | 113.8 |
| （うち長期国債 | 484.4） | 日銀当座預金 | 457.4 |
| ⋮ | | 政府預金 | 46.8 |
| 貸出金 | 78.1 | ⋮ | |
| ⋮ | | 引当金勘定 | 6.4 |
| | | 準備金 | 3.3 |
| | | 資本金 | 0.0001 |
| | 665.8 | | 665.8 |

２つ目の「国債の代金が日銀当座預金に残れば、政府にお金は回るのか」との質問ですが、これは「みずほ銀行が入札で購入した国債を日銀に転売したときのお金の動き」の質問だと思います。要は、異次元の量的緩和の結果、起こるお金の動きですね。

日銀がみずほ銀行から１０００億円分の国債を買うと、日銀の資産サイドの保有国債額が１０００億円増加します。それと同時に日銀はみずほ銀行の日銀当座預金残高を１０００億円増やしてあげます。前半の質問と併せて考えてください。みずほ銀行の日銀当座預金は入札で１０００億円減り、その後、日銀への国債転売で１０００億円増え、元の残高に戻ります。この２つの行為の結果は、日銀の資産サイドの保有国債額１０００億円増と、日銀の負債サイドの「政府預金増」です。異次元緩和は、政府の「資金繰り支援」、すなわち財政ファイナンスだということもおわかりかと思います。ちなみに、この時点では政府預金勘定は1000億円増えたままです。

政府はこの政府預金から、公共工事の費用を捻出したり、国家公務員の給料を払ったりします。国家公務員のAさんが三菱UFJ銀行に口座を持っていればAさんの給料分、政府預金残高が減って、三菱UFJ銀行の日銀当座預金残高が増加します。すなわち日銀の負債サイドの「政府預金」から「日銀当座預金」へ勘定科目がシフトするだけです。

注意すべきは、日銀のBSの規模が縮小するわけではないということです。

## 中央銀行がバランスシートを縮小させる方法

今、日銀がBSを縮小させようとすると、①満期になる国債を買い替えずに、満期償還金を政府から受け取るか、②今やっていること（＝市中の銀行から国債を買い取り、日銀当座預金残高を増やす）の反対取引をするという2つの方法しかありません。

よく「貸し出しが増える」と「日銀当座預金残高が減るだろう」と誤解する人がいますが、日銀当座預金額は減りません。したがってBSが縮小することもないのです。

信用創造の説明で使った例をここに再掲します。「三井住友銀行が東芝にお金を貸す。その借金で東芝は工場建設のために鹿島建設と契約する。鹿島建設の口座がみずほ銀行にあるなら、みずほ銀行には鹿島建設からの預金が増えることになる」。この例で説明すると、三井住友銀行の日銀当座預金残高が減り、みずほ銀行の日銀当座預金残高が増えるだけで「日銀当座預金」残高に変化はないのです。先ほど述べた２つの方法以外で、唯一、日銀当座預金残高が減るのは、「海外にお金が逃げていく」ときだけです。

個人や企業が円を売ってドルを買うときは、日銀当座預金残高は減っていきます。

## 日銀がバランスシートを縮小できない理由

ここでは不動産市場で考えてみましょう。前にお話しした国債供給額等の数字を使っての説明です。

住宅市場で１年間に１４１・３万戸の住宅が供給されているとします。昔、全く日本の住宅市場に興味がなかった中国人が途端に買い始め、７割を買い占めた。そうすれば住宅の値段は間違いなく上昇すると思います。需給バランスが完全に崩れたのですから。なお、ここでは日銀による国債購入開始を中国人に喩《たと》えています。

しかし、突然、中国人が購入をやめたら、住宅価格は暴落です。そのうえ７割買っていた人が売り手に回れば、さらなる暴落です。価格暴落ですから、長期金利の暴騰です。

そうなると、政府は国債など発行できません。ものすごい額の支払利息となりますから、予算が組めません。満期が来る約100兆円の資金繰りもつきませんから償還不能、デフォルト（債務不履行）となってしまいます。

ですから、今やっているオペレーションの逆（＝国債を市場に売り戻す）でBSを縮小するのは、実施不能なのです。

先ほど、FRBは一時的にBSを縮小したとお話ししました。当初は、今述べたような「市場への売り戻し」を検討したそうなのですが、今行った分析と同じで、それは不可能だと判断したのです。

したがって、満期になった国債は買い替えずに償還させ、政府からお金を返してもらう。こういう政策を取らざるを得なかったのです。これを「満期待ち」といいます。満期になったときに政府からお金を返してもらうには、政府が税金を集めて、それで返してもらうしかありません。その意味で、中央銀行の対GDP比が重要となるのです。

税収はGDPに比例します。ですから、中央銀行のBSの対GDP比とは、税金でBSを縮小させられる難度、すなわち中央銀行がBSを縮小させられる難度であり、日銀はそれが世界で断トツに高いことになります。政府が累積赤字を返す難しさも、対GDP比で測ると前に申し上げましたが、それも同じ理屈です。

日本は財政赤字の額も日銀のBSの規模も、対GDP比で世界断トツの悪さですから、財政を立て直すには、世界で最高規模の大増税、もしくは借金踏み倒しが必要になるわけです。

## FRBは日銀に比べ、簡単にバランスシートを縮小できる

対GDP比が世界断トツのメタボである日銀が、BSを縮小させるのは不可能だと私は思います。「テーパリング（国債の買い入れ増の程度を減らしていくこと）の完了」さえ無理だと思うのです。

米国はそれでも、中央銀行以外に米国債の買い手をたくさん抱えています。日本政府や中国政府など他国の政府が外貨準備として米国債を持っていますし、民間金融機関や事業会社も運用先として購入意欲があるからです。ドルは世界の基軸通貨ですから、買い手はたくさんいるのです。日本の場合、こんな低金利では買い手は全くいないでしょう。財政がここまで悪いと、よっぽど金利が高騰しない限り、買い手は現れないと考えるのが自然です。

## 日銀は国債を売却できるのか

先ほど、日銀が今買っている国債の購入をやめたり、売りだしたら大変という話をしました。同じようなことで大変な事態に陥ったことが、過去にあります。1998年の資金運用部ショ

## 図表7-6　資金運用部ショック時の発行額と引き受け額

1998年度の国債発行額（実績）

| | | うち資金運用部による引き受け額 |
|---|---|---|
| 新発債 | 34.0兆円 | 11.0兆円 |
| 借換債 | 42.4兆円 | 4.2兆円 |
| 合計 | 76.4兆円 | 15.2兆円 |

$$\left[\frac{15.2}{76.4}=19.9\%\right]$$

ックです。

今、国債の最大の買い手は日銀ですが、当時は資金運用部でした。郵貯や簡保などから集めたお金を運用していた、大蔵省の一会計です。その資金運用部は1998年には国債発行額の約20%も購入していたのです。今の日銀の70%とか80%に比べればかわいいものですが、当時は国債市場に君臨していたのです。

ところが、だいぶ資金繰りが苦しくなったらしく、当時の宮澤喜一大蔵大臣が「資金運用部で国債を買うのをやめた」と発言されたのです。

「やめた」との発言の途端に0・6%だった長期金利が急騰を始め、2・4%にまで跳ね上がってしまったのです。当時の大蔵省は大慌てで、結局「買うのをやめる」のをやめました。買い続けることにしたのです。

もし本当に購入をやめていれば、4～5%くらいまで軽く上昇したと思います。資金運用部はたった20%程度しか買っていなかったのに（図表7－6）、あの大騒動。70％とか80％を買っている日銀が購入をやめたら、比較にならないほど大変なことになると思います。

長期金利が跳ね上がれば、日銀が保有している莫大な国債の評価損は、とんでもなく巨額になるでしょう。

資金運用部ショックのときは、我々トレーダーは、もしそんなことになって長期金利が暴騰したら、「日銀が最後の砦《とりで》」として、財政法を変えてまで買い出動するだろうなと、安心していました。

今は、その最後の砦の日銀が爆買いをしているのですから、日銀は購入をやめられないだろうと私は思います。非常に危険な状況だという気がしています。それがＢＩＳが「いくつかの中央銀行はデッドラインを越えた」ということだと思うのです。

## テーパリングから日銀を分析する

コロナ禍に対する財政出動で国債が増発されているわけですが、それに対応して日銀は「国債を際限なく買い増す」ことを決定しました。それまでは「長期国債を年80兆円買い増す」という政策を採用していたのです。それに関し、どうも識者も理解していないのではないか？と思う記事や論考がいくつかありました。

「80兆円買い増す」とは、「満期が来た金額分は買い替える。それにプラスして80兆円買い増す」という話なのです。ただコロナ禍の前には、「80兆円増」といいながら、「30兆円増」まで増加ペースを落としていました。それをもって日銀が「金融緩和をやめた」「方針転換をした」というコメントが見受けられましたが、それは誤解です。

先に出てきた「テーパリング」とは「買い入れ増」を「減らす」（＝増やしっぷりを減らす）意味であり、日銀は満期が来た分は買い替えるわけですから、「保有残高はどんどん増えている」のです。

2015年2月26日、日銀が「長期国債を年80兆円買い増す」と決めた直後に、私は参議院の財政金融委員会で、雨宮正佳《まさよし》日銀副総裁（当時は理事）に「『年間80兆円買い増す』とは日銀は年間いくら国債を買うのですか？」と聞きました。雨宮理事は「平成27年度に日銀保有の国債で満期が到来するのは30・1兆円です。そして80兆円買い増すといっていますから、合計80兆円足す30・1兆円で、110・1兆円の購入です」と回答されました。明快ですよね。80兆円買い増すということは、それプラス、満期が来た分の金額も買うということなのです。

ですから、日銀のBSは拡大を続けることであり、金融緩和は加速しているのです。「増加額を減らしたら、金融緩和は終了」と思っているとしたら、とんでもない誤解です。

実は、多くの人が勘違いしているのが「テーパリング」という言葉の解釈です。大切なとこ

図表7-7　テーパリングとは

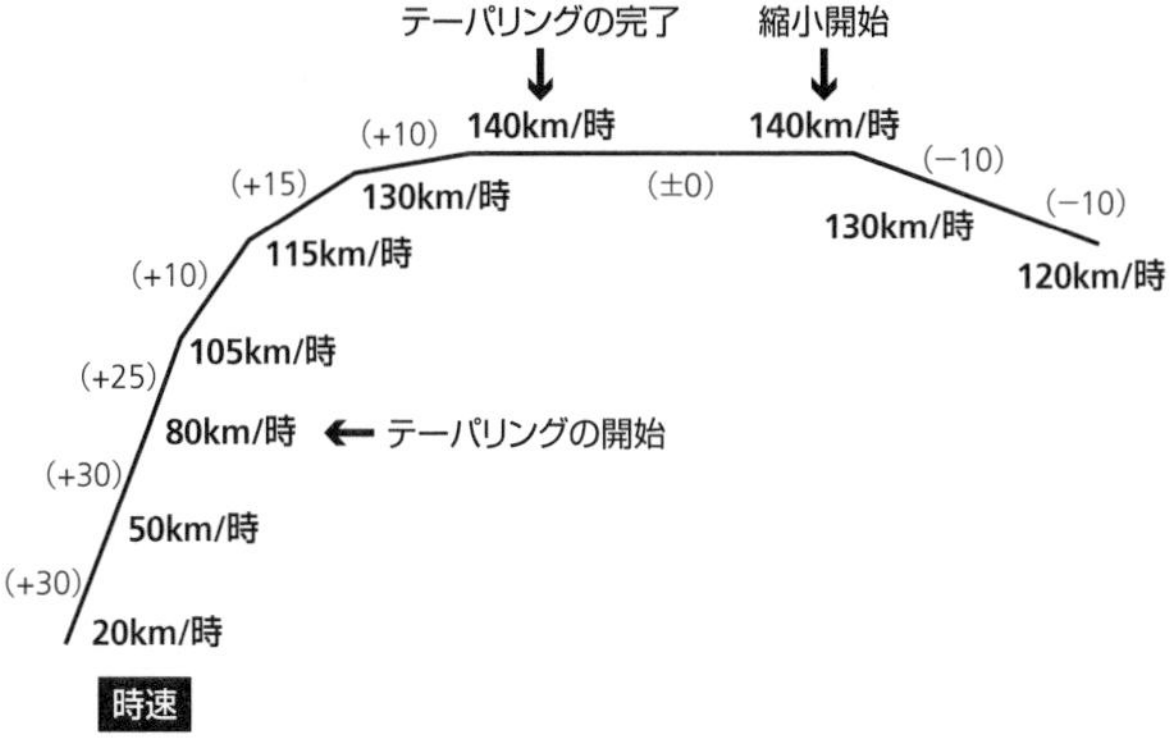


ろなので繰り返しますが、テーパリングというのは「国債の買い入れ増の程度を減らしていくこと」です。

## テーパリングを車の時速で解説する

前項の国債を80兆円増から30兆円増にするというのは、テーパリングの話です。車の時速に喩えて説明します。

最初の1時間、時速20キロで走っていた車が、その次の1時間は時速50キロに加速した。30キロ加速したわけですよね。その次の1時間は、時速80キロに加速した。これも同様に30キロ加速したわけです。次の1時間は時速１０５キロ。今まで30キロ加速していたものが、今回は25キロの加速にすぎません。これを「テーパリングの開始」といいます。

30キロの加速、30キロの加速だったのに、次は25キロの加速。「増加度を減らし始めた」＝「テーパリングの開始」というわけです。その後も、ゆるく加速を続けていく。そして、ついに時速140キロで加速をやめた。これからはもう加速はしない。これを「テーパリングの完了」といいます。

しかし、図表7－7を見てください。仮に時速を体重と考えたとして、「テーパリングの完了」までは、決して「ダイエットを始めた」とはいえません。「ダイエットを始めた」といえるのは、あくまで体重が減り始めてからです。図表7－7でいえば、時速140キロから時速130キロへと減速を始めたときからになります。

日銀は一度テーパリングを開始したものの、また規模拡大の程度を加速しています。

金融緩和の縮小とは、テーパリングが完了し、その後、減速、または体重を減らし始めたときに初めていえることなのです。

日銀は、減速どころか「テーパリングの完了」にもなっていないと私は思っています。

## 「日本人は国債を売らない」は本当か

参議院の調査会で、某国立大学のF先生が偉そうに「国債が暴落することは絶対ありえない」と滔々《とうとう》としゃべったので、「この先生わかってないな」と思いました。「大部分の国債は日本人が持っている。売れば自分で自分の首を絞めることになるから、誰も売るわけない。科学的に調査した」とおっしゃるのです。

さらに、明らかに私のことが念頭にあると思うのですが「(国債が暴落するという)そういうやつは、実際にお金を動かしている人には全然いないんですけれども、全然債券を動かしていないやつらにはいるんですよ」とおっしゃるではありませんか。「ちゃんと略歴を見てから、いえよな〜」と思いましたがね(笑い)。

F教授のおっしゃるところの「全然債券を動かしていないやつら」の一人のフジマキはモルガン銀行の東京支店長に昇進したとき、米系通信社が「JPモルガンは債券のスタートレーダーを東京支店長に昇進させた」と英語で世界に発信してくれたのですが、全然債券を動かしていないやつがスタートレーダーになれるんですね?(笑い)

政府は毎年三十数兆円の赤字予算を組んでいますので、毎年新たに三十数兆円ずつ国債が発行されるわけです。その新発債を誰かが買わなくてはいけないわけですが、売る相手がいないだけでなく、新発債分を買い増す人がいなくては、国債の需給バランスは崩れます。この点をF教授に聞いたら、先ほどの自信はどこへやらで、シドロモドロでした(笑い)。

ゼロ金利の国債をどんどん買い増す人など、いません。現に今、国債を買い増ししているのは、日銀と外国人だけです。外国人はジャパン・プレミアム(邦銀が海外から資金を調達する際に上乗せされる金利の幅)のせいで、マイナス幅の大きな資金が調達できるので購入しているにすぎません。この現象が、いつまでも続くとは思えません。なぜマイナス幅の大きな資金が調達できるかは、かなり専門的になるので、本書では省きます。簡単にいうと、日本勢は金利を上乗せしないとドルを調達できないので、日米金利差の拡大により外資は為替先物で非常に安くドルを買い戻せます。その結果、非常に安く円調達ができる、ということです。

そうなると、毎年三十数兆円の新発債をこんな低レートで買うのは日銀しかないのです。したがって、日銀はテーパリングを完了することはできません。未来永劫、日銀のBSは膨れ上がり続けるのです。

## Q　インフレ時、沈静化するために、日銀当座預金の金利を上げる以外の方法が今の日銀にあるのですか？

**A**　異次元緩和を開始した以上、インフレ沈静化の方法は日本にはありません。

今、金融緩和をしているわけですが、景気がよくなれば、中央銀行が先頭に立って政策金利を引き上げざるを得ません。そうしないと景気が過熱してしまうからです。もしくは景気が悪いのにインフレだけが加速してしまう（＝スタグフレーションが進行する）からです。

また、金融引き締めのときには、異次元緩和でばらまいてしまったお金を吸収することも必要ですが、すでにお答えしたように、今はそれもできません。唯一残っているのは、法定準備預金の率（法定準備率）を引き上げる方法だけです。法定準備率とは、民間銀行はお金を預かっても全部を融資に回してはいけない。日銀当座預金に預金額の何％かを預けておきなさいという割合です。

例えば、民間銀行が預金として100預かったとして、99貸していいというのと、70しか貸せないというのとでは、金融緩和度に違いが出るのはおわかりかと思います。100預かって70しかお金を貸せないとなると、金融は引き締まるわけです。

ただ、仮に今そんなことをしたら、きっと民間銀行はばたばたと倒産するでしょう。

現在、法定準備預金の金利は0％です。景気がよくなったら、民間銀行は預金の金利を上げざるを得ません。競合する金融商品がほかにたくさんあるからです。

一方、日銀に預ける法定準備預金は金利が0％。その預ける金額が多かったら、ただでさえ苦しい金融機関はアウトです。法定準備率を大きく上げていくのも、非現実的な出口戦略だろうと思います。

**Q 金利を上げると支払利息が増加しますが、日銀が購入する国債は10年物が主体で長期固定だから、日銀はすぐには債務超過にならないのではないでしょうか？**

**A** 逆に、金利が長期固定だからこそ、債務超過になるのです。日銀が利回り0・2%の長期固定金利債を買ったら満期が来るまで0・2%の利回りのままです。収入のほうは増えません。現在、年間の純利益は約1・3兆円です。昔のように2カ月、3カ月の国債でしたら、満期が来るたびに新しい（=より高い）利回りの国債に入れ替わっていきますから、利息収入も増えていきます。また、昔の日銀の日銀当座預金はごく少なかったので、そこに付利しても支払利息は少額です。それに、かつての伝統的金融政策においては、日銀当座預金への付利は0%のまま、付利を上げずに、市中金利を高めに誘導できました。また、株のように価格が下落するような資産は保有していませんでした。

ですから、昔は、日銀の債務超過など可能性はほぼゼロだったのです。日銀の債務超過は、異次元緩和を開始してしまったからこそ、発生する大問題なのです。

**Q** 2020年7月末で日銀当座預金が457兆円あるということは、銀行にはお金がじゃぶじゃぶに余っているということでしょうか?

**A** まさにその通りです。銀行間市場にお金が余っているからこそ、1998年当時4・4

兆円だった日銀当座預金残高は、今は457兆円に増えているのです。これが次第に市中にあふれていき（＝市中のお金の量が増える）、デフレから脱却できる、というのが異次元緩和開始の公式的な理由づけだったのです。もっとも、私は本来の目的は、国家の資金繰り倒産回避策、危機の先送り策だと思っています。ここで注意しなければいけないのは、前に説明しましたように、市中にあふれていくといっても、日銀当座預金残高が減るわけではないということです。日銀のBSの規模は全く変わりがありません。

## Q 日銀当座預金が多くなりすぎると、インフレが起きるのですか？

**A** 日銀当座預金は、マネタリーベース（発行銀行券＋日銀当座預金＋貨幣）の一つです。種銭が増えれば増えるほど、信用創造によって、市中に出回るお金は増えていくはずです。

一方で、紙幣の量が増えすぎると、お金の価値は下がっていきます。モノ対お金の量が1対1だったものが、1対10にもなれば、お金の価値は下がるということです。それがインフレです。

また、インフレやデフレは、貨幣量が一定でも、モノの需給のアンバランスでも起こります。

ただハイパーインフレは、モノの需給のアンバランスというよりは、中央銀行の信用崩壊によって起こります。中央銀行の信用が失墜すれば、その発行する紙幣も失墜し、紙くずとなるからです。

教科書などでハイパーインフレになった国の国民が、ストーブに紙幣をくべている写真を見たことはないでしょうか？　これはストーブにくべるマキの供給が不足したから起きたのではなく、紙幣が紙くずになったから起きた現象です。紙くずではマキは買えないのです。ものすごいハイパーインフレです。

# 第8章 日本の財政と日銀の問題点

なぜ、日銀がこのような「メタボで出口がない」といわれる状況になってしまったのかを簡単にお話しします。詳しくお知りになりたければ『日本・破綻寸前』（幻冬舎刊）をご参照ください。

## 日本は世界最大の財政赤字国

日本は世界最大の財政赤字国です。対GDP比で見ると、G7の中で最悪です。G7に関係なく、世界最悪だと思いますが。

財政赤字の問題も、中央銀行のメタボぶりの話と同様、対GDP比で比べます。先ほど述べたように、GDPと税収とはほぼ比例するからです。GDP、経済規模が2倍になると、（人口が変わらなければ）国民も2倍豊かになり、税収も2倍になるのが普通だからです。

GDPが2倍になったのに税収が3倍になれば、経済成長の果実を国が皆持っていってしま

**図表8-1　債務残高の国際比較（対GDP比）**

| 2018年 | |
|---|---|
| 日本 | **236.0%** |
| 米国 | 108.0% |
| 英国 | 86.3% |
| ドイツ | 59.8% |
| フランス | 96.3% |
| イタリア | **129.7%** |
| カナダ | 86.6% |

注1:数値は一般政府ベース
注2:本資料はIMF World Economic Outlook Databaseによる2018年4月時点のデータを用いており、2018年度予算の内容を反映しているものではない

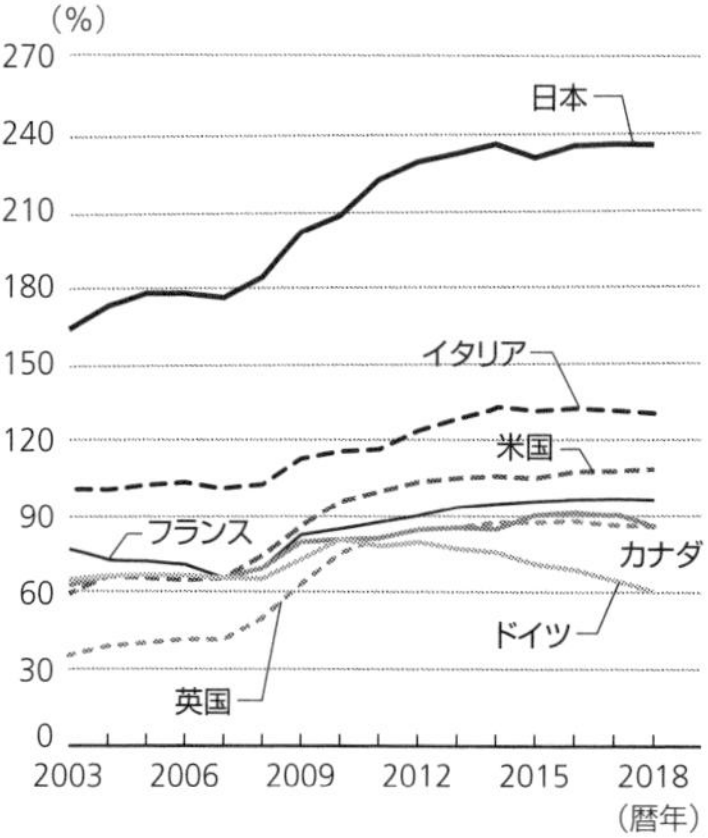


**債務残高の対GDP比を見ると**
**わが国は主要先進国の中で、最悪の水準となっている**

出典:IMF World Economic Outlook Database（2018年4月）

ったと国民は怒ります。要は、財政赤字額の対GDP比というのは、「税収で借金を返す際の難度」ランキングなのです。その数字が日本は断トツなのです。

　税金で借金を返すのが世界で断トツに難しいほど、借金が増えてしまったということです。

　図表8－1を見ると、日本の財政赤字額の対GDP比がわかりますが、この数字はコロナ禍に対する財政出動、並びにGDPの落ち込みで、さらに悪化が進みました。

　2020年7月22日の日経新聞の記事「予算編成『歯止め』なし」によると、20年の日本の財政赤字は対GDP

**図表8-2　わが国の政府債務残高の対名目GDP比の推移**

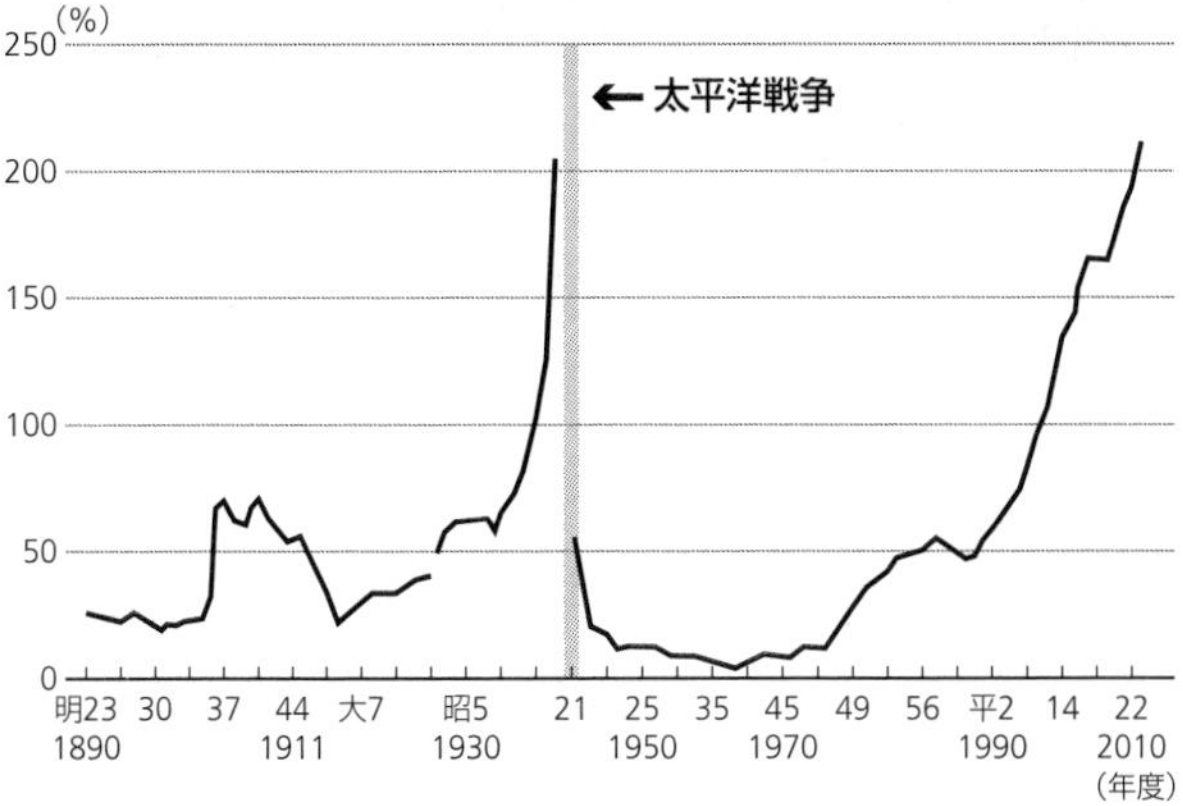


出典：財務省「社会保障・税一体改革について」

比で、268%の見込みだそうです。米国の141%、ユーロ圏の105%と比べて突出して厳しいのです。

## 終戦直後より悪い、現在の日本財政

図表8－2を見るとわかる通り、終戦直後は、財政赤字の対GDP比が現在よりもマシだったにもかかわらず、ハイパーインフレが起こり、預金封鎖と新券発行が行われました。昭和21年のことです。

第3章で「新札のニュースを聞いたとき、私は不気味に思いました」と書きました。財政赤字が極大化しているがゆえに気味が悪いよね、という話です。

この日本の数字に関して、格差論で有名なフランスの経済学者トマ・ピケティは「ヨーロッパから見ると、日本の現状は摩訶《まか》不思議で理解不能である。政府債務残高がGDPの2倍に達するというのに、日本では誰も心配していないように見えるのはどうしたことか。（中略）我々は日本の政府債務のGDP比や絶対額を毎日のように目にして驚いているのだが、これらは日本人にとって何の意味も持たないのか、それとも数字が発表されるたびに、皆大急ぎで目を逸らしてしまうのだろうか」といっています。

他国から見ると、日本の借金の総額は信じられない数字なのです。

## 財政赤字額に対し、なぜ日本人は能天気なのか

トマ・ピケティの母国フランスや、イタリア、ギリシャなどの国々は、通貨ユーロを採用しています。したがって彼《か》の国々では、累積赤字が拡大し、政府の資金繰りが苦しくなると、IMFや世界銀行、他国の投資家からユーロを借りなければなりません。フランス、イタリア、ギリシャの中央銀行はユーロを刷れないからです。

ユーロは、ヨーロッパ中央銀行（ECB）しか刷る権利がないのです。借金が大きくなり、財政破綻回避のためにIMFや世界銀行等から借りねばならないとなると、年金を減らせだの、増税せよだの、いろいろな要求を呑まねばなりません。

一方、日本は中央銀行が紙幣を自分で刷れるので、今のところ、歳出増に耐えてこられたの

です。中央銀行が紙幣を刷る限り、当面、財政破綻の危機は起こりませんから、日本人は財政赤字拡大に能天気になってしまうのでしょう。

でも、これおかしいですよね。紙幣を刷って政府の歳出を補い、それで問題が起こらないのなら、こんな素晴らしい国益はありません。それが本当なら、ユーロ圏の国々は、即ユーロ圏から脱退するでしょう。「紙幣を刷って財政赤字に対処すると、いずれ大きな問題が生じる」ことをユーロ圏諸国は理解しているからこそ、ユーロ圏にとどまっているのです。

## 現在は「財政は危機的」といわれた1997年の3倍悪い

日本の財政は、バブル崩壊時から悪化の一途です。それでも一応、途中で財政再建の努力をしようとしたこともあるのです。

例えば1997年11月、橋本龍太郎総理（当時）が「財政構造改革法」を通しました。第2条に「財政は危機的状況にある」と書いてあります。ところが97年、日本は大変なときを迎えます。北海道拓殖銀行、三洋証券、山一證券がつぶれてしまったからです。

「財政再建どころではない」と、この法は骨抜きになり、小渕恵三内閣のときに実質、廃止になりました。その後は借金がどんどん膨れ上がり、2020年6月末には1159兆円になってしまいました。「財政は危機的状況にある」と財政構造改革法第2条に書いてあった199

## 図表8-3　累積赤字の推移（国債及び借入金）

（単位：兆円）

| | 12月末 | | 12月末 |
|---|---|---|---|
| 1996年 | 344 | 2009年 | 872 |
| 1997年 | 369 | 2010年 | 919 |
| 1998年 | 427 | 2011年 | 959 |
| 1999年 | 478 | 2012年 | 997 |
| 2000年 | 522 | 2013年 | 1018 |
| 2001年 | 582 | 2014年 | 1030 |
| 2002年 | 643 | 2015年 | 1054 |
| 2003年 | 670 | 2016年 | 1066 |
| 2004年 | 751 | 2017年 | 1086 |
| 2005年 | 813 | 2018年 | 1100 |
| 2006年 | 832 | 2019年 | 1111 |
| 2007年 | 838 | 2020年 | 1159（6月末） |
| 2008年 | 847 | | |

**借金は、異常な増え方をしている**

出典：財務省HPより作成

7年から、借金は3倍にも膨れてしまったのです。

前述したように、借金が3倍になっても、GDP、経済規模が3倍になっていれば、税収も3倍になるでしょうから、今の危機度は1997年と変わりません。

しかし、税収は増えていないのです。名目GDPがほとんど変わっていないから当然です。

橋本総理が「財政は危機的状況にある」とおっしゃった97年に比べ、財政は3倍も大変な状況になってしまったのです。図表8－3のように借金の増加ぶりは半端ではありません。

図表8－4と図表8－5からは、一般会計税収や日本の名目GDPがたいして増えてい

## 図表8-4 一般会計税収の推移

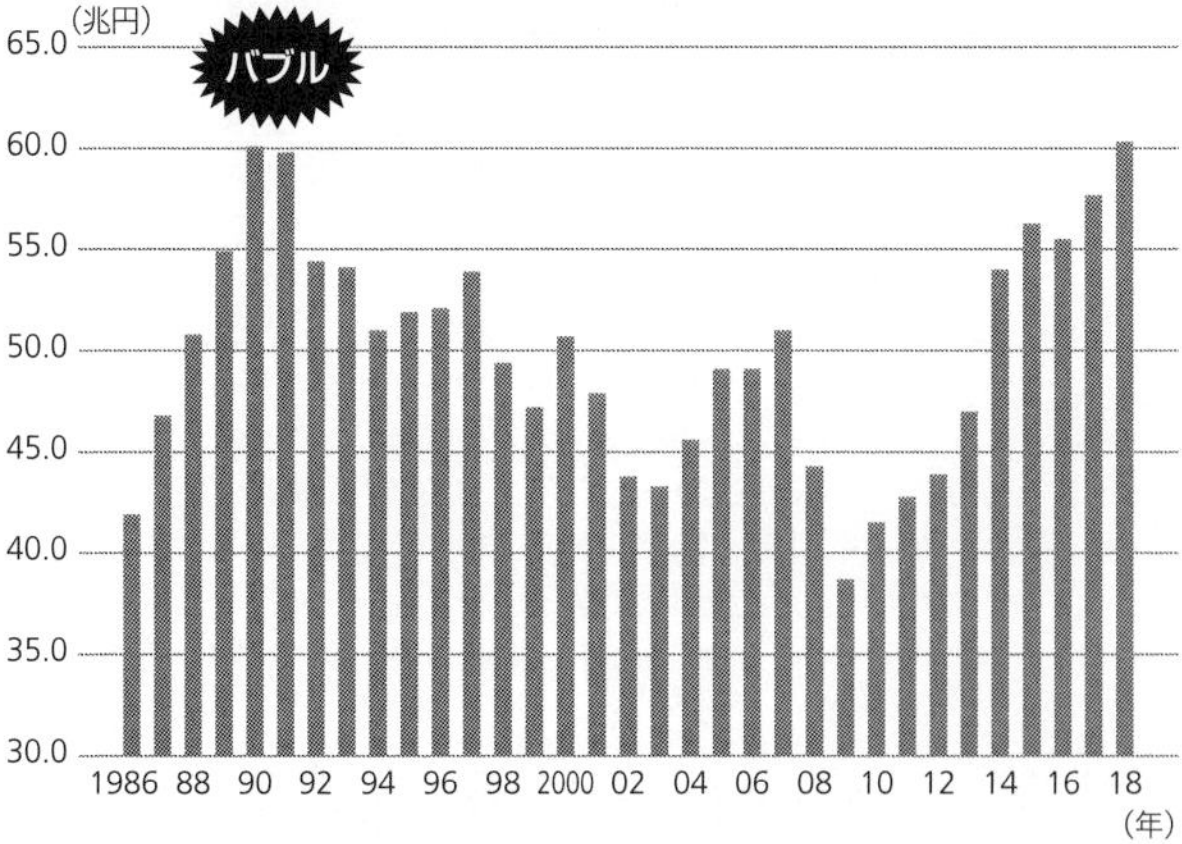


注:2018年は予算。出典:財務省HP

## 図表8-5 日本の名目GDPの推移(1995〜2018年度)

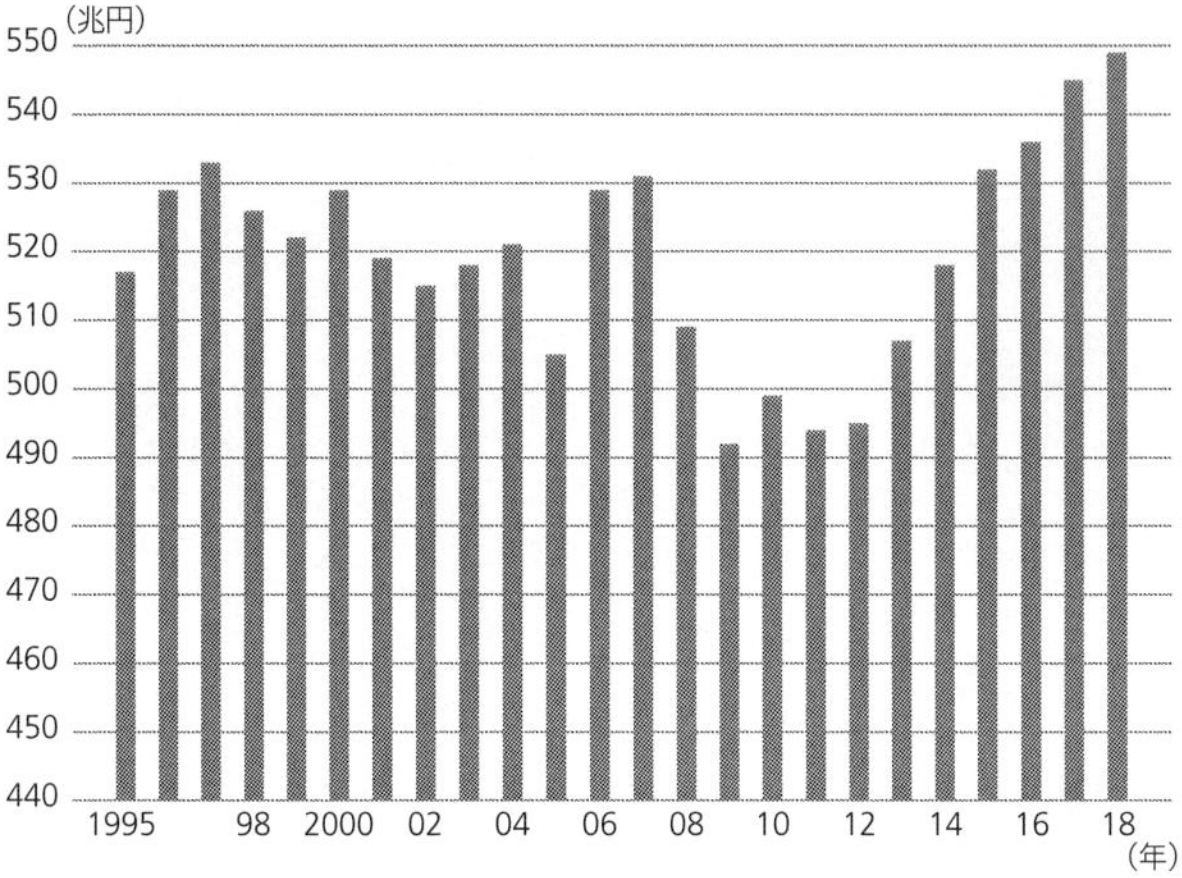


出典:内閣府「国民経済計算」

**図表8-6　一般会計における歳出・歳入の状況**

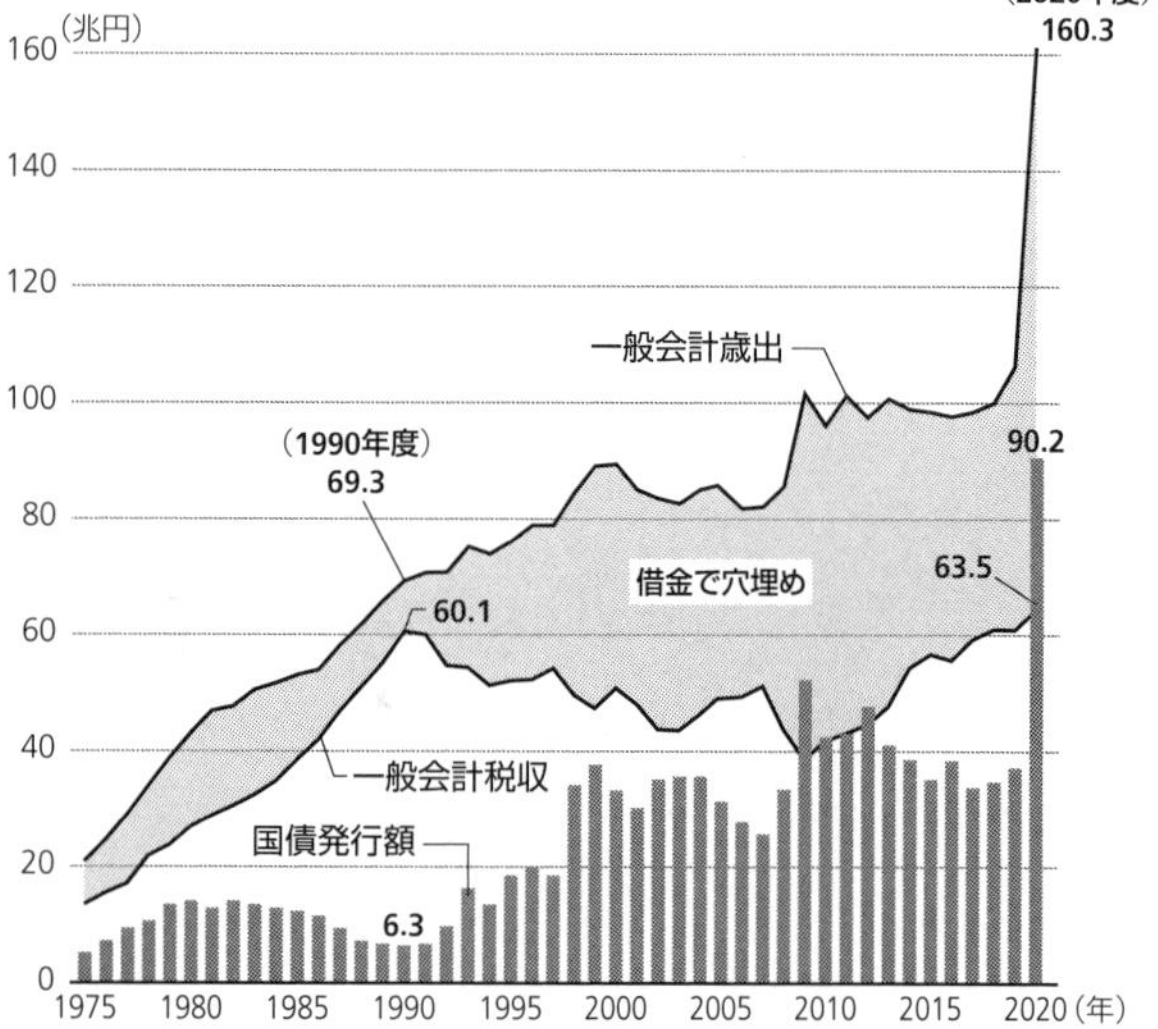


注1：2018年度までは決算、2019年度は補正後予算、2020年度は第2次補正後予算による。
注2：2019年度・2020年度の計数は、「臨時・特別の措置」に係る計数を含んだもの。
注3：簡略化のため、その他の収入については捨象。
出典：財務省HP

ないことがわかります。

図表8－6を見てください。コロナ禍が始まってからの借金の増加ぶりはすさまじいものがあります。下の棒グラフは、財務省のホームページから取ったものです。

昨今の財政赤字の悪化（＝税収と歳出の差の拡大）ぶりを「ワニの口が開いていく」と形容しますが、コロナ禍でついに「ワニの顎《あご》が外れてしまった」みたいです。

## 「借金がたまる＝自転車操業になる」

借金をすることを簡単に考える方が多いのですが、実務をやっていれば、そんなお気楽なものではないことがすぐおわかりかと思います。借金が巨額になっていくと、満期での資金繰りに悩むようになるからです。借金には満期があり、満期には必ず返済しなければなりません。

国でも同じで、返さねばデフォルトになってしまいます。継続して貸してくれる人もいるでしょうが、貸す貸さないは貸し手の権利であり、義務ではありません。

国債でも同じです。国債は満期時に全額返さなければなりません。新たに生じた借金分と満期に返す元本分の返済原資を、市場で調達しなければならないのです。満期で手にしたお金で、国債に再投資をしてくれるかは、投資家の判断です。

国は毎年赤字ですから、過去の借金分を返済できません。ですから毎年調達しなければならない金額は増え続けるのです。それを確実に調達し、デフォルトを避けられるのか？　普通の人なら夜も眠れないでしょう。まさに自転車操業になっていくのです。

この金額（新しい借金と満期分）を確実に調達するには、日銀が不可欠です。こうして日銀は蟻地獄から出られなくなり、いずれハイパーインフレに陥るというのが歴史の教えです。

## 経済のビリ成長が日本を借金大国にした

なぜ日本はこれほどの借金大国になってしまったのかと問われれば、国力が伸びていないか

**図表8-7　世界各国の名目GDPの推移（2019年現在）**

| | 対1980年比 | 対1990年比 |
|---|---|---|
| 日本 | **2.2** | **1.2** |
| 米国 | 7.5 | 3.6 |
| 英国 | 8.4 | 3.2 |
| 韓国 | 46.9 | 9.0 |
| シンガポール | 19.9 | 7.1 |
| 香港 | 20.0 | 4.9 |
| 中国 | 197.0 | 47.0 |

**日本だけ国力が伸びていない！**

らでしょう。

「日本は素晴らしい国だ」との番組が多いように、日本を誇りに思っている日本人は多いと思います。私自身も日本が大好きで、誇りも持っています。平和で安全で清潔で文化的な素晴らしい国だと思います。国民気質も優しく、勤勉で頭のいい民族です。

しかし、こと経済に関しては、もう世界断トツのビリ成長、残念ながら、これは歴然たる現実なのです。国民にその認識がなく、危機感がないのが問題です。「Great Reset（大改革）」の必要性に気がついていないのです。

図表8－7を見ると一目瞭然ですが、40年前と比べると、経済規模がどでかい米国でさえ7・5倍。英国で8・4倍、中国など200倍近い。それなのに、日本はたったの2・2倍です。

バブルは1985年から90年までですから、40年前といえば、バブル前の数字との比較です。情けないですよね。2・2倍にしかなっていないとは、通常で考えれば税収も2倍程度にしかなっていないはずです。

1人あたりのGDPも、人口が変わらなければ、2倍にしかなっていない。家計も豊かになっていないということです。中国は200倍。200倍にもなれば、生活も豊かになります。コロナ禍前に、中国人が大挙して日本に押し寄せたのも納得です。

## 経済成長しないのに歳出急増で、借金はたまる一方

経済が成長しないから、税収は伸びない。ところが、社会保障費を中心に、歳出はどんどん増えていく。それで累積赤字がたまってしまったのです。社会保障費というのは、財政的には富の再配分です。税収に見合わない再配分をしてきたのです。

2020年度の当初予算を見てみましょう。税収プラス税外収入が70兆円だったのに、歳出は約103兆円です。第二次補正予算後で歳出は160兆円強ですから、90兆円というとんでもない赤字です。バブル崩壊以降三十数兆円の赤字を毎年積み上げてきて、2020年はその3年分を1年で積み上げた。その結果が、（2020年度末には）1200兆円を超えるであろう、大累積赤字なのです。

## 財政破綻を異次元緩和で先送りした

仮に黒田日銀総裁が登場しなかった場合、２０１３年または14年に日本は財政破綻をしていたと私は思います。

ところが２０１３年４月に黒田日銀総裁が登場し、異次元緩和を始めました。足りない歳出は紙幣を刷って補い始めたのですから、財政は破綻するわけがありません。これで危機が先延ばしになりました。ユーロ圏諸国にはできない、危機の先送りです。

しかしその結果、日銀のＢＳが膨れ上がり、今まで述べてきた様々な問題に日銀が直面することになってしまった。ですから日銀危機の源は、財政赤字の放置といえるのです。

**Q** **日本がこんなにも経済成長できないのはなぜでしょう。生産性をもっと上げなくてはいけないのでしょうか？**

**A** 潜在成長率（ＧＤＰの伸び率）を上げるには、①労働人口が増えること、②投下資本が増えること、③生産性が上がること、この３つのどれか、またはそのいくつかが必要なのですが、「生産性をもっと上げなくてはいけない」は、まさにその通りだと思います。

私が米国に留学をしたり、米銀で働いて感じたことは、ブルーカラーの方は日本人のほうが米国人よりはるかに生産性が高い。しかしホワイトカラーの生産性は、お話にならないくらいに米国人のほうが高いということです。

一番大きい理由は、米国が競争社会だからでしょう。日本人は基本的に終身雇用制なので、のんびりしています。米国人はサラリーマンといえども、個人事業主のようです。

業績が上がらないとクビになってしまうので、皆、必死です。

その一方、高い業績を上げれば、べらぼうに高い給料やボーナスも夢ではない。そうなれば必死に働きます。経営者も同じです。業績が上がらなければ、株主からすぐクビを言い渡されます。でも業績を上げれば、抜群のボーナスなのです。

今でこそ新幹線や飛行機の中でパソコンを開いている日本人が散見されますが、米国人は30年近く前から、ホワイトカラーならほぼ全員がそうしていました。日本では寝ていたり、マンガを読んでいる人が多かった。「これでは日本は米国に負ける」と思ったものです。

# 第9章 日銀は異次元緩和から脱却できるのか

## 日銀の政策は過激すぎる

日銀に関して最後のまとめに入ります。

今の日銀のやっていること（政策）は、かつての金融マンの私から見ると、もうめちゃくちゃです。私は「今の日銀はつぶして、新しい中央銀行を作らざるを得ないだろう」とよくいいます。すると私のことを「過激だ」とおっしゃる方が多いのですが、実は、日銀がやっていることが、伝統的な金融マンから見ると、もうハチャメチャなわけで、日銀の行為が過激なのです。

私が実務をやっていたときに信じていたこと、私が大学、そしてビジネススクールで習ったこと、金融論の書籍に載っていることと正反対の行動を、今の日銀はとっているのです。ですから私の出す結論が過激になるのです。

日銀のやっている何が過激なのかまとめてみましょう。まずは先人の知恵を無視して「禁じ手中の禁じ手」である「財政ファイナンス」を実質行っていること。これは、これまでお話ししてきた通りです。その結果、バランスシートが世界最大のメタボ状態になってしまっています。

そして保有資産があまりにもひどすぎる。（中央銀行としての）ジャンクフードばかりを保有しているのです。中央銀行の保有資産は、その発行する貨幣価値を守るためにも、「健全であること」「値段が上下する資産などとんでもない」といわれていたものです。ところが、黒田日銀は、ジャンクフードを食べまくり、世界一のメタボになってしまったのです。そして減量方法を見出していないのです。

## 金融政策で株を買う中央銀行は日銀のみ

ジャンクフードの一例は、株です。株自体はジャンクフードではありません。株はリスク資金を呼び込むために、資本主義国家になくてはならない、重要な金融商品です。しかし、中央銀行が買ってはならないモノという意味で、「日銀にとっては」ジャンクフードなのです。

2020年3月の期末が近づいてきたとき、ひょっとすると日銀の保有株が評価損になるかもしれないとマーケットが大騒ぎをしました。結局、終値は2万1200円だったのですが、

1万8900円以下になると評価損を被るぞ、と騒がれたのです。「評価損が発生するかもしれない」とマーケットが騒ぐようなものを、中央銀行が資産として持ってはいけないのです。

ですから日銀以外の世界の中央銀行は、金融政策目的で株など買っていないのです。

## 長期国債を爆買いしている日銀

FRBは今回のコロナ禍で、企業の資金繰り倒産を防ぐために、初めて法律を変えてコマーシャルペーパー（CP）や社債を買い始めました。

私企業への資金供与は原則行わないのが、中央銀行です。保有資産の健全性の観点から当然だと思います。しかし、今回は異常事態ですから、やむなく始めたのでしょう。

一方、日銀はもう十数年ぐらい前からCPや社債を買っています。平時から買い始めていたのです。

それから長期国債も、中央銀行にとってはジャンクフードです。私が金融マンだったときは、購入国債のほとんど全部が短期国債か政府短期証券、2カ月とか3カ月で満期が来るものばかりでしたが、今の日銀が爆買いしているものは、ほとんどが長期国債です。

長期国債は、少しの金利の動きで値段が大きく上下します。金利が1%上昇しても、短期国債はあまり値段が下がらないのですが、長期国債はガクーンと大きく値が下がります。金利の

## 図表9-1　日銀のバランスシート

2017年3月末を前提に、金利が変動したときの時価総額の下落額

| | |
|---|---|
| 1%上昇 | −24.6兆円 |
| 2%上昇 | −44.6兆円 |
| 5%上昇 | −88.3兆円 |
| 11%上昇 | −140兆円 |

2017年3月末

| 資産（兆円） | | 負債・資本金（兆円） | |
|---|---|---|---|
| 国債 | 417.7 | 発行銀行券 | 99.8 |
| （うち長期国債 377.1） | | 日銀当座預金 | 342.7 |
| | | （うち法定準備預金約9.4） | |
| | | 政府預金 | 21.7 |
| 貸出金 | 44.6 | 引当金勘定 | 4.5 |
| | | 準備金 | 3.2 |
| | | 資本金 | 0.0001 |
| | 490.1 | | 490.1 |

変動の影響が長い期間、続くからです。

## 金利上昇で日銀保有の国債はどれほど損になるか

図表9－1は2017年6月8日の財政金融委員会で、岩田日銀副総裁（当時）に2017年3月末時点で日銀が保有する長期国債を前提に、イールドカーブ（残存期間が異なる債券などの利回り変化をグラフにしたもの）がパラレルシフト（すべての期間において同じ程度金利が上昇する）で、1%、2%、5%、11%などと上昇したら、どのくらい時価総額が下落するかを聞いたときのお答えです。11%上昇のときの影響を聞いたのは、1980年4月に長期国債の利回りが11%にまで上昇したことがあるからです。

岩田副総裁は「長期金利が急激に上昇するといっ

た事態は想定しにくいと考えておりますが」と前置きしてから、1％パラレルシフトで上昇したときに24・6兆円。2％で44・6兆円、5％で88・3兆円、11％で140兆円だと答弁されました。

私は「長期金利が急激に上昇するといった事態は、かなり高い割合で想定される」と思います。米国では1980年、10年金利は24％まで上昇したと記憶しています。

これらの時価総額の下落額と、2020年度の当初予算の「税収＋税外収入」の70兆円を比べてみてください。とんでもない評価損が発生することがわかります。

しかも、この評価損を聞いた2017年3月末の国債保有額は417・7兆円、うち長期国債が377・1兆円ですが、現在（2020年7月末）の国債保有額は526・6兆円。うち長期国債が484・4兆円と、当時に比べ大幅に増加しています。

しかも増加した国債の大部分は、利回り0％でしょう。時価総額の下落幅はさらに、相当に大きくなるはずです。

株価が下がったら大変だ、長期国債の金利が上昇して値段が下がったら大変だ、などと、あたかもどこかの会社が倒産して社債が無価値になったら大変だ、などと同じように騒がなくてはならない中央銀行など、私が金融マンだった頃には考えられないことでした。

日本以外の中央銀行マンにとっては、今でも「とんでもないこと」だと思います。

## 日銀保有の国債が評価損になる日経平均株価とは

2019年3月末から2020年3月末までの1年間で、日経平均は2300円下落しました。コロナ禍があって、2019年3月末には3兆9000億円あった含み益が、2020年3月末には、たったの3000億円まで縮小してしまったのです。

株価が2300円下落しただけで、評価益が3兆6000億円減ったわけですから、3兆6000億円÷2300円で、日経平均が1000円ほど動くごとに、日銀保有株式の評価損益の動きは1兆5650億円になるわけです。日経平均が1000円上がったり下がったりするごとに、日銀の保有株の評価損益がそれだけ上下するということですね。

リーマンショックのときは、株価は1万2214円（2008年9月12日）から一時6994円まで下がり、合計5220円下落しています。

もし、株価がリーマンショック時のように5220円下落したら、日銀保有株の評価は8兆1700億円の下落、日銀保有株の評価損は、3000億円−8兆1700億円で、7兆8700億円にもなってしまいます。日銀は債務超過をかろうじて免れるという事態です。

もしリーマンショック時と同じ率の下落、すなわち日経平均が2020年3月末の1万8917円から43％下落するとなると、下落幅は「1万7883円−1万8917円」で8134円。12兆7297億円の評価損が発生してしまいます。日銀は完全な債務超過状態になってしまいます。

こうなったときに、日銀の信用は保たれるのでしょうか？

なお、長期金利はすでに０％ですので、株価が下落しているからといって、さらなる長期金利の低下（＝国債価格の上昇）は考えにくいと思います。それより日銀が危機ということで、日本売りが始まり、国債価格も暴落（＝長期金利の上昇）していくと私は考えています。

**Q 日銀の保有資産の国債が「長期国債」になった理由を教えてください。**

**A** 日銀は２０１３年から国債を爆買いし、１９９８年末の52兆円から２０２０年７月末には５２６兆円と４７４兆円も保有国債を増やしました。５２６兆円のうち、長期国債は４８４兆円です。なぜ長期債を買ったか？

大量に買うためには、長期国債しかなかったのが第一の理由だと思います。政府が発行している国債は３月末現在で９８７兆円ですが、短期国債は24兆円しかないのです。

24兆円分の短期国債のほかに、74兆円分の政府短期証券を発行していますが、長期国債と比較すると、その額は多くはありません。ですから、国債を爆買いするには長期債を買わざるを得ないのでしょう。

私が金融マンだった1998年の国債購入額は52兆円ですが、ほとんどすべて短期国債か政府短期証券です。短期国債は、昔から中央銀行が買ってもいい金融商品でした。金利が上下しても、価格があまり変動しないからです。日銀が財務内容を気にする必要がなく、債務超過の発生も起こり得ない。その意味では中央銀行が購入するのに最適な商品だったわけです。

今は日銀が短期国債や政府短期証券を買いたくても、充分な量が存在しない。ですから長期債に手を出さざるを得なかったのだと思います。

第二に「景気対策として、長期金利を下げたい」が日銀の公式発言ですが、長期金利が下がって喜ぶのは圧倒的に政府です。ですから長期国債を購入して長期金利を下げるのは、本音では「政府の資金繰り支援」ともいえます。

国会議員のとき、銀行の貸し出しの構成を聞きましたが、ほとんどが変動金利型でした。

2015年の「ディスクロージャー誌」によると、メガバンク3行の貸し出しは、ほとんどが1年以下か変動金利型で、固定金利での貸し出しは、A行11・6%、B行9・4%、C行11・9%にすぎないのです。したがって、長期金利が下落してメリットを受ける民間企業・個人はあまりいないのです。住宅ローンも変動型が大半です。20年間借りるにしても、変動金利型は短期金利に連動していて、長期金利には影響を受けません。

民間で長期金利の下落でメリットを受けるのは、社債の発行をする会社ですが、間接金融が主のわが国では、それほど大きな金額ではありません。したがって長期金利を低く抑えるのは、国債の大半を長期の固定金利で発行している政府の資金繰り援助にほかならないのです。

**Q** **金利が上昇したときの日銀の説明がおかしいのは誰でもわかると思うのですが、なぜ日銀や金融機関の関係者は誰も声を上げないのですか？　嘘をついているのは私でも理解できるのですが。**

**A** 黒田総裁は、頭のよい方ですから、日銀が大変な状況にあることは、すでに充分おわかりだと思っています。しかし、ご自身自ら「日銀財務の状況が劣悪だ」などと発言したら、その場で円暴落、長期金利暴騰、株暴落ですから、口に出せるはずがありません。

いじわるな見方をすれば、コロナ禍のせいで自分の任期中はなんとか日銀が保《も》って、無事、総裁任期を終えられるのではないかと期待しているのでは？　と勘ぐってしまいます。

景気がよくなり、政策金利を引き上げざるを得なくなると日銀の財務はアウトですが、コロナ禍のせいで、それは当面なさそうだからです。

日銀の現役行員やOBと話しますと、かなりの危機感を持っていらっしゃる方がものすごく多いのです。しかし、現役の方は危機感を表立ってはいえません。これは終身雇用制のせいなのではないか？　と私は思っています。幹部に反抗するような発言をすれば、クビにはならなくとも閑職に追いやられる。退職後に何の仕事も斡旋《あっせん》してもらえないことが予想されるからです。

米国のＦＲＢの職員であれば、外資系銀行に転職するなどの道があるため、きちんというべきことをいってやめられますし、中央銀行マンとしての矜持《きょうじ》も持てると思うのです。

終身雇用制の弊害は、こんなところにも出るのかな？　と思っています。

# 第10章 中央銀行が債務超過になるとき

## 中銀が債務超過になると、ハイパーインフレになる

中央銀行が債務超過に陥ると何が起きるのかについて考えてみたいと思います。

債務超過とは民間でいえば、倒産状態、もしくは、それに近い状態です。証券取引所グループの基準では、1年以内に債務超過を解消しなければ、上場廃止になります。

元米財務長官でハーバード大学学長も務めたローレンス・サマーズ氏は「インフレにするのは簡単だ」とおっしゃっています。「中央銀行が信頼を失えばいい」そうです。中央銀行が信頼を失うと通貨の価値が下落し、インフレになるからです。

日本のバブルのときの為替と消費者物価指数（CPI）の動きを見れば、「通貨安でインフレになる」ことがよくわかると思います。インフレにしたければ中央銀行が信頼を失えばいいわけですが、その最たる方法は債務超過です。債務超過になれば中央銀行は信頼を失い、その

中央銀行が発行する通貨も信頼を失うことになるのです。

## 中銀が債務超過になっても信頼を失わない3つの条件

ただ金融学的には債務超過になっても、次の3つの条件を満たすときは、中央銀行や通貨は信頼を失いません。一つは、債務超過が一時的であること。2つ目が、債務超過の原因が金融システムの危機に対処する結果であり、金融政策はきちんと行われていること。民間金融機関の連鎖倒産を食い止めるために行った処置で債務超過になった。でも金融政策はきちんと行っている、という場合ですね。そして3つ目が、国の財政が緊縮に向かっていることです。中央銀行が債務超過になっても、財政の黒字を使って中央銀行の債務超過を解消できるからです。

ところが今の日銀は、何一つ、この3つの条件に合致していないのです。ですから、金融学的にも日銀が債務超過になった場合、通貨の暴落が起きる可能性が高いといえるのです。

## 中銀の債務超過で、なぜスイスフランは暴落しなかったのか

実はスイスの中央銀行、スイス国立銀行（ＳＮＢ）は２０１７年に債務超過になったことがあります。しかしスイスフランの暴落は起こりませんでした。それは前述の「債務超過になっても、中央銀行や通貨の信用が失墜しない」条件を満たしていたからです。

当時、ＳＮＢは高騰するスイスフランを抑えようと、スイスフラン売り・ユーロ買いを行い、ユーロ建ての株などを購入していたのです。ところがスイスフラン高が止まらず、買ったユーロの価値の下落が継続しました。資産サイドの収縮（＝評価損の発生）が起きたのです。

これは債務超過です。しかし、その結果、スイスフランが下落するようなことがあれば、購入したユーロ建て資産の評価損が消えて評価益となり、途端に債務超過は解消されるのです。

先ほどの一つ目の条件「債務超過が一時的」なのは明白だったのです。かつ、スイスはドイツと同様、「財政均衡」を憲法に謳《うた》っているくらいで、財政が健全でした。したがって「国の財政が健全」という条件3も満たしていたのです。

「ＳＮＢが債務超過になっても何ともなかったから、日銀も債務超過になっても大丈夫」と主張される方がごく少数いらっしゃるのですが、ＳＮＢの債務超過と日銀が直面するであろう債務超過は、全く別モノだとの認識が必要です。

## 通貨の価値は何が決めるのか

私は「通貨の価値は、最終的には国力が決める」とよく発言します。「強い国の通貨は強くなり、弱い国の通貨は弱くなる」のです。しかし、それは「中央銀行の財務が健全である限り」という条件付きです。私が「円が暴落しハイパーインフレのリスクがある」と発言すると、

「世界最大の純資産を持ち、世界で3番目の名目GDPの国の通貨が暴落するはずがない」との反発を多々受けます。

しかし中央銀行の財務内容が健全でなければ、いくら国力が強くても通貨は弱体化します。中央銀行の財務が健全であることが、通貨価値を守るための基本のキなのです。

ドイツは第2次世界大戦後のハイパーインフレを沈静化するため、昔の中央銀行であるライヒスバンクを廃し、（ワンクッションありますが）新しい中央銀行のブンデスバンクを創設しました。ライヒスマルクにとって代わってブンデスマルク（＝ドイツマルク）が（ユーロにとって代わられるまで）流通していたのです。

ドイツの国力その他に、何か特別な変化があったわけではありません。新しい中央銀行と紙幣を導入することによって、紙幣の信用を回復させただけなのです。

日本でも昭和21年に、ハイパーインフレの沈静化のために、預金封鎖と新券発行がありました。まさに古い円を廃し、新円に切り替えることによって、通貨の信認を回復させたのです。この前後で、日本の国力が大幅に変わったわけではありません。通貨を替えただけで、ハイパーインフレが収まったのです。

念のためですが、ハイパーインフレとは通貨の信用がほとんどなくなったときに起こる現象です。よく「まだデフレ懸念のほうが強く、インフレの心配など全くない状態なのに、ハイパーインフレなど起こり得ない」と反論する方がいらっしゃいます。

しかし、インフレやデフレとハイパーインフレでは、発生原因が異なります。

インフレやデフレは、モノの需給のアンバランス関係で起こります。一方、ハイパーインフレは中央銀行が信用をなくしたことで、通貨の価値が失墜したときに起こるのです。通貨が紙くずになっては、誰もモノを売ってくれません。

## 日銀が債務超過になると、何が起こるのか

中央銀行が債務超過になると何が問題かを、もう少し具体的に見ていきましょう。

私が三井信託銀行からモルガン銀行に移ったときに驚いたことの一つは、「米銀ではＧ７の国であろうと、国がつぶれる可能性、そして中央銀行がつぶれる可能性があることを前提に、取引枠が設定されていた」ことです。今はどうなのか定かではありませんが、少なくとも当時の邦銀は、Ｇ７の国や中央銀行を相手にした取引は、青天井でできたのです。

ところがＪＰモルガンでは、ある一定額までしか取引ができませんでした。リスクに対して、極めてシビアなんだと思いました。国や中央銀行に取引枠がなくなるとは、その国の債券を購入してはいけないことであり、中央銀行に口座を持ってはいけないことです。

皆さんも、取引先銀行が危ないと思えば、定期預金や普通預金から現金を引き出して、口座

を閉鎖しますよね。中央銀行の場合も、それと同じです。

中央銀行にある口座を閉鎖しなくてはいけなくなるとは大変なことなのです。前に日銀当座預金について、「手形の交換、内国為替、外国為替、国債振替決済等すべての金融間の取引は日銀当座預金を経由する」とお話ししました。手形というブツの交換は手形交換所でやるにしても、お金の決済は、全部この日銀当座預金を通じて行われます。

ということは、日銀当座預金口座を閉鎖すれば、他行との円に関する取引は一切できないことになります。

為替の例で考えましょう。銀行間の為替の決済は、すべて中央銀行にある各銀行の当座預金で行われます。円であれば、日銀にある当座預金口座で、ドルであればFRBにある当座預金口座で、です。

例えばJPモルガンとみずほ銀行が為替取引をしたとします。みずほ銀行のドル買い円売りだとしましょう。JPモルガンの指示により、JPモルガンがFRBに持つFRB当座預金から、みずほ銀行がFRBに持つFRB当座預金に取引されたドル資金が移動します。

一方、円のほうはみずほ銀行の指示により、みずほ銀行が日銀に持つ日銀当座預金から、JPモルガンが日銀に持つ日銀当座預金に円資金が移動します。と、いいたいところですが、仮にJPモルガンが日銀に持つ日銀当座預金口座を閉鎖してしまったとします。すると、JPモルガンは円を受け取る手段がないのです。これではＪＰモルガンはみずほ銀行だろうが、どこの邦銀だろうが、ドルを売ってくれません。対価の円を受け取る手段がないからです。

前に少し述べましたが、それでは三井住友銀行のお腹を借りる、すなわち企業や個人のように三井住友銀行に口座を持ち、三井住友銀行の日銀当座預金を間接的に使う方法があるにはあります。しかし中央銀行との取引が禁止されたら、邦銀との取引も当然、禁止になるはずです。日銀あっての邦銀ですから。新しい中央銀行ができるまで取引禁止だと私は思います。

こうなると日本は、外貨準備として持つドルや、民間がすでに保有しているドルだけで、貿易をしなければならなくなります。新しいドルは手に入らなくなるのです。

世界の基軸通貨ドルとのリンクが外され、単なる地域通貨の地位に堕ちこんだ円に対し、外国人は見向きもしなくなるでしょう。円の価値は暴落です。

また、国との取引枠が閉鎖になれば、国債だけでなく、その国の会社の社債等も買えなくなるでしょう。

このように中央銀行が債務超過になり、それが一時的でないと判断されれば、欧米系銀行を筆頭に、口座を閉じてしまうと思います。そうなると、大変なことが起きると予想されるのです。

# 第11章 ハイパーインフレとは何か

## ドイツのハイパーインフレの実態

今まで「財政ファイナンスを行うと、ハイパーインフレになる」「日銀が債務超過になると、ハイパーインフレになる」と話してきました。

実際に、通貨の価値が下落するとハイパーインフレが起きるのです。

図表11－1は、ドイツの1923年のパン1個の値段の動きです。1月に250マルクだったパン1個が、12月には3990億マルクになりました。これがハイパーインフレの一例です。

少し前までは東京のタクシーの初乗りは700円くらいでしたが、それが12月には1兆1000億円になったというほどの上昇ぶりです。国の借金1159兆円とは、名目上は大きな数字でも、タクシー初乗り1兆円なら、実質的には国にとって大した負担ではなくなります。

タクシーにお客さんが乗るたびに最低1000億円（初乗り区間）の消費税が入ってくるの

**図表11-1　ドイツのパンの価格推移**

| 年月 | 価格(マルク) |
|---|---|
| 1923年1月 | 250 |
| 1923年2月 | 389 |
| 1923年3月 | 463 |
| 1923年4月 | 474 |
| 1923年5月 | 482 |
| 1923年6月 | 1,428 |
| 1923年7月 | 3,465 |
| 1923年8月 | 69,000 |
| 1923年9月 | 1,512,000 |
| 1923年10月 | 1,743,000,000 |
| 1923年11月 | 201,000,000,000 |
| 1923年12月 | 399,000,000,000 |

出典:帝国書籍データ

ですから。国にとっては究極の財政再建です。

インフレは、経済学ではインフレ税といいます。債権者から債務者への富の実質的移行で税金と同じだからです。債権者とはお金を貸している人、債務者とはお金を借りている人。個人タクシーの運転手さんがみずほ銀行から１０００万円借りると、今は元利金の返済が難しいかもしれない。しかし、初乗り運賃が１００万円のハイパーインフレになれば、返済はいとも簡単です。お客さんを10人乗せれば１０００万円が手に入り、たった１日で銀行に借金を返せるからです。

ところが債権者はどうでしょう。10年間で汗水垂らして１０００万円貯めても、タクシーに10回乗れば貯金はパー。その意味でインフレというのは、「債権者から債務者への富の移行」なのです。

債権者とは国民。日本最大の債務者、借金王は国です。要するにインフレとは、いわば国民から国への富の移行。税金と同じなのです。

## ハイパーインフレとは現代版の徳政令

国にとってのハイパーインフレとは、究極の財政再建であり、借金の踏み倒しです。

「①徴税権があるか否か、②借金踏み倒しができるか否か」という点で、国と家計は違います。

国には家計とは違って徴税権があり、いざとなれば、借金の踏み倒しもできます。踏み倒しが過去何度も行われているのは、歴史を見ればわかります。

ただ平時においては、国も家計も「借金は返済しなければならない」との点に変わりはないのです。返済してくれないとなると、誰もお金を貸してくれないからです。

2020年の国家予算を家計に模してみましょう。

7000万円の収入の家計が1億6000万円を使う。2020年だけで新たに9000万円の借金をしなくてはならない。その他に満期が来る借金が1080万円ある。それも返済しなければならないから、今年は計1億980万円の借金が必要になる。しかしすでに累積赤字が1億1159万円もある。

そんな家計に、銀行はお金を貸してくれないと思います。返済能力に疑義が生じるからです。しかし相手が国ならば、この銀行は貸してくれるでしょう。徴税権があり、いざとなれば大増税で返済原資を調達してくれるはずだと思うからです。そして、大増税ができないとなれば、国は、民間と違い、借金の踏み倒しができるのです。

しかし、まさか鎌倉時代や室町時代の徳政令のような過激なことはできないでしょう。ですからソフトな（？）形の踏み倒しを行うのです。もちろん国民にとっては地獄です。税の形をとっていませんが、大増税と同様、国民から国への実質的富の移転をする。前項で述べたハイパーインフレです。借金がそれほどなければ、穏やかなインフレ、どうしようもなく増えていれば、ハイパーインフレが必要になります。

「べき論」だけでなく、実際に日銀は、異次元緩和（＝財政ファイナンス）で、国債を爆買いしています。財務内容を脆弱にして、まさにハイパーインフレを作り出した歴史の繰り返しを行いつつあるのです。

**Q** **ハイパーインフレが日本で起きる可能性は何％くらいあるとお考えでしょうか？**
**また、今回のコロナ禍の影響でその可能性が高まったということはあるのでしょうか？**
**日銀が債務超過になった後に具体的に起こる事象についてお聞かせください。**

**A** 私は100%の可能性でハイパーインフレは起こると思っています。日銀に異次元緩和からの出口戦略がないからです。問題は「いつ起きるか」だけの問題だと思っています。よくお話しするのは、ロバの背の上にわらを1本1本載せていく。わら1本は軽いですから、当面、背骨が折れる気配は全くない。しかし、わらを増やし続ければものすごく軽い、最後の1本のわらで、背骨が折れてしまう。それと同じだろうと考えています。

日銀が債務超過になれば、日銀の信用は失墜です。円は暴落し、ハイパーインフレが起こるでしょう。長期金利も暴騰、株も直後には大暴落、倒産会社も続出だと思います。

もちろん日本は新しい中央銀行や新しい円を創出することで、通貨の信用が再び確立されれば、いずれ大回復をするとは思います。しかし、その過程において国民は地獄を見るでしょう。

**Q** Xデイの予兆として気にかけるべきなのは、どういったことでしょうか?

**A** Xデイの契機として一番可能性の高いのは、日銀の債務超過でしょう。そして、外国人がそれをどう評価するかの問題もあります。

また、簿価会計は外国人にとっては「前世紀の遺物」ですから、「時価会計」で日銀が債務超過にならないか、が重要だと思います。その意味で、日本国債の利回り、そしてそれに多大な影響を与える米国債の利回り動向を気にかけるのが一番重要かと思います。

私は、朝起きると、まず米国の長期金利をチェックします。2019年度の日本の長期国債の平均利回りは、0・257%にすぎません。さらに2020年度は0%の国債を大量購入していますから、平均利回りは、さらに相当下がっていくと思います。

円の長期金利が、ほんの少し上昇するだけで、日銀に評価損が発生します。その観点からして、今は長期国債の利回りに要注意です。

また、為替で円安が進むと、日本にもインフレ懸念が生じ始めます。これも政策金利の引き上げに結びつきますから、注意が必要です。

# 第12章　「統合政府」で考えると、日本はいっそう危ない

## 統合政府論者の罪

「政府と日銀を統合して考えると国の借金は大したことがない、財政再建など不必要」という統合政府論者は罪深いと思います。政府が財政再建を軽視した一因となっているからです。

「統合政府論」とは「政府の借金は日銀の資産。日銀は政府の一機関なのだから、親子間貸し借りで、なきに等しい」という主張です。

この論は、昔から定期的に出没しては相手にされずに消え去る、トンデモ理論です。専門家は相手にしなかったから、かつてはすぐ消え去ったのです。

ところがSNSの発達で、素人が「願望と一致する」ので飛びつき、大きな勢力になったのだと思います。それが政治を動かしてしまったのでしょう。

**図表12-1　統合政府のバランスシート**

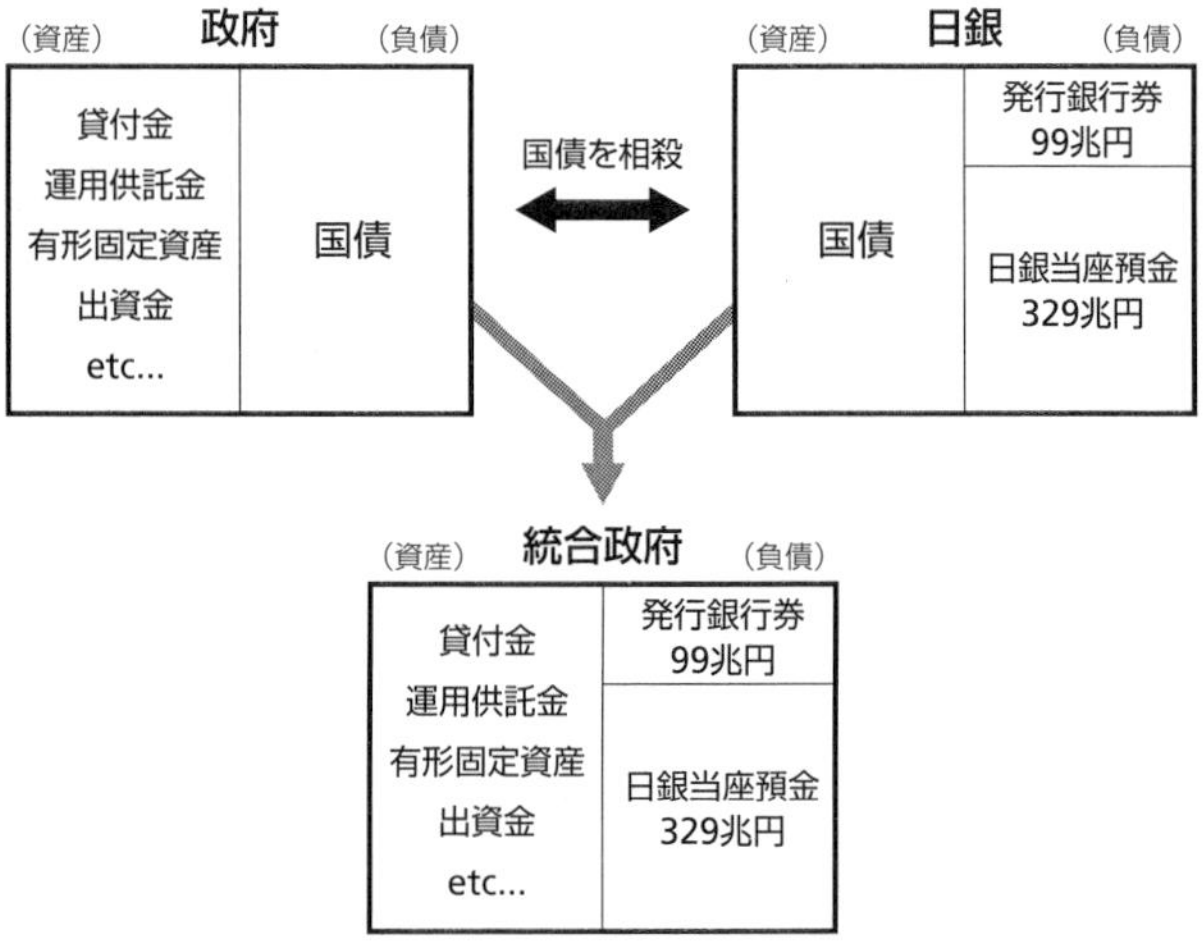


## 統合政府論の誤り

図表12－1を見るとわかりますが、政府の負債サイド（国債）と、日銀の資産サイド（国債）を相殺すると、政府の資産と日銀の負債が残ります。

昔は日銀の負債の大部分は発行銀行券でしたから、まだこの論を受け入れる余地は多少ありました。しかし、今の日銀の負債サイドは約80％が日銀当座預金です。発行銀行券と違い、政策金利引上げの際には、多額の金利を支払わねばならない借入金なのです。

要は息子が親に貸しているお金といっても、そのお金は銀行からの借金なのです。親子間の貸し借りが相殺されても、銀行からの借り入れがなくなるわけではないのです。

それどころか統合政府で考えると、日本全

体としては、とんでもないことをしていることが明らかになります。

これから金利全体が上昇していくと思えば、長期固定金利でローンを借りるのが、資金借り入れの原則です。皆さんが、金利上昇を予想すれば、今借りている変動金利型の住宅ローンを、固定金利のローンに切り替えようと考えるのと同じです。

現在、国が発行する国債は92％が長期固定金利のものです。今後、金利が上昇しても被害は比較的少なくて済むはずでした。しかし、長期固定の低金利で調達したはずのお金が、統合政府で見ると、日銀当座預金に変わってしまったのです。金利上昇期に、固定金利の住宅ローンを変動金利型に変えたようなものです。

こんなに危険な話はありません。金利が急騰したらアウトです。日本全体が極めて金利上昇に脆弱なのです。別の言い方をすれば、日銀は日本国を金利上昇に対して、極めて脆弱な国家に作り替えているのです。ということで「統合政府で考えれば日本は大丈夫だ」論はトンデモ理論であり、「統合政府で考えれば、日本はいっそう危ない」のです。なお、今流行りのMMT（現代貨幣理論）は統合政府が前提の理論ですので、お話にならないと思っています。

# Q こんな状況になる前に、日銀はどうすべきだったのでしょうか？

A　異次元緩和は過去にハイパーインフレを引き起こした最悪の手段ですから、採用してはいけなかったと思います。私は採用当初から大反対していました。

一方で、私は「マイナス金利政策」を主張していました。残念ながら、当時は「フジマキは頭がおかしくなった」で片づけられていました。ちなみに、政治の中にいないと政治に意見が届かないのだな、と思ったのが政界に一時、首を突っ込んだ理由です。

私の「マイナス金利政策」は黒田日銀総裁のマイナス金利政策とは百八十度違います。黒田日銀の政策は日銀当座預金残高を最大化する政策なのに対し、私のは極小化する政策です。黒田日銀総裁の政策では、マイナス金利政策といっても、実際にマイナス金利が適用されている日銀当座預金は457兆円（2020年7月末）のうち23・6兆円にすぎません。大部分は、0・1％の金利かゼロ金利です。

私の「マイナス金利政策」とは、引き下げた金利の着地点がマイナスだったというだけで、効果も副作用も検証されている伝統的金融政策の延長線上にあるものです。伝統的金融政策とは、「景気がよいときは政策金利を上げ、悪いときは下げる」という簡単な方法です。黒田日銀総裁は、その政策を放棄し、非伝統的金融政策といわれる、量を増やすという手段を取ったのです。まさに過去にハイパーインフレを引き起こした、財政ファイナンスそのものです。

私が提言していたのは、貸し出しも預金もマイナスにすべきということで、それは日銀当座預金残高にマイナス金利をつければ、できるというものでした。預金金利がマイナスになると、確かに国民はつらいですけれども、それは一時的です。それにより景気がよくなって、またプラス金利に戻るのならいいではないか。ハイパーインフレで悲惨な目にあうより、よほどいいだろうという話です。

一方で、どうしても量的緩和をしたいのなら、日本国債を買うのではなく、米国債を買ったほうがいいのではないか、と主張していました。まだ出口戦略がありますから。ただそれでは、政府の資金繰り倒産回避策にはならないので、受け入れられなかったのでしょう。

第2部

# 資産運用・徹底マスター講座

# 第1章 資金の運用・調達の基礎知識

## 金利が上昇するとき、下落するときを見極める

金利動向によって、個人の投資行動はどうあるべきか？ これは、基本中の基本ですが、これから金利が上がると思ったときは、調達先行。お金を借りる人は、なるべく長いところで借りる。投資家サイドは、とりあえずは短期で運用しておきます。

例えば今、100万円持っている投資家が10年間の運用を考えているとします。これから金利が上昇すると予想しているのに、ほぼ0％の10年物国債を購入し、予想通りに将来金利が上昇したら、逸失利益が大きすぎますよね。こういうときは、この1年間は0・1％の短期商品で運用しておく。1年後に9年物の金利が4％に上昇したら、その段階で9年間4％で固定金利債で運用する。これが合理的投資です。

ですから、これから金利が上がるだろうと思えば、貸手はとりあえず短いところで貸す。借

### 図表1-1　今後金利が下がりそうなとき

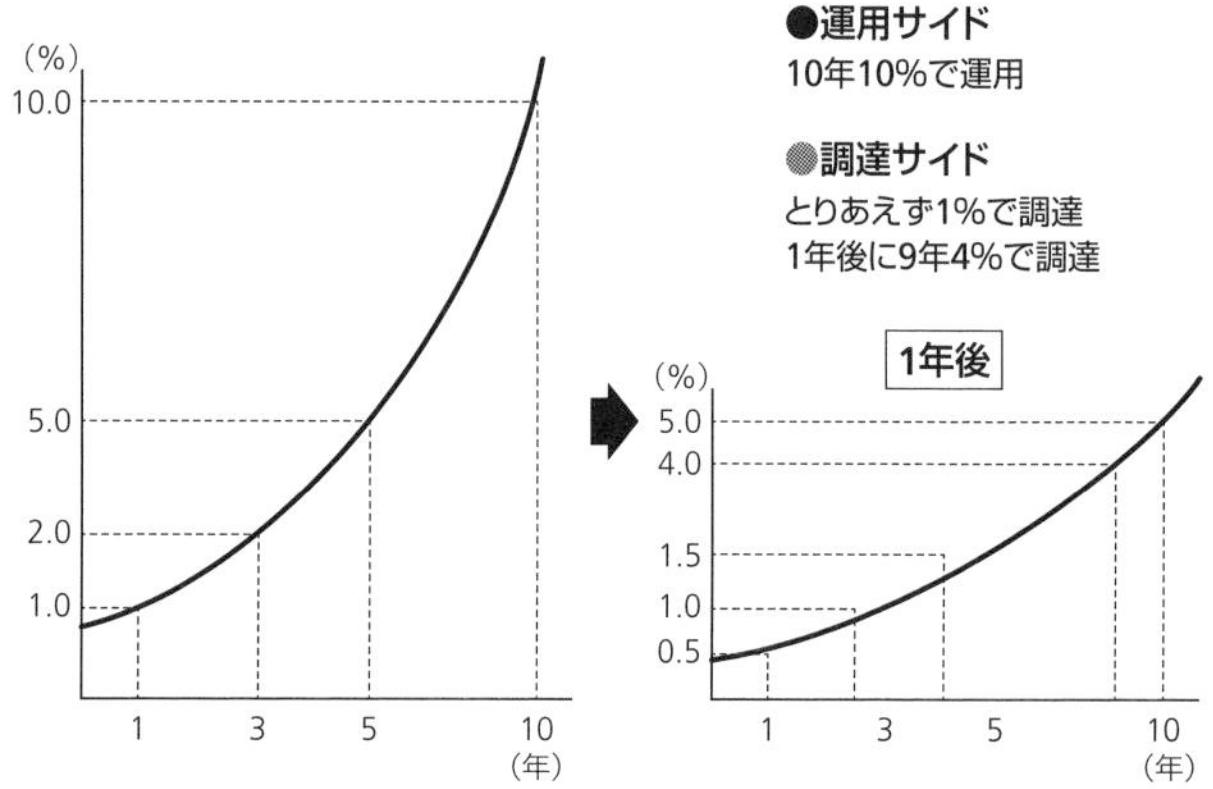


**運用サイドは長期運用、調達サイドは短期調達が原則**

手は、今のうちに長い期間の借り入れを低い金利で行うわけです。こういう運用サイド、調達サイドの思惑によって、次に説明する「イールドカーブ」の形状が決まるのです。

今度は、市場全体の現在の思惑はともかく、個人的には金利が下がりそうだと予想したときを想定します。今は好景気だが、景気が下降局面に入り、今後、金利が急速に下落しそうだ。今の金利は1年もの1%、10年もの10%と好景気を反映して全体的に高い。ならば運用サイドは、今のうちに10年10%で運用すべきですし、調達サイドはとりあえず1年間だけ1%で調達し、予想通り金利が下がったら、残り9年間を4%で借りればいいのです（図表1－1）。

図表1-2　イールドカーブとは

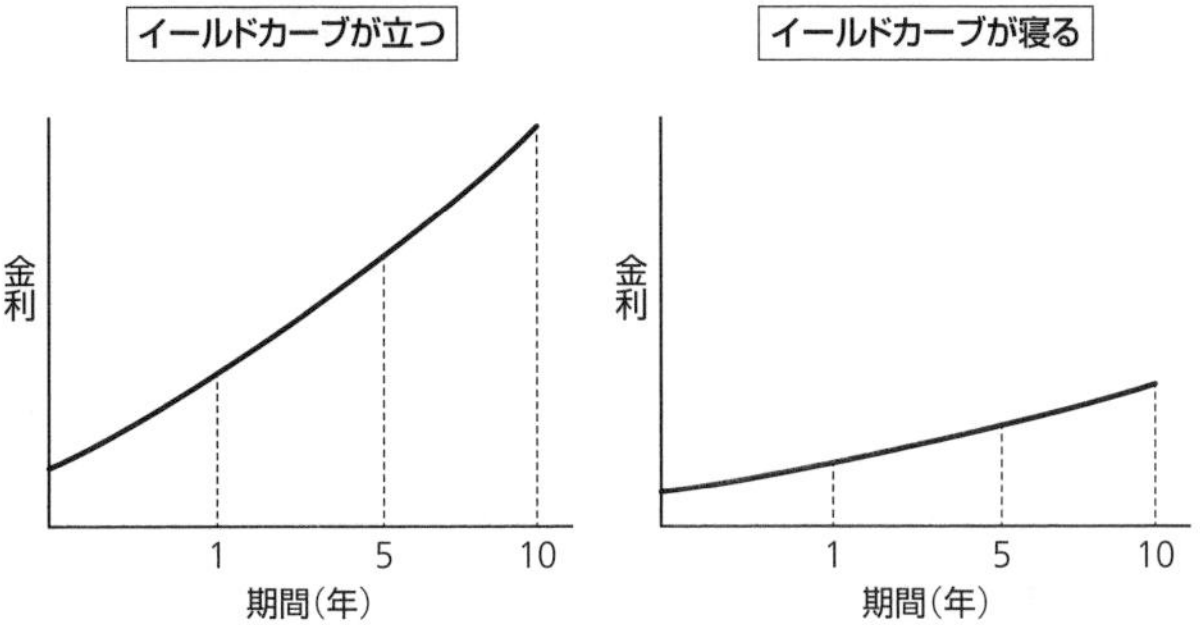


## イールドカーブの形状は、市場の景気予測を反映する

次に「イールドカーブ」の話をします。

図表1－2は縦軸が金利、横軸が期間です。右上がりの度合いが強いのを「イールドカーブが立つ」といい、横軸に平行に近くなるのを「イールドカーブが寝る」といいます。

また、右下がりになるのは「逆イールドカーブ」といいます。

短期金利が1%、長期金利が5%だとイールドカーブは立ちますが、短期金利が1%で長期金利が1・3%ならば、イールドカーブは寝ることになります。

先ほどの金利動向に対する運用サイド、調達サイドの行動が理解できれば、イールドカーブが立っているときは、市場が景気上昇を予測している。逆に市場が景気下落を予測しているときは、逆イールドカーブになることがわかります（図表1－3）。

**図表1-3　貸手・借手と金利の関係**

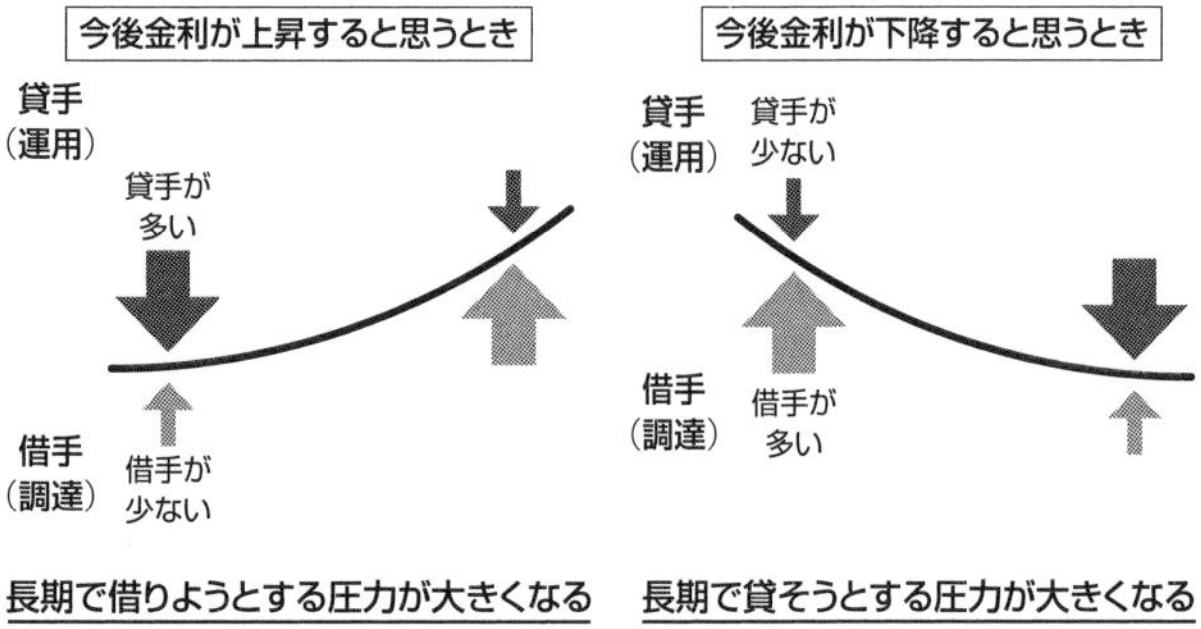


コロナ禍の前に一時、米国市場で逆イールドカーブが出現しました。日本のマスコミは「米国景気悪化のサインだ」と騒ぎ、この形状を見て「市場に乗り遅れるな」と米国債を買い進んだ日本の機関投資家も多かったと思います。

ちなみにイールドカーブは将来の景気を予測して形状をとりますが、将来の金利のほうが「不確定要因がより増す」という理由でも高くなります。したがって景気予測がニュートラルならば、通常イールドカーブは右上がりになり、逆イールドカーブはめったに出現しませんし、出現すると、市場が景気悪化をかなり強く意識していることになります。したがって「逆イールドカーブ」が出現すると、市場が騒ぐのです。

しかし注意しなくてはいけないのは、イールドカーブの形状から将来の景気を判断できるのは、「市場原理で動いている機関や人のみで市場が構成されているとき」だけという点です。

今のように中央銀行が大規模に国債市場に参入しているときは、必ずしも将来の景気を判断できるとはいえないのです。イールドカーブが寝ている、もしくは逆イールドカーブが出現するのは「中央銀行が長期国債を爆買いしている要因が今は大きい」ということを認識してください。

中央銀行が長期国債を爆買いすれば、価格は上昇、長期金利は下落し、長短金利差はなくなるのです。イールドカーブは寝てしまうし、ときには逆イールドカーブになってしまうのです。

このことを理解しておかないと「逆イールドカーブが出現したぞ。景気が悪くなるぞ」という主張に惑わされてしまいます。

コロナ禍の前に出現した逆イールドカーブは、コロナ禍が起きたことにより、結果として「イールドカーブの形状が将来の景気悪化」を当てたように見えますが、2019年の市場がコロナ禍を予想していたはずがありません。中央銀行が介入しているときは、「イールドカーブが将来の景気予測を必ずしも反映しているわけではない」ことを理解しておいてください。

私が現役トレーダーだったときも、特殊要因で珍しく逆イールドカーブが出現したことがありました。景況感からしてもこれはおかしいと、「イールドカーブが今後立つと儲かる」商品であるイールドカーブスワップで思いっきり勝負して大儲けしたことが一度だけですが、あります。

## 図表1-4　将来の金利の決め方

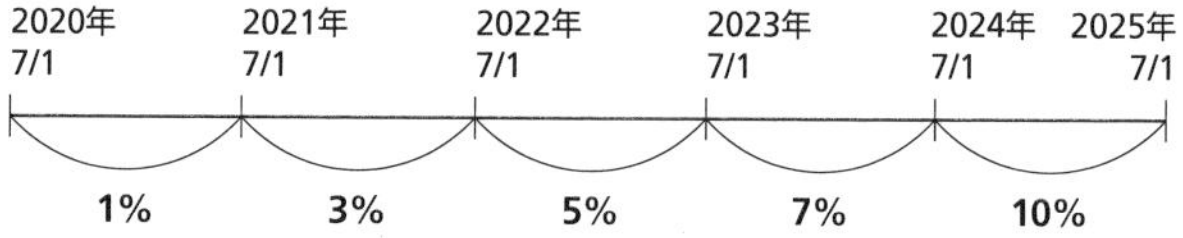


| | |
|---|---|
| 1年間の金利 | 1% |
| 2年間の金利 | 2% |
| 3年間の金利 | 3% |
| 4年間の金利 | 4% |
| 5年間の金利 | 5.2% |

## 先々の金利はどう決まるのか

イールドカーブの形状を、数字を使って説明しましょう。この説明をすることによって、将来の金利、例えば6カ月後から1年先までの金利の決まり方、そして金融先物への理解が深まると思います。

図表1－4を見てください。1年ごとの市場参加者の金利予想です。今日（7月1日）から1年間の金利は1%、翌年の7月1日から翌々年の7月1日までは景気がよくなるので3%。2年後の7月1日から3年後の金利はもっと景気がよくなるので5%。これが市場参加者の金利予想だったとします。

このような仮定のもと、今日から2年間、お金を借りようとすると、2%になります（単利で考えています）。わかりにくかったら、例えば実際に100万円を借りたと仮定すると、わかりやすいと思います。1

## 図表1-5 金利予想のパターン

| | 予想① | 予想② | 予想③ |
|---|---|---|---|
| 1年金利 | 1% | 1% | 10% |
| 1年後～2年後 | 1% | 3% | 7% |
| 2年後～3年後 | 1% | 5% | 5% |
| 3年後～4年後 | 1% | 7% | 3% |
| 4年後～5年後 | 1% | 10% | 1% |

↓

| | 予想① | 予想② | 予想③ |
|---|---|---|---|
| 1年間の金利 | 1% | 1% | 10% |
| 2年間の金利 | 1% | 2% | 8.5% |
| 3年間の金利 | 1% | 3% | 7.3% |
| 4年間の金利 | 1% | 4% | 6.25% |
| 5年間の金利 | 1% | 5.2% | 5.2% |

年目は金利が1％だから1万円の利息を支払う。

2年目から3年目は金利が3％だから3万円の利息を支払う。2年間で4万円の支払い。1年間では平均2万円の支払いですから、2年間の金利は2％になります。

3年間借りた場合は、支払利息が1万円、3万円、5万円の計9万円ですから、1年平均は3万円、3％ということになるのです。

仮定では、年を追うごとに金利が上がる、景気がよくなると市場参加者が予想しているわけですね。

こういう場合は、イールドカーブは右上がりになります。

次に図表1－5を見てください。

図表1－5の上半分が市場参加者の将来の

金利予想だとすると、マーケットの1年物、2年物、3年物……の金利は図表1－5の下半分のようになります。

図表1－5の上の一番左、予想①のような仮定、すなわち景気が低位安定し、1年間の金利がずっと1％のままなら、今から1年間の金利も2年間の金利も、今から3年間の金利も1％ということになります。この場合、イールドカーブは水平を保ちます。

図表1－5の予想②のように将来、1年間の金利が上昇していく。すなわち景気がよくなるだろうと市場参加者が予想していれば、イールドカーブは右上がりになります。

図表1－5の予想③のように将来、1年間の金利が下落していく、すなわち景気が悪くなるだろうと市場関係者が予想していれば、イールドカーブは右下がりになるわけです。

## イールドカーブが寝ると、銀行は苦しい

銀行、特に地銀は、長短金利差（長期金利と短期金利の差）が一番の収益の源です。

私が勤務していた頃のJPモルガンは銀行の卸売業（ホールセールバンクと呼んでいました）で、個人から預金を集めることをしていませんでした。そこで、例えばJPモルガンがIBMに5年間お金を貸すとすると、銀行間市場からお金を借りてこなければなりません。しかしJPモルガンは5年間貸したからといって、必ずしも他銀行から5年間のお金を借りてくる

わけではないのです。それだとＩＢＭから取る信用リスク代（倒産確率／本来の銀行の業務とは、相手の倒産確率がわからない個人に代わって、倒産確率を測り、それに応じた適切なる利ザヤを取って融資するのが仕事でした）しか儲からないからです。

お金の調達は、例えば最初の6カ月間だけ借りて、6カ月後にはそのお金を返し、他の銀行から、また6カ月間借りる。その繰り返しで調達を行います。金利全体が当分はぐっと下がっていくと考えれば、調達期間をもっと短くします。

先ほど述べたように、長期で借りると不安定要因もあり、金利が高くなりがちです。イールドカーブが右上がりになるほうが多いのです。ですから長い期間の運用に関しては、短い期間で調達を繰り返したほうが儲かるチャンスが大きいのです。

ということで、銀行の収益は長短金利差に負うところが大きいのです。

昔のように国債の利回りが高いときは、10年国債を購入して、その原資は金利ゼロの当座預金でまかなっていたものです。ですからイールドカーブが寝る、すなわち長短金利差がなくなると銀行経営は苦しくなるのです。

「異次元緩和による日銀の爆買いで、長期金利が下がってしまった」のですから、「異次元緩和の副作用として地銀の経営が苦しくなった」のは当然のことといえます。

米国では１９７０年代後半に、Ｓ＆Ｌ（住宅ローン貸し出しの金融機関）が危機に陥りました。その危機から脱するために、FRBはイールドカーブを立て、S&Lの収益が充分上がるようにして、危機を乗り越えたのです。今の日銀は、当時のFRBと逆のことをしているのですから、銀行の経営が苦しくなるのは当たり前の話なのです。

## JPモルガンはデリバティブで稼いでいた

その昔、JPモルガンの故デニス・ウェザーストーン会長が1990年代はじめに日本にやってきたときのスピーチを今でも覚えています。ウェザーストーン会長は、ロンドン支店に簿記係として入社した、背の低い中学卒の英国人です。その人が、当時世界最高峰といわれたJPモルガンのトップになるのですから、米国の懐の深さを感じます。まさに実力主義社会です。映画「摩天楼はバラ色に」という米国版出世物語の主役マイケル・J・フォックスが模したのは、ウェザーストーン会長だといわれています。

英国では、背が高いのが一種のステータスですから、背の低いウェザーストーン会長は、かなりの劣等感があったと思います。それを乗り越えての出世です。

JPモルガンが有楽町から赤坂見附に移転するか否かを検討していたとき、私は移転反対派の急先鋒でした。そのとき米国から、これまた背の低い若手のホープ、ニック・ロハテイン氏が来日し、私の説得にあたりました。「ウェザーストーン会長やフジマキ、私にとって、このビルはcomfortable（居心地がいい）であっても、他の人たちにとっては天井が低すぎるのだよ」という内容でした。あまりに的確な指摘だったので（笑い）、私は移転を受け入れました。

その話がニューヨーク本店に伝わって以来、しばらくの間、本店では「JPモルガンで偉くなるには背が低くなければいけない」との冗談がはやったそうです（笑い）。

話を戻します。来日したときにウェザーストーン会長がしたスピーチとは「今のわが社の収益の40％は、5年前には存在しなかったビジネスから発生している」でした。デリバティブのことです。私のディーリング益も、そのほとんどがデリバティブ商品を使ってのものでした。

このデリバティブの中に、個人投資家の皆さんも使え、かつXデイ到来時には、極めて魅力的な商品があるので、後で詳しく述べたいと思います。

## 邦銀の主たる収益源は長短金利差

一方、邦銀、特に地銀の収益の根幹は、いまだ長短金利差です。なぜ長短金利差が重要かをご説明しましょう。

当時のJPモルガンの主たる業務は、今述べたように貸付ではありませんでしたが、例として100万ドルをIBMに、市場レート＋1％で、5年間の固定レートで貸したとしましょう。

5年の市場レートは金利スワップレート（金利スワップとは固定金利と6カ月間の金利を6

カ月ごとに交換する取引のこと。5年の金利スワップレートとは、そのときに適用される固定金利のこと）ですから、ＪＰモルガンが5年の資金を、市場にて固定金利で調達し（＝金利スワップを利用すると、6カ月ごとに資金を調達しても、5年間の固定金利で資金を調達することが可能になる）、5年間の固定金利で融資をすれば、利益は5年間に亘って１％ということになります。しかし銀行は、通常そういうオペレーションを行いません。

融資期間より、もっと短い期間で資金を調達します（＝金利スワップを使って5年間の固定金利調達に替えることをしない）。6カ月ごととか、毎日借りたりするのです。イールドカーブが右上がりのことが多いからです。

ですからイールドカーブが右上がり、すなわち長短金利差が大きいほど、銀行の利益が大きいのです。融資ではなく、国債購入の際もそうです。

融資が伸びない地銀では、国債は重要な収益源です（もっとも異次元緩和開始以降、地銀は急速に国債保有額を減らしてはいます。２０１３年3月末〈異次元緩和直前〉の全地銀合計の保有額は45・8兆円。２０２０年3月末は16・5兆円）。ただ10年国債の金利は、10年の金利スワップレートより低いのが普通です。同じ年限なら、信用リスクの低いほうが、金利が低いからです。金利スワップは相手が金融機関のことが多いので、国より倒産確率が高い。したがって、同じ10年でも、金利スワップレートのほうが国債の金利より高いのです。

ですから金利スワップで10年の資金を調達して10年物国債を購入したら、逆ザヤになってしまいます。

そういうわけで、短期の資金を調達しながら長期国債を購入せざるを得ないのです。まさに長短金利差を目的に国債を購入しているといっていいでしょう。

当然、その後、金利が急騰して、短期の調達コストのほうが、結果として運用金利より高くなる、すなわち融資や国債購入に損が出てしまうこともあります。

しかし、それは銀行自身が金利先行きの予想を間違えただけで、自己責任です。借主に損を押しつけるわけにはいきません。

## 本来の銀行の業務とは

地銀の収益の根幹が長短金利差にあるとおわかりいただけたかと思いますが、一点つけ加えておきたいと思います。

銀行の本来の仕事とは、相手の信用力を正しく判断できない個人が、銀行にお金を預け、信用力判断のプロの銀行が、適切な信用リスクを取って融資をし、そのリターンを預金者に返すことのはずです。すなわち銀行は、自分より高い倒産リスクを持つ相手に金を貸すのが本来の姿で、自分より倒産リスクの低い国に融資（＝国債を買う）するのは、本来の仕事ではないはずです。個人が直接国債を買えばいいのですから（注：「フジマキは財政が危ないといっているのだから、国の倒産リスクは高いと思っているはずだ」と反論される方がいそうなので、前もって述べておきます。私は異次元緩和開始以降、「国の財政破綻はない」と思っています。必要なお金は、日銀が紙幣を刷って国に提供しているからです。ただその結果、ハイパーインフレになると思っています）。

## 変動金利型住宅ローンを固定型に変えるのは得策

これだけ財政赤字が大きな問題になっていれば、住宅ローンを変動金利で借りている方は、固定に変えるのも保険の意味で有効なことだと思います。

私自身、ローンなどの借金は、すべて長期の固定金利です。確かに、今現在では変動金利のほうが低く、固定金利型で借りるのは無駄に高い金利を払っているように思えるかもしれません。ただ、金利が高い分は、金利上昇時に向けた保険と考えるべきです。

なるべく低い変動金利で融資を受けておいて、金利が上昇してから固定金利型に変えようと思っても、追いつかないのが普通です。切り替えようと思ったときは、長期金利がすでにかなり上昇しているからです。

図表1-6　JPモルガンがIBMへ貸し出しする場合

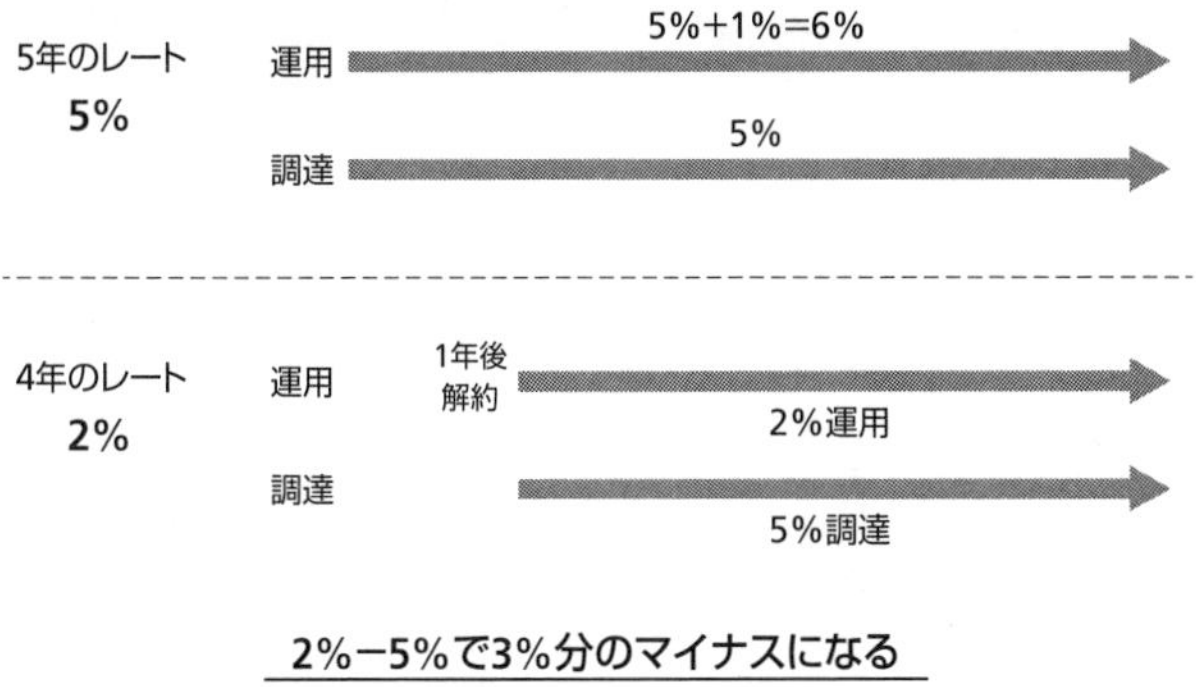


## 住宅ローン借り換えの違約金は？

金利低下時に、「固定金利型住宅ローンを、より低い金利の固定金利型に借り換え」たり、「固定金利型を変動金利に変える」と高い違約金を払わされます。一方、「変動金利を固定金利に変える」場合は、多少の違約金で済むはずです。今なら、ほぼ事務手数料程度のはずです。

ここでは、なぜ金利低下時に、「固定金利型住宅ローンを、より低い金利の固定金利型に借り換え」たり、「固定金利型を変動金利に変える」と高い違約金を払わざるを得ないのかを考えてみましょう。

具体的な例で話を進めます（図表1－6）。ある人が5年間、金利の5％に1％のスプレッド（銀行の利益）を乗せて6％でローンを借りたとします。前述したように、銀行が実際にはどのように調達するかに関係なく、理論的には、銀行は5年間資金を5％で調達して、5年間に亘り1％の利益を確保するという前提での金利設定です。

このとき、1年後に借主が解約を申し込んできたとします。そうすると銀行は運用がなくなりますが、5％の調達が4年間残ってしまいます。資金を寝かせておくわけにはいきませんから、その調達資金を4年間、別の人に貸す必要があります。

そのときの4年間の借手レートが2％ならば、銀行の運用レート2％－調達コスト5％の差の－3％が、4年間逆ザヤ（＝貸出レートが調達レートよりも低い）になってしまいます。

ですから各年の損を、現在価値に直して計算し、その金額を借主にペナルティーとして課すのです。

ただ前述したように、理論的にはそうであっても、普通、銀行は理論通りの調達を行っているわけではありません。そこで「5％の調達などしていないだろう。私が解約しても逆ザヤが生じるはずはない。ペナルティーなど払わない」と文句をいっても、そのロジックは通りません。契約書には解約の際のペナルティーについて、きちんと書いてあるはずです。

## 昔はプロですら理屈がわかっていなかった解約違約金

ちなみにもう30年くらい前だったでしょうか、長期金利が急激に下落していたとき、住宅・都市整備公団がペナルティーなしで固定金利の借入金の解約に応じていたことがあります。

私も借りていた高金利の借金をペナルティーなしで解約し、民間銀行に借り換えたことがあります。かなりの額の借入金利息を節約できてラッキーでした。当時は、住宅・都市整備公団だけでなく、都市銀行でもペナルティーなしで解約に応じていたところがありました。「全然金融がわかっていないな〜」と思ったものです。

都市基盤整備公団（住宅・都市整備公団解散後、その事業を継承）に関しては、さらに当時の担当の扇千景《おおぎちかげ》国土交通大臣が塩川正十郎財務大臣に「顧客の借り換えで都市基盤整備公団の融資の金利が下がり、資金運用部からの借入金と、逆ザヤになってしまった。だから資金運用部からの借り入れも借り換えをして金利を下げたい」と公式に依頼したとのニュースを聞いたときは、「もはや、何をかいわんや」だと思いました。もう唖然としたのです。世界の金融界でこの話が広まったら、日本は完全に金融知識後進国として笑いものになると思ったものです。

都市基盤整備公団の要求を、大蔵省が受け入れたのかどうかは記憶にありません。都市基盤整備公団がペナルティーなしで顧客からの解約要請に応じたのは、「プットオプション」を借主に無料で与えたのと同じことです。後で「オプション」についてもお話ししますので、オプションを学んでから、この部分を読み返していただければ、よく理解できると思います。

## 東大もウォーレン・バフェット氏も同じ行動をとっている

２０２０年８月21日の日経新聞に、東京大学が２００億円の大学債を、年限40年で発行するというニュースが載っていました。調達した資金は、先端研究施設の整備にあてるそうです。

この雀の涙のような超低金利の時代に、40年の大学債で２００億円を確保したのですから、さすが東京大学の発想はりっぱです。

10年金利は、40年前の１９８０年４月は11％でした。今０・６％の米長期金利は、１９８０年には24％くらいまで上昇したはずです。当時の11％、24％も異常ですが、今の超低金利も異常です。日本国債先物は６％、10年の架空の国債を取引しています。１９８５年に国債先物市場ができたときの10年金利は、６％が平均的なレベルだったからです。

住宅ローンを私が変動型から長期の固定型に変えることをお勧めするのは、東京大学を見習えということでもあるのです。

著名投資家ウォーレン・エドワード・バフェット氏率いるバークシャー・ハサウェイも最近、多額に上る円建ての長期債を発行しました。この行動も、円暴落、金利上昇を見込んでいるからだろうと思います。

## Q 円の価値が毀《き》損《そん》した場合に備え、変動金利で借金をして、収益不動産を購入する対策についてご意見をお聞かせください。

A 何のためであれ、今、変動金利で借金をするのは、極めて危険だと思います。借りるのなら固定金利です。確かに今は固定金利のほうが、変動金利より高いです。しかし、高い金利部分は将来の金利高騰に対する保険料と考えたほうが無難だと、私は思います。

借金も、不動産購入も、インフレ対策としては正解です。しかし賃貸に回す物件の場合、Xデイが来ると、賃料が入らなくなる可能性があるかと思います。賃貸マンションだと、賃借人が失業するリスクがありますし、店舗としてオーナーに貸すのなら、その撤退がリスクになります。

その場合、元利金が支払えなくて担保は没収、という可能性も出てきます。そういうときのために、もし借金をして収益物件を買うならば、最低限、米ドルを買っておく必要があると、これまではお伝えしてきました。Xデイが来ると米ドルが上昇し、テナントがいなくなったとしても、その上昇したドルを売って得た円で、元利金を返済し続けられるからです。

実際、今まで私はそうしてきましたし、それでよかったと思っています。

しかし今、借金をして不動産を買いますか？　と聞かれれば、自信がありません。

今後、地価がさらに大きく下がる可能性もあるからです。

そして、やはり銀行への返済に余裕がある状態は作っておくべきだとも思っているからです。ドルの急騰と、賃借人の撤退のタイミングがうまく合致するか？　などの懸念もあります。

ご質問者の行動は、今はハイリスク／ハイリターンだと思います。何かあっても今後数年間、資金繰りが大丈夫だと思われる方にはお勧めですが、一般的には、今はちょっとリスクが高すぎる気もします。

# 第2章 短期金利とは何か

## LIBORとは何か

変動金利型ローンは長期の契約でも、短期金利の集合体です。6カ月ごと、または1年ごとに、その時々の6カ月の市場レート、または1年の市場レートに連動するからです。

日本の場合、現在、何を以《もっ》て市場レートとしているのかがよくわかりません。わからないのは、金融機関すべてに共通する基準が存在しないせいかもしれませんが、ここで確たることを私は申し上げられないのです。

しかし、欧米の場合は明快です。融資も金融商品も、例えばＦＲＮ（フローティング・レート・ノート／変動利付債）も、ＬＩＢＯＲ《ライボー》＋スプレッドで決まります。

ＬＩＢＯＲとは、ロンドン・インターバンク・オファード・レートのことです。

銀行間のレートには、貸手レートと借手レートがあります。貸手レートは「オファード・レ

**図表2-1　LIBORレート**

| 貸手レート | 借手レート |
| --- | --- |
| $3\frac{7}{16}$ | $3\frac{5}{16}$ |

ート」、借手レートは「ビッド・レート」といいます。LIBORは貸手のレートです。LIBID《ライビッド》が借手のレートです。

資金の貸手はなるべく高い金利で貸したいし、資金の借手はなるべく低い金利で借りたい。そこで貸手と借手が対峙《たいじ》するわけです。図表2－1では3と7／16％が貸手レートとなっていますが、3と1／2％とか3と3／4％とか、もっと高いレートで貸したい銀行もあるわけです。ただ借手にとって、最も魅力的なレート、すなわち一番低い貸手レートがここに出てくるわけです。

一方、借手の中には3と1／8％とか3と1／4％とか、もっと低いレートで借りたい銀行もあるわけです。その中で貸手に最も魅力的な借手レート、すなわち一番高いレートの3と5／16％がここに提示されるわけです。

しかし、明日どうしてもお金が必要な人は、対峙したままでは埒《らち》があきません。そこで「しょうがない、貸手のレートで妥協しようか」となり、図表2－1の例だと希望していたレートより高い3と7／16％で借りることになるのです。逆にどうしても貸さねばならない人は、いつまでも対峙していてもしょうがないので、希望していたレートより低いレートの3と5／16%で妥協するのです。

ちなみにTIBOR《タイボー》というのは、東京インターバンク・オファード・レートで、東京市場でのレートです。

ところでLIBORとは、信用度の高い財務優良行に貸すレートです。信用度の低い銀行は、LIBORに1／8%とか1／4%など、余計に払わねばなりません。銀行間といっても貸金ですから、信用リスクが反映されるわけです。

ですから銀行は、一所懸命、財務内容の改善に努めるのです。ところが昔、邦銀には大蔵省の護送船団方式（銀行は一行たりともつぶさない）との政策が適用されていたので、邦銀はいつでも最優良行向けのLIBORで借りられたのです。そのせいで他国の銀行のように財務内容の改善が進まず、世界から後れをとってしまったのだと思います。

また、護送船団方式が崩れた後、ジャパン・プレミアムといって、邦銀というだけでLIBORに1%以上の上乗せ金利を払わされたときもあります。そうなると、国際競争には勝てません。

## なぜ融資基準はLIBORなのか

ＪＰモルガンがＩＢＭに融資したとしましょう。融資条件はＬＩＢＯＲにどのくらいのスプレッドを乗せるかの交渉になります。ＬＩＢＯＲ＋１・５％で決まったとしましょう。そのスプレッド１・５％は、融資先企業の倒産リスクと、ＪＰモルガンの利益を考慮して決めます。

私が勤めていた頃のＪＰモルガンは個人の預金を受けつけていませんでしたから、融資するお金は融資する日までに、市場で借りてこなければなりません。

その場合、貸手レートであるＬＩＢＯＲを基準として、ＬＩＢＯＲ＋１・５％としておかねば、スプレッドの１・５％が確保できるとは限らなくなります。借手レートのＬＩＢＩＤ＋１・５％では確実に１・５％のスプレッドが確保できるかわかりません。いくら対峙していても、ＪＰモルガンが借りたいレート（＝ＬＩＢＩＤ）まで貸手がレートを下げてこなければ、資金が調達できなくなります。そうなると１／８％高いＬＩＢＯＲで資金を取りに行かざるを得ません。１・５％ではなく１・５％－１／８％しかスプレッドが取れなくなってしまうのです。ゆえに融資の基準はＬＩ〝ＢＩＤ〟ではなくＬＩ〝ＢＯＲ〟なのです。

ちなみにＪＰモルガンが実際に６カ月の資金調達をするとは限りません。１カ月ごとに資金を調達するかもしれませんし、毎日借り換えるかもしれません。その結果、損をするかもしれないし、得をするかもしれません。しかし、それはＪＰモルガンが自己責任で行うことです。

## 長い取引の基準とは

ＬＩＢＯＲは融資の基準とはいっても銀行間の取引ですから、せいぜい1年までしかありません。それ以上に長い取引は、金利スワップのレートが基準になります。金利スワップもデリバティブの一つで、私が金融マンのとき、非常によく使った商品です。初期には「東京市場での取引の半分は、フジマキの取引だ」といわれていたくらいですから。

ただ金融機関等のプロでないと参加できない市場であり、読者として個人投資家を念頭に置いている本書の趣旨からは外れるので、省略します。

## ＬＩＢＯＲの将来

実はこのＬＩＢＯＲですが、日本では検討委員会が代替となる金利指標への移行計画案を近々、示すことになっています。２０１２年に米欧の大手銀行による不正操作が発覚したからです。算出法に関し、大手行のディーラーがグルで不正をしたようなのです。そこで２０２１年末に公表停止にする予定となりました。

私が三井信託銀行ロンドン支店に勤務していた頃（１９８２年から85年）は、金利スワップ、為替スワップの萌芽期でした。その頃は、契約書を1件ごとに処理していました。ＪＰモルガンに移ってからは、契約については事務方がやってくれましたが、私がロンドンにいたときはディーラー同士が交わしていたのです。

それも銀行協会のようなところが統一した形式を定めていなかったので、取引ごとに契約書を作り、先方の言い分を聞いたり、わからないときは弁護士に聞いたりしていました。事務作業が停滞し、契約書の山がどんどん高くなっていきました。これでは契約満期の頃になって、やっと契約書ができるのでは？　と思ったものです。

我々、ディーラーは「done」といったら、「それが絶対」の世界に生きており、「done」が契約書より上位に位置する世界でしたので、契約書を交わすこと自体を奇異に感じたものです。

それはともかくとして、当時の我々の弁護士から「先方提案の契約書にはＬＩＢＯＲがなくなった場合の規定が書き込まれていない。書き込みを要求しろ」といわれたことがあります。「冗談じゃない。ＬＩＢＯＲがなくなるわけないじゃないか。そんな細かいことで注文つけていたら、また契約書のサインが遅れてしまい、ビジネスにならない」と弁護士のアドバイスを無視したものです。

ＬＩＢＯＲがなくなるなどとは思ってもみなかったということです。弁護士とは、我々が考えつかないリスクまで思いつき、安全を期すのだな、と今更ながら思います。

## FRBとの通貨スワップ協定で助かった邦銀

２０２０年3月末、コロナ禍で、世界中で米ドルに対しての需要が極めて高まったことがあります。邦銀のドル調達コストが、ＬＩＢＯＲ＋２・５％ぐらいになってしまったのです。

よく誤解されるのですが、邦銀が米国内の会社に融資をする際は、円をドルに換えて融資をするのではなく、多くがドル調達をしてドルで融資をしています。ＬＩＢＯＲ＋２・５％の調達では、ＬＩＢＯＲ＋１・５％の融資が逆ザヤになってしまいます、ドル資金を調達して米国債を買う場合も同じです。

そこで先進国と通貨スワップ協定を交わしていたＦＲＢに、日銀が融資を頼んだのです。日銀がドルをＦＲＢから借りて、それを邦銀に貸し出したのです。これによって、邦銀の市場でのドル獲得競争が収まり、ＬＩＢＯＲ＋０・５％くらいにまで、上乗せ金利は縮小したのです。

ただ、いつまで通貨スワップ協定が維持できるのか。危機に陥ったとき、ＦＲＢが必ず日銀にドル融資をしてくれるとは限りません。特に日銀が債務超過になった場合、邦銀は厳しい状況に追い込まれることが予想されます。

しかし、２０２０年の3月から4月にかけて、邦銀は、この通貨〝スワップ協定様々〟だったと思います。２０２０年2月末から3月末にかけて、日銀の負債サイドの「その他預金」が29・7兆円から51・8兆円と、22・1兆円も増えています。また資産サイドの「外国為替」が同時期、6・7兆円から25・9兆円へと19・2兆円も増えています。これは通貨スワップ協定にもとづいた増加だと思うのです。

もし、この私の推測が正しいのなら、金利スワップ協定で調達した金額は莫大です。なにせ1991年、バブル崩壊直後の日銀のBSの規模は49・5兆円であり、その半分をFRBから借りて急場をしのいだことになるのですから、ちょっと異常なのです。

第3章

# 金融先物とは何か

## 先々の金利を確定する必要性

今日が9月20日だとします。皆さんが勤める会社に、年内の12月20日から3カ月間で年率7％のリターンが予想されるプロジェクトがある。その資金として1億円が必要になったとします。銀行は融資にOKを出してくれたものの、貸し出しレートは年内の12月20日頃までに決めたいとのこと。銀行は通常、実行日直前まで貸し出しレートを決めてくれません。

実際には銀行は、将来のレートを決める手法を熟知しているはずですが、個人や中小・零細企業相手だと、なかなかやってくれないと思います。事務手続きや期日管理などいろいろと面倒くさいからでしょう。その場合、借手自身で将来の金利を確定しなくてはなりません。

このプロジェクトでは、金利が7％を超えるとなると、利息だけでプロジェクト自体に損失が生じます。12月20日まで金利が上がらないようにと神頼みするしかないのなら、危なすぎる

図表3-1　1億円が3カ月後（12/20）から3カ月間必要な場合

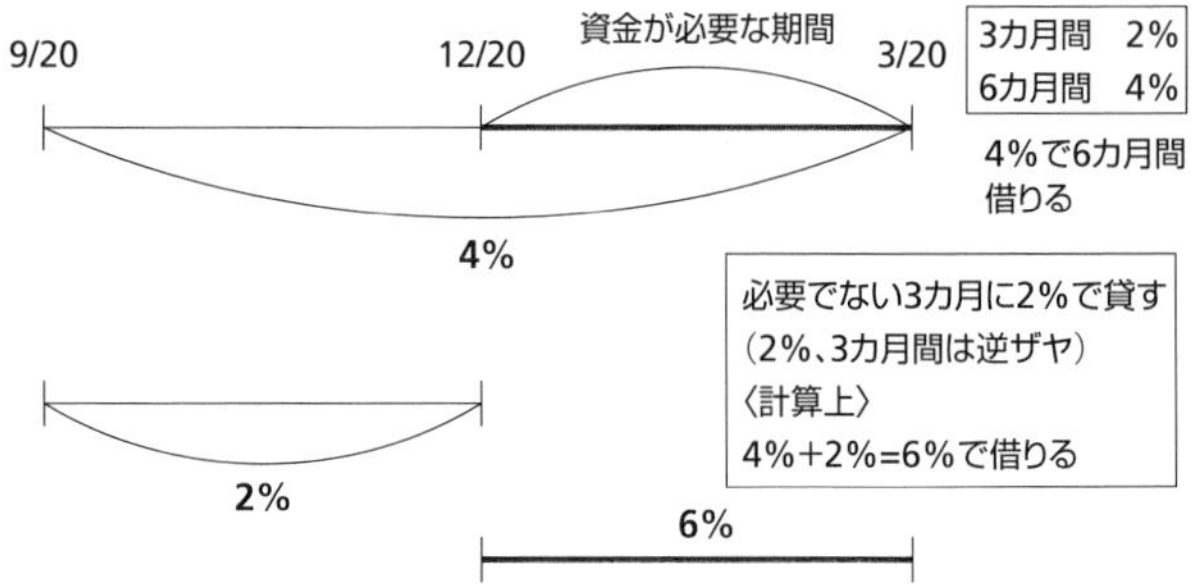


プロジェクトだといえます。

## 将来の金利を確定する手法

では、今の段階でどうやって先々の金利を確定すればいいのでしょうか？　今日から３カ月間の金利を２％、今日から６カ月間の金利を４％と仮定します（図表３－１）。

最初に考えられる方法は、今日９月20日から６カ月間のお金を借りることです。６カ月間の金利は４％だから、銀行に４％の利息を払う。プロジェクトで必要な資金は12月20日から翌年３月20日までだから、12月20日まで、この資金は使い道がない。では３カ月間マーケットで運用しよう。３カ月間のレートは２％。当初３カ月間は４％で借りて、２％で運用することになる。したがって最初の３カ月間は、２％の逆ザヤ。これは、このプロジェクトに伴って発生するコストだから、このプロジェクトのコストに上乗せする必要がある。

６カ月間借りた際の金利が４％、それに最初の３カ月間の運用損の2%を足して6%。このプロジェクトに関する支払利息は6%で確定できる。プロジェクトのリターンが7%ならば、他のコストを考えなければ、1%の利幅を本日確定できるわけです。

3カ月後スタートの3カ月間の資金のレートとは、今日から3カ月間と今日から6カ月間のレートがわかれば、簡単に計算できるのです。

ところで、私は一橋大学で13年間、非常勤講師として半年単位の「金融マーケット講座」を持ちましたが、期末テストの採点をしていると、この2%とか4%を3カ月間や6カ月間でもらえると誤解する学生がたくさんいました。それに気がついてからは、授業で注意するようにしましたが、皆さんも注意してください。こういうときに出てくる利率はすべて年利です。年率2%ですから、3カ月間で支払う利息の額は2%×3カ月÷12カ月です。年率の4分の1なのです。

## 新聞の金融先物欄の読み方①

前項の話の活用が、金融先物です。図表3－2の取引記録は、日経新聞のマーケット欄に載った2020年6月22日の金融先物マーケットの記録です。

金融先物マーケットとは、3カ月間の金利を取引している先物マーケットです。

## 図表3-2　2020年6月22日の金融先物欄

◇金融先物（東京金融取引所、ポイント・枚）
▽円金利3カ月（TIBOR）

| 年/月 | 始値 | 高値 | 安値 | 公式終値 | 清算値 | 前日比 | 売買高 | 建玉 |
|---|---|---|---|---|---|---|---|---|
| 20/9 | 100.030 | 100.030 | 100.030 | 100.030 | 100.030 | +0.005 | 43 | 7376 |
| 20/12 | 100.020 | 100.025 | 100.020 | 100.020 | 100.020 | +0.005 | 255 | 10014 |
| 21/3 | 100.010 | 100.015 | 100.010 | 100.010 | 100.010 | +0.005 | 6 | 4429 |
| 21/6 | 100.005 | 100.015 | 99.995 | 100.010 | 100.005 | +0.010 | 28 | 2251 |
| 21/9 | 99.985 | 100.000 | 99.985 | 100.000 | 99.995 | +0.025 | 73 | 1118 |
| 21/12 | 100.015 | 100.015 | 100.015 | 100.010 | 100.005 | +0.035 | 9 | 343 |
| 22/3 | – | – | – | 100.000 | 99.995 | +0.005 | 0 | 306 |
| | | | | | | 合計 | 719 | 26366 |

出典：2020年6月23日、日本経済新聞

私が金融マンのときに比べると、金融先物の取引量は激減しています。私はかつてこの市場を、トレーディングとしても、そして金利スワップの変動金利サイドのヘッジとしても、かなり積極的に使っていました。

しかし昨今は、短期金利がほぼ0％に張り付いて、動かない。これではヘッジの必要性も薄れ、ディーリングとしても、全く使いようがなくなってしまいました。それで今は、皆がこの市場から離れたのだと思います。

しかし、だからといってこの市場が終わったわけではなく、いつの日か金利が正常化した後は、再度、活発になると思います。個人が参加するにも面白い市場だと考えています。それほどリスクがあるわけではなく（極端なレバレッジをかけなければ、ですが）、金利が正常化すれば、証券会社が個人相手用の商品として売り出す可能性もなきにしもあらずだと思っています。

個人では無理でも、ひょっとすると中企業・大企業の

財務部なら、取引を市場につないでくれるかもしれません。Xデイが近づいたときは「低リスク、超ハイリターン」の商品になるかもしれません。私が、もしJPモルガンのトレーダーで、Xデイが真近だと思ったら、思いっきり参入するかもしれません。ただ、さすがにここまでマーケットが死んでいると、相手方が出てこないのかもしれませんが（苦笑い）。

そうはいいながら、他の先物市場を理解するためにも、このマーケットを理解しておくことは有用だと思います。そういう理由もありますので、説明を続けます。

## 新聞の金融先物欄の読み方②

先ほど掲げた取引記録表ですが、この数年間、3カ月金利がマイナスになってしまい、わかりにくいので、昔の数字で仕組みをご説明いたします。図表3－3は2011年10月7日のマーケットの数字です。

2020年6月22日の記録と違うのは、先物の対象月（限月《げんげつ》といいます）が昔は毎月だったのに、現在は、3月、6月、9月、12月の3カ月ごとになってしまったことです。売買高を比べるとわかるように、取引高が激減しているせいだと思います。

ところで、図表の見方ですが、「▽円金利3カ月（TIBOR）」と書かれたところの始値3行目、11／12のところを見てください。「99・680」とありますね。この日は10月7日。こ

## 図表3-3　2011年10月7日の金融先物欄

◇金融先物（東京金融取引所、ポイント・枚）
▽円金利3カ月（TIBOR）

| 年/月 | 始値 | 高値 | 安値 | 公式終値 | 清算値 | 前日比 | 売買高 | 建玉 |
|---|---|---|---|---|---|---|---|---|
| 11/10 | – | – | – | 99.670 | 99.670 | −0.005 | 0 | 0 |
| 11/11 | – | – | – | 99.670 | 99.670 | −0.005 | 0 | 0 |
| 11/12 | **99.680** | 99.680 | 99.675 | 99.675 | 99.675 | −0.005 | 5632 | 341476 |
| 12/3 | 99.675 | 99.680 | 99.675 | 99.675 | 99.680 | 0 | 3398 | 212593 |
| 12/6 | 99.680 | 99.685 | 99.675 | 99.675 | 99.680 | −0.005 | 5369 | 110765 |
| 12/9 | 99.675 | 99.685 | 99.675 | 99.680 | 99.685 | −0.005 | 6777 | 72550 |
| 12/12 | 99.680 | 99.680 | 99.675 | 99.675 | 99.680 | −0.005 | 3519 | 36431 |
| | | | | | | 合計 | 26530 | 788702 |

出典：2011年10月8日、日本経済新聞

の99・680は2011年10月7日に2011年12月20日から始まる3カ月間の金利を予想しているのです。

12／3は2012年の3月20日から始まる3カ月間の金利、12／6は2012年6月20日から始まる3カ月間の金利を予想しています。すべての月の20日からの3カ月間です。

そして100から99・680を引いてください。100－99・680で0・32。この0・32が、マーケットが予想している12月20日からの3カ月間の金利となります。0・32％です。これが1ベーシスポイント動くと、2500円なのです。これは覚えてしまってください。1ベーシスポイント動くと2500円。取引単位は1枚、1億円です。

そして1ベーシスポイントとは、0・01のことです。0・01動くと2500円儲かったり、損したりするのです。99・680で1枚売っておいて値段が99・670

に1ベーシスポイント下落すると、2500円儲かる、ということなのです。

「1ベーシスポイント動くと2500円」、これは理屈抜きに覚えてくださいね。とはいえ念のため、なぜ「1ベーシスポイント＝2500円」なのかを説明しておきましょう。

1枚1億円。1億円を0・32％で3カ月運用すると、

1億円×0・32％×3カ月÷12カ月＝8万円

1億円×0・33％×3カ月÷12カ月＝8万2500円

したがって1ベーシスポイントの差は2500円になるのです。

## マーケットの金利を予想する

「将来の金利を確定する手法」で「今日は9月20日。年内12月20日から翌年3月20日までの金利は現在の3カ月金利が2％、6カ月金利が4％なら6％になるはずだ」とお話ししました。そのような状況（3カ月金利が2％、6カ月金利が4％）では、12月20日の金融先物の値段はちょうど94になっているはずです。100－6＝94ですね。

本書の第1部第1章に書きましたが、「裁定取引」という取引があります。理論値と乖離《かいり》すると、裁定を働かせる人が参入してきて、金融先物の値段が94に収束していくのです。

もし社長さんが9月20日に部下の私に向かって、「フジマキ君、12月20日から始まるプロジ

にどのくらいになると思うかね？」と聞いてきたとします。そうしたら、私は金融先物市場をチェックし、「私自身は、確信はありません。しかしマーケットは6％と判断しています」と答えます。

すなわち、金融先物欄を見れば、マーケットが先々の金利をどのくらいと予想しているかがわかるのです。

## いかに将来の金利を確定するか

3カ月後からの3カ月間、年率7％の利益を生み出す1億円のプロジェクトがあるとします（図表3－4）。コストの大半を占める借入金の金利を確定しておきたい。どうやって確定するかを考えたとき、「将来の金利を確定する手法」で述べたように、「本日、6カ月間のお金を借りて、使わない最初の3カ月間は損しても運用しておく。ただしその損失を後の3カ月間で補填する」との方法があるとお教えしました。

その方法のほかに、この金融先物を利用する方法もあります。12月の金融先物は94のはずだと話しました。そこで金融先物を1枚売っておきます。

そして、いよいよ12月20日が来ました。景気が過熱していて3カ月金利が8％になっています。何もしていなかったら年率7％を生むプロジェクトですから、失敗プロジェクトになって

## 図表3-4　将来の金利を計算する

**1枚94で売る**
**実際の金利 8%まで上昇**

実際の支払い

$$100{,}000{,}000\text{円} \times 8\% \times \frac{3\text{カ月}}{12\text{カ月}} = 2{,}000{,}000\text{円}$$ **支払い**

金融先物の儲け

2,500円 × 200ベーシスポイント ＝ 500,000円　**儲け**

1,500,000円の支払い

$$100{,}000{,}000\text{円} \times 6\% \times \frac{3\text{カ月}}{12\text{カ月}} = 1{,}500{,}000\text{円と同じ支払い額になる}$$

しまいます。

この段階で銀行から1億円借りると1億円×8%×3カ月÷12カ月＝200万円ですから、200万円の利息を払わねばなりません。

しかし94で1枚売った金融先物は、現在は92まで下がっているはずです。したがって200ベーシスポイントの儲け、つまり2500円×200ベーシスポイント＝50万円の儲けとなります。

そうすると銀行に200万円を払っても、金融先物で50万円儲かっていますから、合わせてコストは150万円です。これは1億円を6%で借りた利息と同じです。

先物を売ったことにより、12月20日からの1億円の借り入れコストは6%で事前に確定できたのです。

なお、先物の取引のときは、証拠金を取引所に置いておかねばなりません。ただ金融先物の証拠金は、それほど大きいとは思いません。1枚1億円の取引ですが、証拠金は数万円、ひょっとすると10万円とか20万円でしょう。取引するときに仲介する証券会社に聞いてください。

これは証拠金であって、手数料ではありません。儲けたときは、証拠金は全額きちんと返ってきます。損すれば、その分減っていきます。

## 金融先物市場とFRA市場の違い

金融先物は決済が限月の20日と決まっていますし、取引単位も1億円と決まっています。いわばレディーメイド商品です。同じように将来の金利を取引するのですが、相対《あいたい》で取引するオーダーメイドのFRA（Forward Rate Agreement／金利先渡契約）という金融商品があります。

ロンドン市場で発展したもので、オーダーメイドですから、金額、スタート時期、長さなど、どうにでも設定できる取引です。

私も三井信託銀行ロンドン支店勤務のときには、それなりにFRAを使っていたのですが、JPモルガンに移り、東京に帰ってきてからはやめました。ある日「FRAは日本では〝賭博法〟に引っかかる」といわれたからです。FRAの取引をしたいトレーダーが賭博罪で捕まったら、日本は、金融後進国として世界の笑いものになるでしょう。しかし法律は法律ですから、取引をやめたのです（その後1994年から大蔵省が解禁したようです）。しかし、1989年東京金融マーケットができたので、法律違反といわれない金融先物取引を行うようにしたのです。

## 金融先物市場を活用して稼ぐ

金融先物市場は今述べたように、レディーメイド商品ですから、トレーディング手段としても使えます。逆にいえば、他の市場もそうですが、トレーディングで使う人がいなければ、市場は発展しません。実需だけの世界では、使う人がいなければ流動性に欠けるのです。

昨今のように、金利が低位で安定してからは値段が動かないので、トレーディングのやりようがありません。それではいくら実需での利用者が多くても、市場は現在のように死んでしまいます。市場創設当初は、私もよくトレーディングとして使っていました。

では金融先物市場で、どのようにトレーディングをすればいいのでしょうか？

これから金利が上がると予想した場合を考えましょう。

今日は9月20日で、マーケットは「12月20日から始まる3カ月間の金利を6％と予想している」とします。すると金融先物市場では94で取引されているはずですね。

でも自分は12月20日になれば、3カ月金利は8％まで上昇するだろうと予想したとします。

だとしたら、まず売るのです。仮に1枚売ったとしましょう。予想が当たり、１ベーシスポイント動くと、1枚あたり２５００円の儲けでしたね。

ですので２００ベーシスポイント×２５００円で50万円の儲けになります。10枚売っておけば、５００万円、１００枚売っておけば、５０００万円の儲けです。もちろん1枚94で売っておいて12月20日からの3カ月金利が4％まで下落してしまったら、1枚あたり50万円の損です。多少の証拠金は置いておくにしても、べらぼうな金額ではありません。損すれば減りますが、儲かれば、その証拠金は全部返ってきます。

短期金利が今の0％より大きくマイナスになるとも思えませんし、もし何らかの理由でインフレが加速していけば、金利が跳ね上がり（＝金融先物価格の暴落）、宝くじが当たった状態になると思います。法人であれば、取引を仲介してくれる証券会社があるかもしれません。その場合は、売りっぱなしにしておけばいいのではないでしょうか（注：取引最終日が来たら先の限月への乗り換え〈＝売り〉が必要ではありません）。

## 計算問題で理解度チェック

理解度のチェックのために、簡単な計算問題をやってみたいと思います。

## 問題1

金融先物市場で2020年3月限《ぎり》を

99$^{.60}$で100枚買い、

2日後に99$^{.65}$で100枚売り渡した。

損益を計算せよ。

（解答）

---

99.65−99.60=5ベーシスポイント儲かりました。1ベーシスポイントあたり2,500円ですから5ベーシスポイント×2,500×100=1,250,000円儲かった、というのが正解です。

## 問題2

現在（9月20日）の金利が

3カ月（2020年9月20日〜12月20日）3%

6カ月（2020年9月20日〜2021年3月20日）6%とする

**イ** 3カ月後にスタートする3カ月（2020年12月20日〜2021年3月20日）の金利は、理論上何%になるか？

**ロ** 東京金融先物市場で2020年12月物は、いくらで取引されていると考えるか？

（解答）

---

本日（9月20日）、2021年3月20日までの6カ月のお金を6%で借ります。最初の3カ月はお金がいらないので、12月20日までは3%で貸します。この3カ月は3%の損失。そのコストは12月20日から2021年3月20日までの資金調達コストに上乗せします（6%+3%=9%）。したがってイは9%が正解。ロは100−9=91で91が正解です。

# 第4章　長期金利をマスターする

## 長期国債関係の基本事項

日本国債のことを「JGB／Japanese Government Bond」といいます。

Bull《ブル》 Market《マーケット》、Bear《ベア》 Market《マーケット》という言葉もよく聞きます。Bullとは雄牛のことでBull Marketとは、強気のマーケットのことです。Bearとは熊のことで、Bear Marketとは弱気のマーケットのことをいいます。なお、強気、弱気は値段の動きに関してです。

エナジードリンクの「レッドブル」の缶にも雄牛のロゴがついていますが、元気が出る飲料ということだと思います。メリルリンチのロゴも雄牛ですが、これも強気なマーケットを表していると想像できますね。

雄牛は攻撃するとき、角を振り立てます。ですから強いマーケットのことをBull Marketというのです。

一方、熊は攻撃するときに、鋭い爪を持つ手を下に振り下ろします。ですから値段が下落するマーケットを Bear Market というのです。

それから、日本ではあまり区別していないのですが、米国では Bill と Note、Bond を使い分けています。Bill は1年未満の債券、Note は1年から10年。FRN（Floating Rate Note／変動利付債）は大体5年です。ですから Note。Bond は10年以上の債券のことをいいます。

よって1年未満の米国債を T-Bill（Treasury Bill）といい、1年から10年までの米国債は US T-Note、10年以上の米国債は US T-Bond というのです。

また利回り（yield《イールド》）と表面利率（coupon《クーポン》）の違いも理解してください。

今では国債の現物はなくなり、振替制度での受け渡しがなされていますが、かつては現物の国債には、額面に対して「1年あたり、いくらの利息を払う」か書いてありました。これが表面利率（クーポン）です。100万円の額面、これは満期時に払われる金額ですが、この100万円に「年間6万円の利息を払う」のならば、表面利率（クーポン）は6％となるわけです。

利回りの計算手法には、単利と複利があります。日本の場合は単利で表示されることが多いようですが、米国では複利の表示のほうが多いようです。

複利というのは、本書の第1部第1章で「今日の100円と1年後の100円では価値が違うぞ」と説明しましたが、その「お金の時間価値」を考慮に入れて、計算する方式です。

単利は、時間価値を考慮に入れていません。その意味では正確ではないのですが、わかりやすいのが長所でしょう。そのせいか、日本では単利で表示されることが多いようです。

あと絶対に覚えておいていただきたいのは、国債の「価格と利回り」の関係です。コインの表と裏の関係と同じで、必ず「国債価格の上昇＝利回りの低下」「国債価格の下落＝利回りの上昇」となります。コインの表と裏の関係ですから「両方とも上がる」とか「両方とも下がる」ことは絶対ありません。これは覚えておいてください。

新聞には必ず「金利上昇（価格は下落）」などの説明があるので問題ないのですが、いろいろなことを分析するとき「え〜と、金利が上昇すると、価格はどうだったっけ？」などと考えていると、思考がそこで止まってしまうので、暗記するに限ります。

簡単に説明しますと、例えば年間100万円の賃料収入があるワンルーム・マンションの一部屋があるとします。1000万円で購入すると、利回り10％です。1000万円投資して、家賃100万円の収入ですから。ところが、1000万円だったマンションの値段が、1億円に上昇したときに買った人の利回りは1％です。「価格上昇で、利回り低下」なのです。

## 単利の計算の仕方を把握する

単利は図表4－1の式で計算できます。額面100円の10年国債、クーポンは6％。その国

図表4-1　国債の最終利回り（%）の計算方法

$$\frac{年利子 + \frac{償還益（額）}{期間（年数）}}{投下元本} \times 100$$

（例）
額面100円（10年後の満期に100円返ってくる）を80円で買う
クーポンは6%

$$\frac{6円 + \frac{20円}{10年}}{80円} \times 100 = 10\%（最終利回り）$$

債を80円で買った場合の利回りの計算です。

額面に対し、毎年6%の利息ですから、毎年6円の利子収入。これを80円で買い、満期に100円で返ってくるので、償還益は20円。10年間で20円儲かるのだから、1年あたりでは2円の償還益です。

要するに1年間ではクーポンの6円と、償還益の2円の計8円が収入。投下資本は80円。ですから、利回りは10%となります。クーポンというのは6%のこと。利回りとは、この10%のことなのです。

## 現在の長期金利を計算する

最近の日経新聞マーケット欄で、長期金利をチェックしてみましょう。図表4－2は2020年7月29日のマーケットの結果です。

左上のほうに「債券標準価格」という表示がありますが、その下にゴシック体で「長国359（10年）

## 図表4-2　2020年7月29日の長期国債の金利

◇債券標準価格（JSプライス）

| 銘柄 | 償還年月 | 利率（%） | 標準価格（円） |
|---|---|---|---|
| **国債** | | | |
| 国庫短期証券920 | 21/1 | － | 100.08 |
| 国庫短期証券916 | 21/6 | － | 100.15 |
| 中国414（2年） | 22/7 | 0.1 | 100.45 |
| 中国144（5年） | 25/6 | 0.1 | 101.08 |
| **長国359（10年）** | **30/6** | **0.1** | **100.83** |
| 変動利付48（15年） | 23/5 | * | 102.25 |
| 超長国172（20年） | 40/3 | 0.4 | 100.36 |
| 超長国67（30年） | 50/6 | 0.6 | 101.67 |
| 超長国13（40年） | 60/3 | 0.5 | 98.21 |
| 物価連動25（10年） | 30/3 | * | 101.65 |

出典：2020年7月30日、日本経済新聞

30／6、0・1、100・83」とあります。これは長期日本国債359回債、359回とは国債を判別するための一種の名前です。30／6は、2030年6月満期。利率は0・1%のクーポン。この国債の取引価格が100・83円、という意味です。

この利回りを計算してみましょう。毎年、利子収入が0・1円。それから100円83銭で取引されていますが、満期には100円返ってくる。10年間（注：本当は10年2カ月ですが説明を簡単にするために10年とさせてください）で83銭、損してしまうわけです。1年で0・083円の損。1年間の利益は0・1円－0・083円で0・017円。この年間収入を投資元本100・83で割るわけですね。0・017÷100・83で、限りなくゼロに近くなります。

日銀が政策金利として長期金利を0%にするといっていますが、日銀の目論見《もくろみ》通りになっているのがわか

ります。

## 長期金利は「期待インフレ率と信用リスク」で決まる

皆さんが新聞で見たり、テレビで聞いたりする長期金利は、名目金利といわれるものです。

名目金利は「実質金利＋期待インフレ率＋倒産リスク」という式で表せます。

実質金利というのは、実際何％なのかよくわかりません。ブラックボックスです。私がビジネススクールの学生だったときは「わかっている名目金利、期待インフレ率、倒産リスクから逆算して、算出するものだ」と習いましたが、学問的にはそうであっても、期待インフレ率も倒産リスクも確たる数字はないのですから、なんだかよくわからないよな～という感覚です。


しかし、「実質金利Xにインフレ率とリスクプレミアムを足して名目金利が決まる」という言い方が、長年のディーリング経験の結果、一番しっくりきます。インフレ率や倒産リスクが高まれば上昇し、低くなると下がるということです。

例えば社債の場合、倒産リスクが高まれば、利回りがよくなるというのは、感覚的にわかるかと思います。国が発行する国債も同じです。


1998年に、ロシア危機がありました。ロシア国債の利回りが80％ぐらいまで上昇した記憶があります。それは通貨ルーブルが下落してインフレ懸念が起きたせいもあるものの、それ以上に、国家が財政破綻して、国債の元本は返ってこないだろうと市場が予想したからです。

なお、このときは「ロシアは通貨が安くなったので、インフレ危機」という見出しが新聞紙上によく出ました。「通貨安＝インフレ懸念」は当時の新聞記者にとっては「パブロフの犬」的現象でした。それは理論的にも当たっているのに、日本のデフレ対策のときに、政策として通貨安が前面に出てこなかったことは残念です。

私は「デフレ脱却策」として、「穏やかな円安政策」というか「国力に比して強すぎる円の是正」を主張していたのですが。ちょっと脱線でした。

## 現在の長期金利は何で決まっているのか

ただ、現在の世界の長期金利、特に日本の長期金利に関しては、前項で述べたことは当たっていません。現在の10年国債の利回りは、ほぼ0％。インフレも期待できないし、財政破綻も全く想定していないことになります。

前項の式があてはまるには、「すべての市場参加者が、経済原理で動いている」という前提が必要だからです。「市場が、儲けようと思って売買をする人のみで構成されている」場合、すなわち資本主義国家の市場でのみ、適用される式なのです。「儲けなど二の次」という、市場原理の働いていない参加者（日銀）がモンスターとなり牛耳っている市場には、残念ながら適用されないのです。

一時は日銀が、年間発行額の70％から80％も買っていたのですから、資本主義経済でのみ働く市場原理が働かないのは当たり前です。

そういう計画経済的なマーケットは、膿がたまりにたまって、いずれドカーンと破裂すると思います。歴史が示しているように。

## 長期国債現物市場とは何か

長期国債の市場には、現物市場と先物市場があります。少し細かい話ですが、取引をするとき、現物市場では利回りで取引をし（0・1％で売りたい、0・2％で買いたい等）、先物市場では価格で取引をする、という違いがあります。

現物の国債取引は、基本的には相対取引です。例えば東芝と野村證券とが一対一の相対で店頭取引をするのです。国債には357回債とか358回債とか、満期やクーポンの違うものがたくさんあります。それら一つ一つの国債が、毎日大量に取引されているわけではありません。取引されているとしても、マーケットを形作るほどの流動性はありません。

例えば358回10年債は、総額2兆4000億円しか発行されていません。それも今は日銀が発行国債の約半分を保有してしまったわけですから、市場の流通量はそう多くはないのです。

確かに野村證券やＪＰモルガン証券などの証券会社は、ＢＢというブローカーズ・ブローカーマーケットがあり、そこで業者間取引を行います。業者間取引で売買をして、そのプライスを東芝に提示することはあります。

私が国債取引を始めた頃は、国債の先物市場がありませんでした。１９８５年に先物市場ができましたが、それまでは現物債（現物国債）の取引のみだったのです。ですからディーリングも現物債で行っていました。ただ、たくさんの銘柄がありますから、原則、直近発行の10年債に集中してトレードをしていました。この国債をベンチマークといいます。

## 国債のほとんどは機関投資家向け

個人の皆さんが現物債を持っていることは、ほとんどないと思います。なぜならば現物債は、ほとんどが固定金利債で2年債、５年債、10年債、20年債、30年債、40年債がありますが、これらは機関投資家用だからです。

個人が買えるものは、３年と5年の固定金利債、もしくは10年変動型個人国債のみです。発行されている国債のほとんどは固定金利債であり、機関投資家向けだということは、覚えておいたほうがいいでしょう。

## 国債市場特別参加者制度とは

現物債に関しては個人投資家にはあまり関係がありませんが、ニュースに時々、国債の入札結果が出ることがあるので、入札には少しだけ触れておきます。入札に参加できるのは、銀行、証券、生保、損保、それから短資業者で、一般企業、個人の方は直接には参加できません。

平成16年に、欧米でいうプライマリー・ディーラーと似た制度、「国債市場特別参加者制度」ができました。これには現在21社が参加していますが、彼らは特別な立場で、この入札に参加しています。この制度を作った目的は、国債の安定消化。入札が不成立になると、まずいからです。

それから、国債市場の流動性確保の目的もあります。三菱UFJ銀行がこの制度の会員から撤退したと、一時、大きなニュースになりました。三菱UFJ銀行は、参加している価値がないと判断したのでしょうか？　しかし、そんなことをして財務省に怒られないのかな、と注目されたのです。ただ銀行は参加を取りやめましたが、グループの証券会社、三菱UFJモルガン・スタンレー証券がまだ参加しているということで、財務省の怒りを鎮めたようです。

三大メガバンクのうち、みずほ銀行と三井住友銀行は、まだこの制度の参加者として残っています。この制度にとどまるメリットは、一種のステータスだろうと私は思っています。

その他、実務的には財務省が主催する特別会議、これは国債トップリテーラー会議といいますが、そこで意見をいったり、いろいろな情報交換ができるということがあります。
その一方、逆にいろいろな縛りもあります。応札責任といって、5％以上は入札に参加しなくてはいけないとか、1％以上は入札で落札をしなくてはいけない、などの落札責任です。

## 入札倍率が低いのはXデイが近い指標

入札のニュースに関し、注意しておくべきことが3つほどあります。まず、応札倍率は気にしておいたほうがいいと思います。「Bid-to-Cover Ratio」ともいうのですが、入札販売額に対してたくさんの応募があれば、当然、人気が高いという評価になります。

かなり昔に『日本国債』（講談社刊）という幸田《こうだ》真音《まいん》さんの書いた小説がベストセラーになりました。その小説では応札倍率が1を割る。「未達」といいますが、充分に応札が集まらず、日本国債マーケットがクラッシュしたという内容の小説です。

ちなみに358回債は、4月2日と5月12日に入札があり、入札の翌日が発行日でした。

この358回債、5月の発行予定額は2兆1000億円だったのですが、6兆9360億円の応募がありました。ですから、6兆9360億円÷2兆1000億円で、応札倍率は3・3倍だったのです。この数字が大きくなればなるほど、いい入札であるといえます。

ただ、妄信はいけません。

私が金融マン時代、よくやっていたのは、大蔵省へのメンツ等があるので、応募はなるべく大量にするということでした。しかしマーケットの情勢を考えると、今は絶対欲しくない。実際、自分は債券先物でショート（売り）の勝負をしている。金利が上昇すると思っているからだ。そんなときは、入札で大量に買いたくない。外（＝失敗）したい。ただ、あまりに外すと、大蔵省に「おちょくるな」と怒られるから、ぎりぎりアウトを狙おう。私自身はこれを（私はゴルフをしないのですが）インテンショナルOBといっていました（笑い）。

これらの経験から、「応札倍率が高いからいい入札だ」と妄信するのは考えものだと申し上げたいのです。

ただ、逆に応札倍率が低いときは、間違いなく注意したほうがいいでしょう。この場合は、先ほどのインテンショナルOBのような操作はできないからです。応札倍率が低いときは「市場参加者が危機意識を持ち始めた」と見なくてはいけません。「応札倍率が低い」というニュースが出たら、緊張感を持ったほうがいいと思います。よく「Xデイが近づいた予兆として、どんな指標に気をつけておくべきですか？」と聞かれますが、入札の低調ぶりは、その一つです。

## 「テール」の数字にも気を配る

もう一つ、「テール」の数字にも気を配りましょう。テールとは尾っぽの意味ですが、「平均価格と一番低い落札価格との差」です。

これが小さければ小さいほど「いい入札」です。平均よりはるかに低い値段で落札した（＝テールが大きい）とは、平均近辺で買いたい人があまりいなかったことを意味するからです。充分な買い手がいないと、私みたいにインテンショナルOBを狙っていた人まで、えらく安い値段で買えてしまった、ということになります。

新聞等のニュースで「国債の入札でテールがとても大きかった」という記事を見つけたら、「Xデイは近いかも」と注意したほうがいいでしょう。

## 入札結果発表後のマーケットの動きに注意

12時35分に、入札結果の発表があります。テールとか応札倍率とか出るわけですね。後場が開いた直後に、債券先物市場で値段が大きく動くときがあります。特に大きく下がったときは、やはり注意が必要です。「あんまりいい入札ではなかったな」と思わねばなりません。

例えば野村證券が入札に参加するとき、2つの可能性があります。一つは、例えば東芝から「いくら買いたい」という注文をすでにもらっている場合、もう一つは、まだ確たる注文は取っていないけれど、「今後買い手がたくさん現れるだろう」との予想で、とりあえず参加して落札する場合です。

応札責任や落札責任があるので、買うことは買う。後で売ろうと思っていたが、ちっとも購入希望が入らない。もしくは、この値段では買い手がいないようだ。そのようなときは債券先物を売ってカバーするのです。ですから債券先物の値段がスーッと下がっていきます。

入札結果発表の後に先物市場等の値段がスーッと下がっていくならば、この入札は成功ではなかったと思ったほうがいいのです。

このように国債の入札は、Xデイが迫っていると判断したら注視すべきイベントの一つです。

## 国債利回りは、Xデイに備える最重要指標

債券価格は、今は特に注目すべきです。

2019年度の日銀の保有国債平均利回りは国債全体で0・247%、長期国債では0・257%です。2019年平均残高が482兆円、この利回りが0・247%。2020年度末の残高はきっと600兆円近く（2020年7月末で526兆円）になるでしょうが、増加分の120兆円近くは、ほぼ0%です。保有国債の平均利回りのさらなる急低下が、当然のこととして予想されます。

だとすると10年国債の利回りが0・2%くらいまで上昇した場合、日銀の保有国債は評価損

となってしまいます。日銀は簿価会計（正確には償却原価法）を取っていますので、問題がないと総裁、副総裁はおっしゃいますが、本当にそうでしょうか？

世界では簿価会計などは前世紀の遺物ですから、世界がどう見るか？　です。時価会計で債務超過と認定されたら、大変です。これは極めて重要なポイントです。

コロナ禍が収まり、米国の金利が上昇し始めたら、日銀の危機です。今は米10年物国債の金利は0・82％（2020年11月20日現在）ですが、それが1％、1・5％と上昇を始めたら、さすがに日銀も日本の長期金利上昇を抑えられないと思います。

現物債をコントロールしているといっても、先物で売り崩されたら、金利0％の維持は不可能です。日米の長期金利は、Xデイの到来時期を知るためには、非常に重要な指標です。

## 米国債金利、日本国債金利をチェックする

前項で述べたように、米国と日本の長期金利をチェックすることは極めて重要です。

米金利はインターネットで「米国債　金利」と検索すれば、ブルームバーグ（Bloomberg）の提供ページが見つかると思います。私は毎朝起きると必ず、まずそれを見ます。日中も見ています。当然のことながら、日本時間の日中はあまり動きませんが、それでも米国と日本の国債金利はかなり連動していますので、米国の長期金利は時々見るようにしているのです。

この米国債・金利のページに、「日本」とありますから、そこをクリックしていただくと、日本の金利を表すページにアクセスできます。このページはパソコンの「お気に入り」にでも入れて時々チェックすると、Xデイを見落とすこともないのかなと思います。

## 財務省のホームページも有用

あとは財務省のホームページも「お気に入り」に入れておくといいかもしれません。トップページの左側のメニューバーに「国債（国の発行する債券）」と書かれたところがありますので、ここをクリックしていただいて、さらに「関連資料・データ」をクリックすると「国債及び借入金並びに政府保証債務現在高」「国債等関係諸資料」などが表示されます。

これらからは結構、重要で面白い数字がたくさん拾えます。

例えば「国債及び借入金並びに政府保証債務現在高」からは、国の借金額がわかります。3カ月に1度、アップデートされます。

また、「国債等関係諸資料」には入札の倍率や、過去の入札の履歴が出ています。過去の数字と比較して理解することもできるのです。

国債の入札予定日も書いてあります。入札日がいつか等を事前に把握し、マーケットを見るのも重要です。今は、日銀が国債市場でモンスターになって市場が死んでしまっていますが、動き出したら、必ずチェックしたほうがいいでしょう。
特に10年債は毎月入札があるので、ベンチマークとしても重要です。

# 第5章 債券先物をマスターする

## 金利上昇期にうってつけの債券先物

債券先物についてお話ししたいと思います。債券先物は、一応は機関投資家向けですが、「ミニ債券先物」という商品があり、債券先物の10分の1の規模のもので、これは個人投資家向けです。ネット証券などで取り扱っています。

それでも手を出すのは、ちょっと怖いという方には、「債券ベアファンド」という投資信託があります。投資信託ですから多少は手数料を取られますが、業者が債券先物を使っていろいろやってくれます。第4章の最初にお話ししたように、ベア（熊）は攻撃の際、腕を振り下ろします。ですから「国債価格が下がる（＝長期金利が上昇する）と儲かる」投信のことをいいます。

これからお話しする債券先物を理解すれば、個人投資家が活用できるミニ債券先物も、債券ベアファンドも理解できると思います。

これから長期金利が上がると思えば、個人投資家の方は、債券ベアファンドを買ったり、ミニ債券先物で売りを先行させることで、その波に乗れるのです。しつこいようですが、価格が下がれば、金利は上昇する。タイミングさえ当てれば大儲けだと思います。

今後、世界で最も儲かる人とは、世界中の長期金利が上昇するタイミングをきちんと見極めた人だとさえ、私は思っています。債券市場は最近、ほとんど動いていません。日銀がモンスターとなって市場をコントロールしているのですから、当たり前といえば当たり前です。動かない間に、債券先物を長期に亘って売りっぱなしにすると、損が膨らんでいきます。

「長期資金の借り入れコスト－3カ月の運用利回り」の損がかさんでいくと考えると、イメージしやすいのではないかと思います。後でお話ししますが、限月を入れ替える（＝ロール）するときに、そのコスト＋手数料が発生するからです。

ただ、その「長期資金の借り入れコスト－3カ月の運用利回り」が現在極めて低いので、売り持ちにするコストは、従来に比べてかなり安くなっています。

私も金融マン時代、長期金利に関しては、最初は為替スワップ、金利スワップを多用して勝負していたのですが、債券先物市場が１９８５年10月19日にできてからは、もっぱら債券先物市場で勝負していました。先物オプションを含めての話です。

現物債の場合には、相対取引で、信用リスク（＝倒産リスク）は取引相手ですが、先物は取引相手が取引所なので、相対取引より信用リスクが低いという利点も先物市場のほうが使いやすかった理由です。米銀では、信用リスクも使えば金がかかるという概念でしたから。

前に、先物は「売り先行が容易」とともに「レバレッジが効く」のが特徴だと申し上げました。小さなお金で大きい利益が出る。逆にいうと、小さいお金で大きな損も出ますので、その辺は充分頭に入れておいてください。もっとも、長期金利がゼロである以上、この段階から売り先行でとんでもなく損する確率は、かなり低いと個人的には思っています。

長期金利を大きくゼロ以下に日銀が持っていくのはかなり難しいし、自然のなりゆきで金利がゼロ以下まで下がるものではないからです。0%以下ということは、入札で買った人が満期まで持っていると損が出るわけで、トランプの「ババ抜き」と同様になるからです。

## 債券先物で注視すべきは長期国債先物のみ

債券先物には、5年物を取り扱っている「中期国債先物」、10年物を取り扱っている「長期国債先物」、20年物を取り扱っている「超長期国債先物」の3つがありますが、5年物と20年物は忘れてください。流動性（＝マーケットの厚み）がないからです。プロでもディーリング用ではあまり使いません。

ことに流動性を最重視する私にとって、全く興味はありませんでした。私もプロだった頃でも、長期国債先物以外の2つはやったことがありません。10年物を取り扱う長期国債先物のみで、充分な利益を生み出せたからです。

## 長期国債先物とは

債券先物は、クーポン6％（満期に100万円戻ってくる場合、毎年6万円の利子を受け取れる）で、10年満期の実在しない仮定の国債を取引しています。債券先物ができた1985年頃までは10年の金利は6％近辺が平均でした。ですから架空の国債のクーポンも6％としたのです。

6％という利回りから、現在の長期国債の利回り0・00％（2020年11月20日）がいかに異常かがわかると思います。

当時は長期国債10年の先物の金利は、景気がよくて8％のときもあれば、景気が悪くなって4％のときもありましたが、平均すると6％ほどだったので、6％と決まったのです。

前述した個人用のミニ債券先物は、1枚1000万円、1ベーシスポイント動くと、1000円になります。

## 図表5-1　2020年6月22日の債券先物欄

**◇債券先物（大取、円・%・億円、始値は前日夜間取引を含む）**
**▽10年物（6%国債）**

| 年/月 | 始値 | 当日始値 | 高値 | 安値 | 終値 | 前日比 |
| --- | --- | --- | --- | --- | --- | --- |
| 20/9 | **152.09** | 152.17 | 152.17 | 152.03 | **152.13** | +0.06 |
| 20/12 | − | − | − | − | − | − |

| | 利回り | 売買高 | 建玉 | | 利回り | 売買高 | 建玉 |
| --- | --- | --- | --- | --- | --- | --- | --- |
| 20/9 | 0.517 | 12305 | 64541 | 20/12 | − | − | 0 |

出典：2020年6月23日、日本経済新聞

# 新聞の債券先物欄の読み方

図表5－1は、2020年6月23日の日経新聞に載った、2020年6月22日の債券先物マーケットの結果です。20／9とか20／12とありますが、これは決済年月のことです。この9月とか12月のことを、金融先物と同じように限月と呼びますが、債券先物の場合、日にちは、いつも20日です。ですから20／9と書いてあるのは2020年9月20日に決済する取引、という意味です。

一番近い限月を中心に取引します。この原稿の執筆時は7月ですから、一番近い限月の9月物が多く取引されているのです。値段は今日決めますが、決済は将来なのが先物でしたね。ですから本日値段を決めて、お金と債券の交換、すなわち決済は9月20日というのが9月限月の取引なのです。

9月限月の値は、始値152・09円、終値が152・13円とあります。これは100円の取引が本日の最後には152円13銭でなされたということです。このときの利回りについて

は、すでに計算方法をお話ししましたので、それにもとづいて計算してみましょう。

今、152・13円が10年後の満期には100円で償還されますから、10年間で52・13円の損。1年間に5・213円の減価です。クーポンは6円ですから6円−5・213円＝0・787円です。152・13円投入して毎年、0・787円のリターンですから0・787円÷152・13円＝0・00517、すなわち0・517％となるわけです。図表5−1の最下段に利回りとあり、0・517とありますが、その通りの数字となりましたね。

毎年6％の利子がもらえる債券とは、この超低金利時代には魅力的です。だから皆が競って購入する。したがって152・13円という高い値がつくと理解してもいいかもしれません。

## 「経済の体温計」としての役割が失われつつある債券先物市場

先ほどの新聞記事を見ていただくと、売買高は12305（枚）と書いてあります。

1枚の額面は1億円ですから、名目上の額面は1兆2305億円が、この日に取引されたわけです。1989年の1日平均の取引額は7兆5000億円。2007年でも5兆4000億円ですから、マーケットの規模がものすごく縮小していることは明らかです。

理由は、もう皆さんならおわかりですね。そうです。日銀が市場におけるモンスターになってしまったからです。こうしてマーケットが動かなくなれば、市場参加者の興味や必要性が薄れ、流動性がなくなり、マーケットの価格形成機能、すなわち経済の体温計としての役割が失われつつあるということです。

このような一種の計画経済は、破裂したときに、ものすごい量の膿が流れ出ます。価格が大きく動くということです。

そうしたことから、債券先物は自分を守る意味でも学んでおいていい商品だと思います。最近では直近の限月（6月22日現在でいえば9月限月）以外、あまり取引されていないようですが、市場規模が大きいときには、随分先の限月まで取引されていました。

## 1ベーシスポイントの動きは1万円

1ベーシスポイントの動きは1万円です。1ベーシスポイントとは0・01のことです。これは覚えておいてくださいね。

1枚買ったり売ったりして、1ベーシスポイント動くと、1万円儲かったり損したりする。それをしっかり頭に入れておいてください。

1枚1億円ですから、価格が152・09円なら1億5209万円です。これが152・10円と1ベーシスポイント価格が上昇すると1億5210万円ですから、1万円の差ですね。

1枚買っていれば1万円儲かるし、1枚売っていれば1万円損するということです。いちいち計算するのは面倒なので、「1ベーシスポイント動くと、1万円」と覚えておきましょう。

6月22日の例でいうと、市場オープン時に152・09円で1枚買い、市場のクローズ時に売り返せば、0・04、すなわち4銭、4ベーシスポイント価格が上昇したので、4万円の儲けがあったということです。

## 長期金利が6%になったときの債券先物価格は?

長期金利が6%まで上昇したら、価格はいくらになるでしょうか？　100円ですね。この架空の国債は100円で取引されるわけです。検証してみましょう。

(6円－0円)÷100円＝6%になりますね。

要は現在の超低金利から6%まで長期金利が上昇したら、債券先物は100円となり、52円13銭儲かるのです。これで金利が上がると、ものすごく儲かるということがご理解いただけると思います。

## 債券先物の「売り」で計算する

1985年に債券先物ができた頃は、10年物の金利は平均が6%だと市場も認識していました。ですから、今でも10年物の金利が6%に上昇することは「想定外」というわけではありません。ましてやハイパーインフレになれば、長期金利はうなぎのぼりです。

6％になる場合、現在152・13円の債券先物価格が100円になるということは前項で述べました。1ベーシスポイントの動きは1万円です。

ですから債券価格の急落（＝長期金利の急騰）があり、長期金利が6％になると、1枚売っていれば、1万円×5213ベーシスポイントで、5213万円儲かるということです（ミニ債券先物を1枚売っていれば、521万円の儲けです）。

少額の証拠金で5209万円儲かるとなると、これはまさに「宝くじ」だと思います。確率は宝くじより、はるかに高い投資だと私は思っています。

当然、逆に金利が急落したら、売っていた人は大損です。長期金利が今の0％から－6％まで下落（価格上昇）すれば、1枚売っていた人は約5200万円の損です。

しかし、そういう事態は、かなり考えにくいと思います。マイナス金利で買い、満期まで保有すると、損をしてしまうからです。

マイナス金利で買った人は、調達コストが満期まで、購入のマイナス金利より大きくない限り、満期までに転売先を見つけないと損をしてしまいます。そういうリスクを考えながらキャピタルゲインを取るのは、通常は至難の業です。普通ですと、ババ抜きになってしまいます。「損をしてもいいや」という「市場原理の働かない」日銀が大きなマイナスまで誘導しない限り、マイナス幅がそこまで大きくなることはまずないのです。

市場原理が働かないとはいえ、マイナス幅の大きな国債を買い集めると、後に日銀自身も大きなリスクを背負います（金利上昇期の評価損、利上げ時の逆ザヤ）。

そういう意味では、国債利回りでマイナスが大きく拡大するリスクは小さいはずなのです。

そうはいいながら、これはマーケットの話です。百パーセント確実という話はありません。

先日も原油先物で、非常に大きなマイナス価格がつきました。これも誰もがありえないと思っていた動きです。世界経済低迷で石油の備蓄コストが跳ね上がり、決済で現物を引き取ったら、とんでもない負担がかかる。損をしてもいいから原油の現物を引き取りたくない、という思いが、先物市場でマイナス価格を生んだのです。

こういった可能性が怖い方は、後でお話しする「債券先物オプション」がよろしいかと思います。オプションの買いである限り、支払った保険料より損をすることはないからです。

私がいえることは、債券先物を売り持ちにする場合の「損と益の確率」は、正規分布ではないだろうということです。かなり儲かる可能性が高く、それも大きく儲かる確率のほうがかなり高いだろう、ということです。そして長期金利が上昇するときは暴騰。下がる場合はごくわずかだろうと思っています。

この取引が成功すると、Xデイで、被るであろう大損害を、かなりカバーできると思います。

## 証拠金はどのくらい必要か

先物ではレバレッジが効くと申し上げました。現物債の購入の際には購入金額が必要ですが、先物で必要なのは証拠金だけです。ここで取り上げている例でいうと、1枚買うのに、1億5209万円必要ではありません。必要なのは、取引所に入れる証拠金だけです。

証拠金には「イニシャルマージン（当初証拠金）」と「バリエーションマージン（変動証拠金）」があります。最初に取引所に入れなくてはいけないのは、イニシャルマージンです。その他、1日の値動きの結果、評価損が出たら、その分を追加で取引所に入れなければなりません。逆に、評価益が出ると、取引所がその分を返してくれます。

先ほどのように、日をまたがずに取引を終えた場合、日をまたぐ取引残高はないので、証拠金は不要です。

ただ、今まで述べてきたのは証券会社にあるあなたの勘定と取引所との関係で、証券会社はそれ以上の金額を預け金として、あなたに要求してきます。評価損が出るたびに、顧客に電話して評価損分を送ってもらい、それを取引所に入れるのは大変ですし、顧客の信用リスクの問題もあります。したがって、証拠金より多くのお金を預託するよう顧客に要求するはずです。どのくらい要求するかは証券会社によって異なりますので、取引のある証券会社に聞いてみてください。

## 決済はすべて反対取引で行っていた

各限月の最終取引日は、現在は5営業日前です。9月限月の決済日は9月20日ですから、その5営業日前が最終取引日です。決済には反対取引と現物の引き渡しの2種類あります。現物決済をする場合、長期国債だと7年以上残存期間がある国債が対象です。売り手が、どの債券を渡すかを決めます。

ただプロのディーラーであり、長期国債のディーリングでは最大規模の参加者であった私でも、現物決済をしたことはありません。すべて反対取引での決済でした。なにせ米銀はバランスシートが膨らむのを嫌がりますから、債券先物市場ができてからは、現物債などに手を出しません。引き渡す債券など持っていなかったですし、引き受けてバランスシートを膨らますのは困りものでした。ですから、すべて反対取引で決済をしたのです。

## なぜ現物決済があるのか

プロのディーラーであった私でさえも、現物決済をしていないと前項で書きましたが、それではなぜ現物の引き渡しという決済の仕組みがあるのでしょうか。

それは、生命保険などの機関投資家には、現物引き渡しという決済法が必要だからです。機関投資家は、たくさんの現物債を持っています。現物債を運用して金利をもらっているのです。

ただ先ほど述べましたように、現物債はクーポンレートや満期が違っており、それぞれに回号（発行順につけられる通し番号）がついているわけですが、そのすべての回号の国債が、毎日大量に取引されているわけではありません。

例えば野村證券が日本生命から325回債を300億円、買い取ったとします。それを長い時間をかけて市場で売りさばく場合、その間にマーケットが急落すると、野村證券は大損をしてしまう可能性があります。

そういう場合、野村證券は日本生命から325回債を買ったら、即座に先物を売って、利益を確定させるのです。先に先物を売ってから、その価格を325回債に適用して日本生命に買値を提示するかもしれません。

残存期間7年以上のすべての受渡適格銘柄については、取引所が「コンバージョン・ファクター」を発表しています。コンバージョン・ファクターとは、先物を1としたときの、その銘柄の現在価値です。

325回債のコンバージョン・ファクターがいくらと出ているのですから、先物の売買価格152・09円にコンバージョン・ファクターと額面をかけて、経過利子を足せば、現物引き渡しで受領する金額がわかります。野村證券は、この金額を受け取る代わりに、先物の買い方に325回債を引き渡すのです。

野村證券はこうして日本生命から購入した現物債・325回債を処分でき、かつ利益を確定できるのです。

この仕組みで356回債という実在する356回債が、架空の6%、10年という債券と価格連動するのです。

個人用のミニ国債先物にはこのようなニーズがないので、現物債引き渡しという決済法はなく、反対取引の決済のみとなります。

## いつ限月を乗り換えるか

9月限月の最終取引日（20日の5営業日前）が近づいてくると、12月限月の取引が厚くなってきます。そこで私は9月限月から12月限月に乗り換えをします。

売ってあった9月限月を買い戻し、同時に12月限月を売るのです。

最近、先物市場の流動性がなくなり、直近限月しか取引されなくなってきたと述べました。だからといって、翌年6月決済の先物の売りができないと落胆する必要はないのです。

限月が近づいてきたら、翌限月に乗り換えれば（＝ロールといいます）いいだけの話です。

もちろん、そのたびに証券会社に手数料を払わねばならないというデメリットはありますが、得られる利益に比べれば、些細（？）なものです。

このロールは「ロールしてくれ」と頼めば、「いくらでロールします」と「買い戻しと売り」のワンセットでやってくれます。ロールの市場があるからです。後で述べますが9月限月と12月限月の価格には多少の差があり、その差をやりとりする市場です。

私は最終取引日を待たずに限月の月に入ったら、早めにロールします。先ほど述べた原油先物市場ではありませんが、マーケットでは何が起こるかわかりません。

代表的なのが「サーキットブレーカー」。２０２０年3月にも株式市場でありましたが、相場が大きく変動した場合に、強制的に取引を止めてしまうのですね。それが何回も繰り返されることがあるのです。

そういう事態によってロールができなくなるのを避けるために、私は早めにロールをするのです。といっても、１９８５年に債券先物市場が創設されて以来、そういう事故は聞いたことがありませんので、リスクは、ごくごく小さいと思います。

また、買い方の締め上げ（スクイーズといいます）がないとも断言できません。スクイーズとは買い方が売りを出さないことで、売り手を締め上げる手法で、最終日近くになると、その戦略が成功することもあるのです。

これは現物債の取引ではよくあることで、それをやりづらいことも、先物がより多くの参加者を集める理由だと思います。ただ最終取引日近くは、全くないとは限りませんので、売り手は一応、注意が必要です。

## ロールの際、現限月と次限月との価格差は金利が低ければ小さい

この項目と次項は少し専門的になるので、難しいと思われる方は読み飛ばしてください。

先ほど、限月に入ったら早めに次限月に乗り換えるが、その限月と次限月の価格には多少の差があると述べました。現限月の価格が１５２・１３円で取引されているからといって、次限月の価格も１５２・１３円ではないということです。今みたいに金利が低いときは、その差は小さいのですが、金利が高いときは、この価格はかなり違ってきます。

理由を説明します。例えば9月から12月までの３カ月間の金利がすごく高いとします。

12月からは使途が決まっているけれど、9月20日から12月20日までは余剰になる資金を持つ投資家には選択肢が２つあります。３カ月間の金利で運用する方法が一つ。もう一つは9月20日に国債を買って、その国債を12月20日に売却する方法。前者と後者は同じ利回りになるはずです。なぜならばマーケットには裁定者がいるからです。裁定者とは先に説明したように、市場間のゆがみを見つけて儲けようとする人たちです。

12月限月の先物取引では、12月に売却する国債の価格を今日決めます。ですから購入した国

債の3カ月間の売価が今日わかるのです。購入価格と売却価格が今日わかりますから、3カ月間の運用利回りは今日計算できるわけです。

その国債運用利回りが3カ月金利より高ければ、裁定者は3カ月分のお金を借りて、国債で運用するわけです。こういう人がたくさん出てくると、12月限月の先物価格は少しずつ下がっていきます。3カ月の調達金利と同じところまで12月限月の先物価格は下がるのです。3カ月分の資金を調達し、9月に国債を買って12月に先物で売っても、それほど運用益は出ないところにまで12月先物の価格が収斂《しゅうれん》していくのです。

このようなメカニズムで、12月限月の先物価格は3カ月間の金利を考慮し、決まっていくのです。それが現限月と次限月の価格の差です。3カ月間の金利が低ければ、12月限月の価格は9月限月の価格とほとんど変わりませんし、逆に3カ月間の金利が高ければ、国債の売却益も大きくならなくてはならない。そういう意味で、9月限月と12月限月の価格は多少なりとも違ってくることになるのです。

## 現物債と債券先物は別の動きをすることはない

現物債と債券先物は同じように動きます。別の動きをすることはありません。

これも裁定者がいるからです。本書の最初に、シンガポール市場と東京市場の間で金利の裁定をする人がいるという話をしたと思います。同じように債券の先物と現物の間でも、何か不合理があると、裁定取引をする人が出てきて、その不合理を解消してしまうのです。

現在の先物価格に358回債の12月20日のコンバージョン・ファクターをかければ、358回債を12月20日にいくらで売れるかがわかります。3カ月間の金利が1％なのに、今358回債を買って12月限月の債券先物を売っておくと10％のリターンが得られることがわかったとします。すると裁定者はドーッと3カ月分のお金を借りて、358回債を買い、12月限月の債券先物を売ります。

安すぎる358回債の価格は上がっていき、高すぎる12月限月の先物は下がっていくのが道理です。

ただ358回債の取引量と、12月限月の先物取引量は桁が違いますので、12月限月の先物はあまり動かず、358回債の値段が大きく上昇する。すなわち現物市場が先物市場に収斂していくのです。

要は、裁定者の存在によって、先物と現物債の価格の不合理性が解消していくのです。

## 債券先物は現物債を持っているときヘッジに使える

債券先物はどういうふうに使われるかですが、まず第一にトレーディング用。プロなら債券先物。個人ならミニ債券先物を使えます。

またヘッジ手段としても使われます。たとえば機関投資家が現物債を持っている。今、日銀に貸してあるのだが、何か雲行きが怪しくなってきて、長期金利が暴騰しそうだ……。

そういうときには、その現物債の代わりに、先物を売っておけばいいのです。その後、その現物債を処分したくなったときは、決済で先物の買い手に引き渡してしまえばいいのです。

それから、今は国債の発行日は入札の翌日ですので、必要性が薄れたかもしれませんが、以前は入札日と発行日の間がそれなりにあいていました。落札した後、雲行きが怪しくなって債券価格が急落しそうになってきた。そういうとき、落札した人は、債券先物で売りヘッジをしたのです。

## 家を建てる人にとって債券先物は利用価値が高い

個人でも債券先物をヘッジで使えます。私は仕事で債券先物をトレードする以外にも、個人的に銀行から借金をするときに債券先物をヘッジで使っていました。

賃貸用家屋を建てたい。しかし家を建てると決めても、銀行がお金を貸してくれるのはかなり先です。設計図ができて、着工する段階まで普通、銀行はお金を貸してはくれません。

しかも金利は、1カ月前など直前になるまで決まりません。1年後に着工なら、11カ月後に金利が決まる。変動金利で借りるのなら関係なくとも、固定金利で借りようというときは支払金額にかなり違いが出てきます。ですから、金利が確定するまでに急騰してしまうのが怖いのです。ましてや、現在のようにひょっとするとXデイが来るかもしれないようなときは、もうひやひやです。

できれば変動金利で借りて、その後うなぎのぼりに金利が上昇したらたまらないから、固定金利にしたい。しかし金利が決まる前にXデイが来たら、固定金利まで暴騰してしまっている。そうなったら、とても家など建てられない、とひやひやすると思うのです。

ここで考えられる対策は、まずは短期金利のところでお話しした方法。1年後の竣工で10年返済なら、11年間のお金を借りて使わない最初の1年間は、マーケットで運用しておく。イールドカーブは通常、長期金利より短期金利のほうが低いから、この1年は逆ザヤでしょう。そのコストを10年間に割り振る。

理論的には可能なのですが、問題は、家が竣工し、建築業者にお金を最初に払う段階まで、銀行がお金を貸してくれないことです。前述の例では「まずは11年間のお金を借りる」としましたが、それができないのです。本来は銀行が、先々のスタートのレートを決めてくれればいいのですが、通常はしてくれません。理由は知りませんが、少なくとも個人向けにはやってくれないようです。

そうなると、個人ができる唯一の方法は、国債先物を売ることなのです。万が一、竣工までに長期金利が上昇（＝国債価格は下落）すると、その時点で決まる固定金利は高くなります。10年間の支払利息も高くなる。しかし、売っておいた債券先物が儲かる。その儲けが支払利息の負担増を相殺してくれるのです。いつ金利が暴騰してもおかしくない昨今、これから家を建てようと思う方には、とても重要な金融商品だと私は思っています。

債券先物は、昔に比べると「かすかに」しか動きませんが、それでも、それなりに動いています。インターネットで「日本国債先物リアルタイム」と検索しますと、「日本国債先物（10年物）リアルタイムチャート 5分足／日足」というサイトが出てきます。こちらは、あまりタイムラグのない数字だと思いますので、チェックする際に活用できます。

## 債券先物とミニ債券先物の復習問題

先ほどから何度か述べていますが、個人投資家用のミニ債券先物はすべてが債券先物の10分の1です。1枚は1000万円ですし、1ベーシスポイントの動きは値段でいえば1000円です。証拠金も10分の1です。この他の債券先物との違いは、決済は反対取引のみということです。現物の引き渡しの決済はできませんが、個人で機関投資家用の国債を持っている人などいないでしょうから、その制度があっても使う人は皆無でしょう。ですから現物決済ができないというのは全く問題にもなりません。

最後に簡単な復習問題をやってみましょう。

**問題** 日本国債先物とは（　）年、（　）%の日本国債を仮定して、この債券を取引する。（　）に入るものは何か？

**A** 10年、6%

**問題** 債券先物市場で2020年9月物を152・11円で10枚売り、10日後に151・93円で買い戻した。利益はいくらになるか？

**A** 152・11－151・93で、18ベーシスポイント儲かりました。1ベーシスポイントあたり1万円ですから、18ベーシスポイント×1万円×10枚＝180万円儲かりました、というのが正解です。これがミニ債券先物だと、18万円儲かりました、ということになるわけです。

# 第6章 為替をマスターする

## 為替マーケットの基本

為替市場の円相場については日経新聞に載っていますし、インターネットでもすぐに検索できます。

為替のマーケットは、土日はクローズしていますが、24時間、世界のどこかの市場が開いていますので、日本時間の何時の値が終値、何時が寄り付き（最初に成立した売買）と正式には決まっていません。午後5時の値と午後5時00分01秒の値が変化している可能性も大です。

日経新聞に載っている値は、終値が午後5時、寄り付きは午前9時ではないかと思います。確か、という程度の話です。それに午後5時の値と午後5時00分01秒の値も違っている可能性大なので、必ずしも正確というわけでもありません。

図表6-1　ビッド・レートとオファード・レート

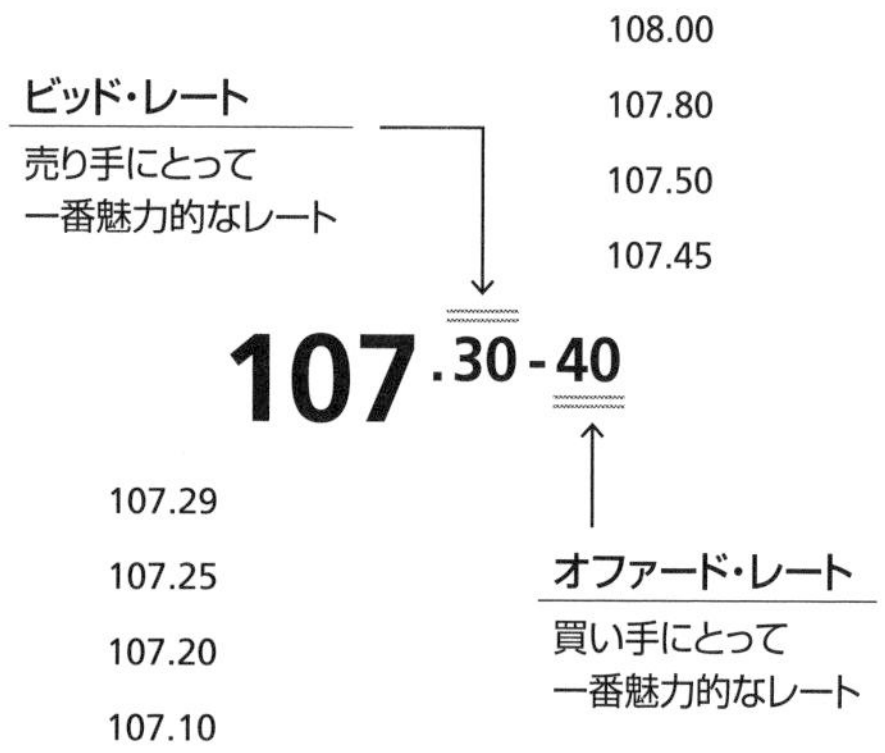


## 円相場は「1ドル107円30銭から40銭で取引されています」の意味

よくテレビの画面に現在のドル／円のレートは「107・30－40」と表示され（図表6－1）、アナウンサーが「1ドル107円30銭から40銭で取引されています」といっていますが、正確にいうと、「買い手にとって一番魅力的な売り手レートは107円40銭、売り手にとって一番魅力的な買い手レートは107円30銭」という意味なのです。

ドルを売りたい人は、なるべく高いところで売りたいわけです。108円で売りたい人もいれば、107円80銭で売りたい人もいて、一番低い売り手レート、すなわち、買い手にとって一番魅力的なのが107円40銭なのです。これは「オファード・レート」といいます。一方、買い手はなるべく安くドルを買いたい。107円10銭で買いたい人も、107円25銭で買いたい人もいる。一番高い買い手のレート、すなわち、売り手にとって一番魅力的なレートが107円30銭、それを「ビッド・レート」といいますが、それが最前線のレートとしてテレビの画面に出てくるわけです。

両者がにらみ合っているときに、「どうしても今ドルが必要な人」が、しびれを切らして売り手レートにすり寄ります。「売り手レートが取られた」との意味で、taken《テイクン》といいます。最初は107円30銭で買いたかったのだけれど、しょうがないから107円40銭でドルを買うことにした、となるのです。

一方、どうしても107円40銭でドルを売りたいのだけど、誰もその値段ではドルを買いに来てくれない。しびれを切らして、107円30銭の買い手にドルを売ってしまう。これをgiven《ギブン》といいます。そういう意味では、テレビのアナウンサーの「1ドル107円30銭から40銭で取引されています」との表現は的外れではありませんが、より正確には、今述べた通りになります。

## 中銀の信用が失墜すれば、発行する通貨の価値喪失

通貨が強くなるか弱くなるかは、基本的には国力で決まります。国力とはなんぞや、何で決まるかという定義の問題があるのですが、原則「強い国の通貨は強く、弱い国の通貨は弱く」

なります。

コロナ禍による全世界での財政出動、それに伴う財政ファイナンスで、法定通貨がどんどん刷られています（＝厳密にいうと、中央銀行にある市中銀行等の当座預金残高が増える）から、世界中の法定通貨の価値が下落する可能性は充分あります。通貨価値が下がるのですから、物価は上がります。世界中でインフレになる可能性があるということです。

株や金、デジタルゴールドといわれるビットコインの価格が今、上昇している理由は、そこにあるのでしょう。ただ円ドルなどの為替は相対論です。為替の世界で全通貨が弱含むということはありません。どちらがより弱くなるかで、ドル／円などの為替は決まります。

先ほど通貨の強弱は「基本的には国力で決まる」と申し上げましたが、それは「中央銀行の財務が健全であるならば」との条件付きです。現在、日銀の財務は極めて脆弱で、世界最悪状態です。だからこそ、私は円の将来を疑問視しているのです。

## ドルが世界最強通貨である理由

一方、米国の通貨ドルは強いと思っています。ＦＲＢの財務内容は、日銀に比べれば段違いに健全です。健全というのはいいすぎかもしれませんが、少なくとも日銀より断然まとも、です。

　コロナ禍でも米国企業群のＧＡＦＡ（グーグル、アマゾン、フェイスブック、アップル）は頑張っています。日本の儲け頭のトヨタ自動車が２０２０年４－６月期でやっと黒字を確保したのと大違いです。米国は、情報と石油という、これからの世界経済に必要な二大資源を押さえています。そして直近では新型コロナウイルスに対するワクチンまで握りそうです。ドルがなければ、ワクチンも買えません。

　さらに、ドルは基軸通貨です。基軸通貨とは「刷れば世界の財がなんでも買える」という意味で、最高の国益なのです。

　先に述べたように、コロナ禍で世界中が財政出動して中央銀行が財政ファイナンスを行っているなか、法定通貨の価値が下落する可能性は大です。そのコストはハイパーインフレというような形で、その国の国民が負担します。

　一方、ドルは、基軸通貨であるがゆえに米国民だけでなく、世界中の人々がそのコストを負担するのです。よって米国は他国より自国民に降りかかるコストが低いともいえます。基軸通貨を持つ国益は、こんなところにもあるのです。その基軸通貨の地位は、通貨が強くないと保てません。米国が「基軸通貨の地位を奪われる」ような行動をとるはずがありません。物々交換の世界にならない限り、世界中の法定通貨が弱くなっても、世界で最低一つの法定通貨は生き残る。それは間違いなく、基軸通貨のドルだと私は思うのです。

## 邦銀が米国債を売っても、ドル売り円買いが起こるわけではない

為替レートを決める基本要因は国力だと申し上げましたが、細かくいえば、いろいろあります。金利差、経常収支、資本収支、社内レート、市場参加者の思い込み、為替介入などです。

まずは資本収支。日本人が株式投資などの直接投資を米国で行えば、円が売られてドルが買われるので、ドル高／円安が進行し、逆に米国人が日本に投資すれば、ドル安／円高が起きます。これについて、少しお話ししておきたいと思います。

時々、コメンテーターやマスコミが誤解しているので、ご説明しておきます。最近はちょっと減りましたけど、「日本の銀行が米国債を売却した。ドル売り円買いが起きるぞ」との記事です。「日本の銀行が米国で米国債を買ったり融資を行う際には、円をドルに換えて、その原資とする」ことはほぼないのです。ドル運用にはドル調達で、あまり為替リスクを取りません。ですからドル投資をやめても、ドル売り円買いが起こるわけではなく、単に原資のドル資金を金融市場に返すだけなのです。

ここが米銀とは大きく違います。米銀はユーロ調達でドル投資をするとか、円で調達してドル運用するとかの為替のポジションを積極果敢に取ります。それが日米銀行の収益力の大きな差の一つだと私は思っています。

邦銀が為替リスクを取らないのは、日本が真の「株主資本主義体制」ではないのが一つの理由でしょう。株主資本主義なら、儲けが少ないと経営陣はすぐクビになってしまうからです。その他、会計の問題、そして昔の為替のポジション規制（各行、午後3時時点で持てる為替の額が決まっていた）の後遺症などいろいろあると思いますが、本書の趣旨ではないので、ここでは省きます。

## 円安が予想されると、日本株は上がる

期末が近づいてくると「米銀が利益を本店に送るリパトリエーション（本国への利益送金）が起こるぞ。したがって円売り／ドル買いが起きる」という解説をよく耳にします。

でも、それは誤解です。米銀は、徹底的な時価会計が採用されています。簿価会計など前世紀の遺物です。保有資産、保有負債を毎日評価し、毎日損益が出ています。期末にまとめて利益計上することなどないのです。期末に利益計上をしない以上、その日にドンと大きく本国へ送金などすることもないのです。本国への送金は、銀行によって違うでしょうが、毎日とか毎月とかそういうスパンではないかと思います。

以前はよく「円安が予想されると損を被り、耐えられなくなった外国人の撤退で、日本株が売られるぞ」などという奇妙な分析をするアナリストや評論家がいたのですが、逆です。現在

はそういうコメントも、ほぼなくなりましたが、円安になると、日本株は上がります。円安になると、日本経済の見通しがよくなるからです。

通常、外資系金融機関の日本株担当と為替担当は分かれていますから、円安予想が一般的になると、日本株担当者は景気好転を見越して日本株を買うでしょうし、為替担当者は円保有で損をしないように、先物のドルを買ってヘッジをするのです。

実務を知らないコメンテーターが「円安になると日本株が売られます」などとトンチンカンなコメントをするのです。

## 社内レートも為替の動向を決める一要因

輸出額が輸入額より多い日本において、「社内レートがこのあたりだから、これ以上の円安になるにはエネルギーが必要。かえって円高になるだろう」というような記事を見ることがあります。社内レートとは、各企業が予算を組む際に想定する為替レートです。

例えば社内レートが107円30銭と決まっている場合、それ以上の円安になれば、輸出企業の財務部為替担当者は、すぐに輸出で得るドルを売ろうとするでしょう。製造・営業がせっかく稼いだドルを、予算以下で売らざるを得なくなるのはとんでもないとの判断です。為替で儲けてもボーナスがそれほど増えるわけのない日本企業の為替担当者が、損をして減点になるのを避けるのは当然の行動です。米系なら為替担当者が為替で儲ければ多額のボーナスが出るでしょうから、社内レートを超えたからといって、即座にドルを売却することはないと思います（大損すればクビでしょうが）。そのような理由で、輸出企業の多い日本においては、社内レートを超えてドル高に突き抜けるには、それなりにエネルギーが必要なことも事実です。しかし、それを超えると抵抗がない（すでにドルを売りたい人は売ってしまっている）分、ドルが上昇しやすいという点もあります。また、後で述べますが、直物《じきもの》と先物のドル／円レートは異なります。あくまでも先物レートが社内レートを超えたときに、売り圧力が出ると理解してください（ここで、ご理解できなくても、後で先物レートを学べば、理解できるようになると思います）。

## 「有事の円買い」は変わりつつある

２００１年９月11日の米国同時多発テロ事件以前は、何か有事があるとドルが買われ、マーケットでは「有事のドル買い」といわれていました。それが同時多発テロで「有事のドル売り」に変わってしまいました。

株式マーケットには「近くの戦争は売り、遠くの戦争は買い」という格言もありますが、まさに米国にとっては「近くの戦争」だったからでしょう。

ところが、東日本大震災のとき「有事の円買い（＝ドル売り）」が起きました。「近くの戦争は売り」と同じ発想で「円が売られるか」と思いきや、逆に円が買われたのです。円資金が必要になった日本企業が外貨建て資産を売却して日本に戻したのかもしれません。

しかし、これは有事で円が魅力的になったのではなく、有事後の資金繰りに備えるために海外資産を売却し、円に戻したにすぎないでしょう。

ただ米国では有事でドルが売られたのに、東日本大震災という日本の有事でさえも円買いが起きたので、「有事の円高」との思い込みが継続したのだと思います。

海外では２０１９年あたりから、また「有事のドル買い」といわれ始めており、２０１９年などは他通貨に対してはドル高が進んだのに対し、日本だけはまだ「有事の円買い」の言葉を信じている人も多いようで、２０１９年にドル安が進んだ数少ない国なのです。

私自身は「有事の円買い」は単なる「パブロフの犬」的現象で、今や日本人の短期トレーダー（＝デイトレーダー）がそういう反応をしているにすぎないと思っています。

ただ、コロナ禍以降、「有事の円高」の動きは弱くなってきたように思います。

何はともあれ、為替とは一種の美人投票的なところがあります。例えば「雨が降れば、ドルが上がる」と70％の人が信じていれば、雨が降れば、やはりドルが上がるのです。

しかし、それが非合理的だと思うときは、逆張りをするのが利益を上げる秘訣です。いずれファンダメンタルズ（基礎的要件＝国力）に即した動きに戻るからです。

## 「円売り介入」は無制限にできるが、「円買い介入」には限度がある

この数カ月はコロナ禍でドル／円はほとんど動いていませんし、2019年も稀に見るほど動かない相場が続きました。しかし、動くときは動くのです。

1997年1月には115～116円だったドル／円は、1998年の6月には145円まで上昇したのです。

個人の海外直接投資が解禁になり、やっと自由化となった1998年の外為法改正、97年から始まったアジア通貨危機やロシア危機がその理由だったと思います。そのときは「為替介入」が行われました。それ以外でも為替が大きく動いたときには為替介入が行われます。

為替介入があると、「日銀がドル買い介入を実行した」とコメントをされる方がいらっしゃいますが、為替介入は財務省の頭脳とお財布で行われます。日銀はトレーディングルームこそ持っていますが、事務方にすぎません。為替業務を代行しているだけです。

ですから為替介入は、財務省（＝政府）が行ったというのが正しい理解です。

「円買い介入」と「円売り介入」は、政府にとって難度が違います。

「円高防止」のために「円売り介入」は、円を売ってドルを買うのですから、無制限にできま

す。売るべき円は、異次元緩和と同様、刷ればいいだけなので、無限に作り出せるからです。

一方、「円買い介入」で売るべきドルには、限りがあります。財務省の持っている外貨準備額は2020年7月末現在で1兆4024億ドル（約150兆円）。介入できるドルは、それが限界だからです。

どうしても足りなくなったら、FRBから借りられるかもしれませんが、外貨準備がなくなった段階では、いろいろな条件を突きつけられるなど、そう簡単ではないはずです。

## 為替の動きを決めるのは「日米の金利差」と「経常収支」

為替の動きを決める二大要因は日米の金利差と経常収支だと、長いトレーディングの経験から思います。

かつて、金利差と経常収支が同じ方向に、例えば両方ともがドル安方向とかドル高方向になったことは、私の記憶ではほとんどありません。金利差が広がってドル高方向と思ったら、経常収支のほうは黒字が大きくなり、ドル安要因となったりしたのです。

今後、もし日米の金利差が広がり、そして経常収支が赤字になった場合は、円安がかなり進むのではないかと思います。逆に日米の金利差が縮小し、経常収支がすごい黒字になれば、円高が進むと思うのです。

## 国際収支で覚えておくべき分類

金利差については、為替の先物の話をしてからのほうが理解しやすいと思いますので後に回し、ここでは「国際収支」に関してお話しします。

国際収支は細かく分けられていますが、基本的には「経常収支」と「資本収支」の2つだということと、経常収支は「貿易・サービス収支」と「所得収支」に分かれるということを覚えておいていただきたいと思います。

ポイントは「貿易・サービス収支」か「所得収支」。この合計が経常収支で、その他に「資本収支」があるということ。

「貿易・サービス収支」とは、サラリーマンでいえば「給料・ボーナス」みたいなものです。貿易収支とは、税関を通るモノの収支。サービス収支とは、旅行とか特許、運送のようなサービスの収支で、税関を通りません。儲かれば、それを海外に投資する。それは資本収支に計上されますが、その投資から生じる利息や配当が所得収支です。

## 日本は貿易立国ではなく所得収支立国

皆さんの多くは「日本は貿易立国」だと思っていらっしゃるのではないでしょうか。

2020年7月8日の日経新聞夕刊に「経常黒字、5月27%減に」という記事が載っていました。この記事は5月の国際収支統計に関してなのですが、「海外とのモノやサービスなどの取引状況を表す経常収支の黒字は1兆1768億円」と書いてあります。しかし、中身を見ると、貿易収支は5568億円の〝赤字〟、サービス収支は925億円の〝赤字〟、モノもサービスも赤字なのに、何が「モノやサービスなどの取引状況を表す経常収支が黒字」なんだ、と思います。「モノやサービスなどの取引状況を表す」のなら黒字ではなく、赤字のはずです。言葉をきちんと理解していないから、このような文章になったのでしょう。

経常収支が黒字だったのは、外国との投資のやりとりを示す第1次所得収支が2兆4334億円と大きな黒字だったからであり、モノやサービスは赤字なのです。

2020年8月11日の夕刊にも6月の経常収支の記事が載っています。こちらも前月と同じです。「海外とのモノやサービスなどの取引状況を表す経常収支の黒字は1675億円と前年同月に比べ86・6％減った」と書いてあるのですが、モノの収支（貿易収支）は773億円の赤字、サービス収支は1577億円の赤字で、ちっとも黒字ではありません。経常収支が、モノもサービスも赤字だったのに、黒字だったのは、第1次所得収支が4264億円の黒字だったからです。日本はもはや貿易立国ではなく、所得収支立国なのです。

新聞は「海外とのモノやサービスなどの取引状況を表す経常収支の黒字は」と書くのではなく、「所得収支を表す経常収支の黒字は」と書き改めるべきです。日本の経済構造が変わった

図表6-2 国際収支の推移

| | 経常収支 | 貿易・サービス収支<br>（モノ サービス） | 所得収支 |
|---|---|---|---|
| 1985年<br>（年度） | 125,731 | 112,539<br>（134,463 −21,924） | 13,192 |
| 1990年<br>（年度） | 55,778 | 42,588<br>（102,836 −60,248） | 13,190 |
| 2000年<br>（暦年） | 140,616 | 74,298<br>（126,983 −52,685） | 66,318 |
| 2010年<br>（暦年） | 193,828 | 68,572<br>（95,160 −26,588） | 125,256 |
| 2019年<br>（暦年） | 201,150 | 5,060<br>（3,812 1,248） | 196,090 |

（単位：億円）

のですから、前例丸写しの枕詞を使うのは、改めるべきです。

## 国際収支の推移

図表6－2を見ていただきたいのですが、1985年は、確かにまだ「モノ＋サービス」の黒字が大きかったのです。経常収支の黒字の大部分は「モノ＋サービス」の黒字でした。特に、モノの黒字、すなわち貿易収支の黒字が大きかった。サービス収支はマイナスですが、モノの黒字が大きかったから「モノ＋サービス」は大きな黒字だったのです。ですから、当時は、確かに日本は貿易立国だったのです。

ところが、次第にモノの黒字は減っていき、2019年など、たったの3812億円です。

ただ、外国人観光客によるインバウンドのおかげだと思うのですが、サービス収支の赤字が減ってきて、2019年は1248億円の黒字になっています。したがって「モノ＋サービス」の黒字は5060億円の黒字です。しかし経常収支20兆1150億円のうちの、たった5060億円の黒字なのです。もういい加減に「モノやサービスなどの取引状況を表す経常収支の黒字」ではないことを認識すべきです。

## 貿易立国との表現は国益を損なう

なぜ私が、「モノやサービスなどの取引状況を表す経常収支の黒字」との記述を気にするのか？　それは国益にかかわると思うからです。

日本は経常黒字が大きいことで、昔から米国をはじめとする他国に責められていました。「モノ＋サービス」の黒字が大きいと、他国の人たちの就業機会を奪っていることになります。日本で作ったモノを米国に輸出することは、本来は米国で作ってしかるべき米国での生産を妨害している、すなわち米国内の工場が閉鎖され、米国人の就業機会を奪っていることになるからです。失業の輸出です。ですから大きな貿易黒字は、他国からの攻撃対象になるのです。

一方、所得収支とは、投資に対するリターンです。投資は、（日本人はちょっと感覚が違うのかもしれませんが、他国の人たちには）歓迎なのです。新興国はもちろん、トランプ前大統領も歓迎していました。彼は「米国企業よ、米国に戻ってこい。日本企業よ、米国に来い」とのスタンスでしたよね。それは米国人の雇用を増やすからなのです。

また、企業の持ち主は株主であり、株主は国籍に関係がないからです。日本人は企業の国籍をえらく気にしますが、欧米人は気にしません。雇用機会を国民に与え、税金をその国に払ってくれる企業が、その国にとってよい企業なのです。

直接投資だけでなく、株式市場や国債市場に、外国のお金が入ってくることも歓迎です。買い手がたくさんいれば、株価や国債も安定的に消化ができ、価格も上昇するからです。

投資資金がたくさん入ってくることの結果が所得収支ですから、所得収支が大きいのは歓迎こそされ、けなされたり、攻撃されたりすることはないのです。

私が「日本にとって円安が必要ならば、外国は円安を許してくれるはずだ」と主張しても、外国から「近隣窮乏化政策だ」と怒られると、皆ビビるのです。

確かに「モノ＋サービス収支」が大きいのなら、円安は「近隣窮乏化政策」ですが、今はそうではないので、ビビる必要はないのです。「日本は世界断トツのビリ成長だ。景気対策のために円安が必要だ」と強く主張すれば、他国は「ああ、そうだな」といってくれるはずです。

「お前はもっと円安にして、経常収支をもっと大きくしたいんだな」などと他国から怒られるのは、「モノ＋サービス収支」が大きいときだけなのです。

だからこそ、皆がその認識を持つように、新聞はきちんとした枕詞を使うべきなのです。

## 米国は純債務国なのに所得収支は黒字

米国は非常に大きな「対外純債務国」です。純債務国とは、投資より借金のほうが多いということです。

一方、日本は世界最大の債権国で、先ほど述べたように所得収支の黒字が大きいのです。一般的にいって純債務国だと、海外に支払う配当金や利息が大きくなり、所得収支が大きな赤字になってしまいます。その結果、経常収支も大きな赤字になります。

ところが米国の所得収支は、なんと黒字なのです。米国の場合、海外に出ていくお金は直接投資や株式投資です。狩猟民族だからなのでしょうか、リスクを取っていますから、受け取る配当金や利息額も大きいのです。

一方、投資として入ってくる資金は、債券投資が主なのです。日本から米国への資金流入は、まさにそうです。支払利息は配当金等に比べれば、かなり少ない。リスクを取っていないのですから、少なくて当たり前です。

要は、米国による海外投資は、リスクを取っている結果、高い配当金を得る。一方、米国への投資は、リスクが低い債券投資が主体なので、支払う金額は少ない。結果、純債務国なのに投資リターンのほうが大きくなり、所得収支が黒字になるのです。米国人のリスクを取りに行くメンタリティが、米国が強い一因だと思います。

## 米国が経常赤字でもドルを垂れ流すワケ

米国は「双子の赤字だから弱体化する」と主張する人がいますが、ドルは基軸通貨です。経済が発展すると、それに見合うだけのお金を供給しないと、世界でドルが足りなくなってお金の価値が上がってしまいます（＝デフレになる）。昔の日銀は、成長通貨といって、経済成長の分、通貨供給を増やしていました。そのような回収する必要のないお金の供給のときだけ、長期国債を購入していたのです。それと同じです。日銀は日本経済の拡大に合わせて、円を供給しなければなりませんが、米国は、世界経済の拡大に合わせて基軸通貨ドルを供給しなければなりません。そうしないと、世界中がデフレで苦しむことになるからです。

ただ現在はＦＲＢ、そして日銀も、経済成長以上の通貨を大量に供給しています。これはこれで大問題なのです。

## なぜ今、円はかつてより強いのか

１９７９年、エズラ・ヴォーゲル・ハーバード大学教授が『ジャパンアズナンバーワン』（テイビーエス・ブリタニカ刊）という本を出版しました。「日本経済は世界最強、日本を見習え」との内容の本でした。私も1978年から80年まで米国のビジネススクールに行っていましたが、最強の日本経済に救われました。ビジネススクールでは、授業中に発言をしないと点をくれず、落第してしまう。私は英語下手だからなかなか発言できなかったのですが、幸いにも、日本の経営手法などを教授や生徒が皆、聞きたがりました。それゆえに「日本ではこうしている」と話すことにより発言点がもらえて、落第しなくて済んだのです。1970年代後半から80年代にかけて、日本はもう最盛期だったわけです。

当時の米国は「あの国はもう終わった」といわれるぐらいに低迷していました。当時は1ドル＝240円くらいです。当時から今までの40年間、日本は世界最低のビリ成長。名目GDPは2・2倍にしかなっていません。一方、40年前に「もう終わった」といわれた米国は、情報と石油の二大資源を抱え、まさに堂々たる世界一の経済大国に返り咲きました。

米国はもともとの図体が大きいので、成長は難しいはずなのに、名目GDPは7・5倍になりました。

世界ナンバーワンといわれた日本が全く成長できず、もうダメだといわれた米国経済が大復活したのです。当時の1ドル＝240円が適正だったのなら、今頃1ドル＝300円でも400円でもおかしくなかったはずです。それなのに逆に円が強くなり、ドルは弱くなってしまいました。これが日本経済低迷の主たる理由の一つだと私は思っています。

本来、為替は経済の通信簿のはずです。学力が5から1まで落ちてしまったのに、通信簿の5段階評価は3から5に上がってしまったようなものです。これでは塾にも行かず、補習も受けずで、学力はますます落ちてしまいます。

円が強すぎたからこそ、日本は断トツのビリ成長しかできなかったのだろうと思うのです。

## なぜ英ポンドはかつてより弱いのか

1982年に私が三井信託銀行ロンドン支店に赴任したとき、1ポンド＝440円近辺でした。当時の英国経済は「英国病」と揶揄されていました。

その英国は、サッチャー改革を機に大回復。一方、日本は今や世界から「日本病」と揶揄されています。ポンドが強くなり、円が弱くなって当たり前なのに、今や1ポンド＝140円近辺。逆にポンドが弱くなり、円が強くなっているのです。

このことも、私が円が強すぎると主張する理由です。

そうはいいながら、今の私は「円安がよい」という発言は控えています。

今、円安が始まると歯止めが利かなくなり、ものすごく円安が進んで、Xデイの引き金を引いてしまう可能性があるからです。さすがに私も、Xデイの引き金は引きたくありません。

日本経済が低迷していた最大の理由は、日本が社会主義的な経済運営をしてきたからだと強く思っていますが、それは戦略的な問題で、戦術的な問題としては「国力に比べて強すぎた円」だと思っています。

## 円が暴落すると、どうなるか

私はXデイが来た後は、円が大暴落し、その数年後には日本経済は大回復するといっています。例えば1ドル＝80円が1ドル＝1000円などに暴落したらどうなるかを考えてみましょう。

今、レクサスを国内で作るコストを300万円としましょう。1ドル＝80円の円高のとき、北米市場で5万ドルでレクサスを売っている。このときの収入は5万ドル×80円で400万円です。ですから、100万円儲かります。

次に円が大暴落して、1ドル＝1000円になったらどうか。売価が5万ドルのままなら5000万円の収入ですから、4700万円の大儲けです。正確にいえば、円安になれば原材料である鉄鉱石とか石炭の値段も上がりますので、製造コストも上がり、そこまでの儲けではなくなるでしょうが、細かい点はさておき、大儲けには違いありません。

ただトヨタ自動車が今現在の儲けの最大化を図るよりも、戦略的にこの機会に「北米でのシェア拡大」を目指す可能性もあります。「1ドル＝80円時代と同様、100万円の儲けで充分」ならば、北米市場でレクサスを4000ドルで売れることになります。4000ドル×1000円で400万円になりますから。

昨日まで5万ドルで売られていた高級車レクサスが4000ドルで買えるようになれば、米国人の多くは、レクサスを買いに走るでしょう。

ということで、円安になれば、日本のモノは売れる。貿易立国として復活です。日本の技術で高品質のうえに安くなるわけですから、バカ売れでしょう。

## 中国が大躍進した理由

次に中国の話をします。図表6－3の通り、1980年に1人民元は150円もしました。ところが、今は1人民元を15円50銭ぽっちで買えます。人民元の値段は約10分の1になったのです。

ドル/円でいえば、1ドル＝100円だったものが、1ドル＝1000円になったようなものです。これなら中国が世界の工場になるのは当たり前です。前項で1ドル＝1000円になったときのトヨタ自動車の業績のお話をしましたが、それと同じです。

実際の給与水準は知りませんが、日本人の給料が月20万円。昔も今も20万円。中国人の給料

**図表6-3　円／元レートの推移**

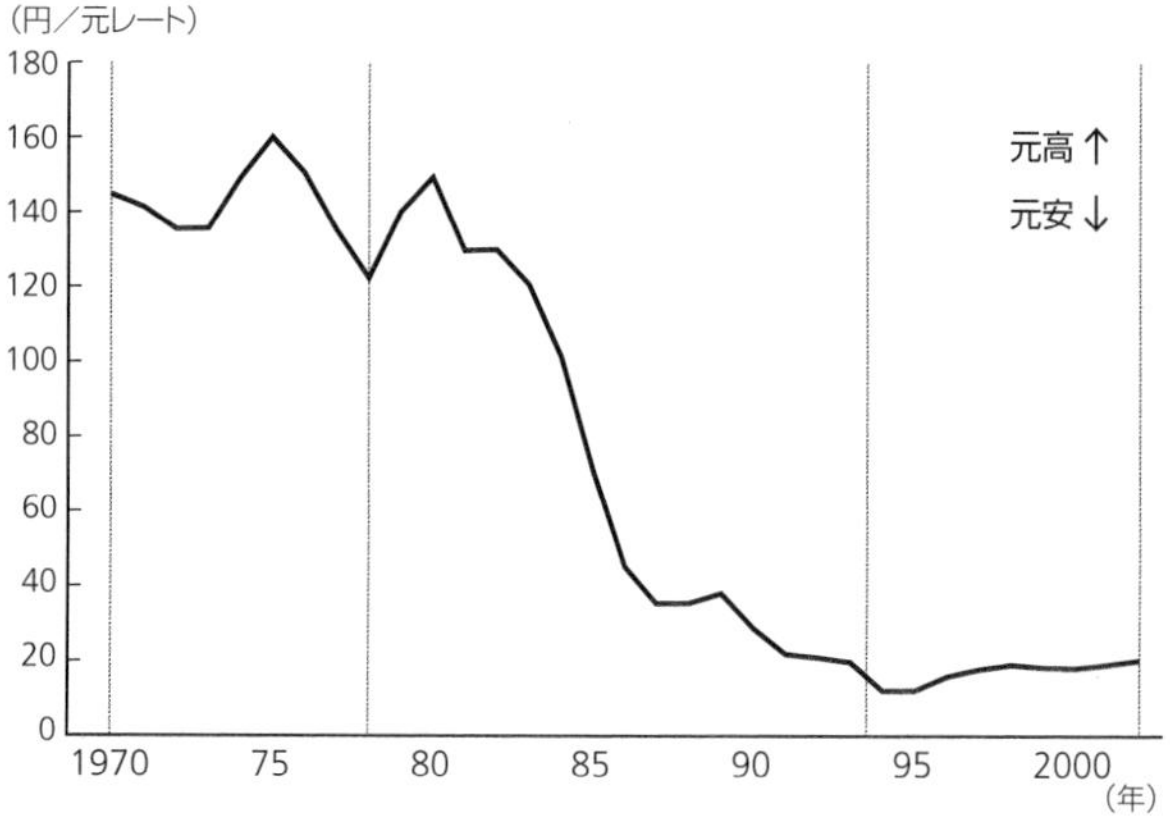


出典：日本銀行調査月報2002年5月号P185

が昔も今も月７００人民元だとします。

日本の企業が１９８０年に中国人を１人雇おうとすると、７００人民元×１５０円で10万５０００円かかります。日本人20万円対、中国人10万５０００円。確かに中国人のほうが安いですが、「ま〜、無理して中国に進出する必要ないな。日本で生産を続けようかな」と日本人経営者は思うかもしれません。

しかし１人民元15円なら、中国人１人１万５０００円で雇える。ならば「中国に進出して日本人の代わりに中国人を雇おうかな？」と思うのは道理です。

円が強くなり、日本人のコストが相対的に上がってしまったので、日本人労働者は仕事を失っていったのです。もしくは日本人の給料は上がらなくなってしまったのです。

## 人民元が安くなり、中国人は豊かになった

前項で見たように１９８０年に１５０円もした人民元は、今や15円50銭ぽっちになりました。約10分の1です。通貨が10分の1になったら、海外旅行など高くて行けなくなるはずです。

１ドル＝１００円のとき、１０００ドルかかるハワイ旅行は10万円ですが、円が10分の1の１ドル＝１０００円になったら、１００万円もかかるのです。

しかし、コロナ禍が始まる前、中国人は日本に大挙して押し寄せていました。おかしくないですか？

実は中国は、安い人民元を活用して世界の工場になりました。そのおかげで１９８０年に比べ、中国の名目ＧＤＰは１９７倍にもなりました。

日本の名目ＧＤＰは２・２倍にしかなっていないのに、えらい違いです。

前にもお話ししましたが、一般的にいえば、名目ＧＤＰが２・２倍となれば税収も２・２倍になり、（人口が変わらなければ）１人あたりの収入も２・２倍になるのが普通です。この40年間で日本国民が２・２倍豊かになったのに対し、中国人は約２００倍豊かになっていることになります。

安い通貨のおかげで世界の工場になり、名目ＧＤＰが約２００倍になったからです。約２００倍豊かになれば、通貨が約10分の1になっても海外旅行は安いものです。20倍豊かになった

のと同じですから。ですからコロナ禍前、中国人旅行客が日本にあふれていたのです。

また、人民元安なので、米国で働きドルで給料をもらうと、人民元ではかなりの額になります。中国人は皆、勉強して米国に渡って稼ぎたいと思ったはずです。そして米国の最新技術を学んで中国に帰る。そんな人たちをウミガメと呼ぶのですが、彼らの存在も、中国の発展に大いに役立ったと思います。

米国で学んだ技術や資本主義思想で、中国経済を強くしていったのです。

中国を見ていると「経済政策として、為替は本当に重要なのだ」と感じます。日本の政治家は全くわかっていないと思います。

## 中国の巧みな為替政策

「円が強いほうがいい」という円高論者は、少なからずいます。通常、弱い円のときに景気が回復していくと、それに伴って円高が進みます、というのが正しい表現かもしれません。

それを見て「円高がいい」とおっしゃるのでしょうが、いいのは「景気がいいこと」であり、円高はその結果のはずです。

円安政策を取ると、「近隣窮乏化政策」と他国から文句が来ますし、新聞もそう書きます。また、「通貨戦争」という言葉も時々、新聞に載ります。「自国通貨を弱くさせる」という意味で使われる表現で、自国通貨を高く誘導するときには、その国が「通貨戦争をしかけている」などとは誰もいいません。

近隣窮乏化政策も通貨戦争も、自国通貨を安く誘導しようとするときに、相手国から非難として使われる言葉です。これらの言葉の使い方からしても、景気が悪いときは「円安のほうが、望ましい」のは明白だと思います。

通貨を強くする必要があるときとは、インフレを抑制しなくてはいけないときです。

日本は1971年12月のスミソニアン協定で1ドル＝360円の固定相場制を放棄してから、多少の高低はありましたが、トレンドとして円高がずっと継続し、2011年には1ドル＝76円にまでなりました。

1ドル＝360円時代以降、米国から「円高にしろ」との圧力を受け続けました。日本は米国のいうことを聞き続けたのです。しかし、中国は米国からの圧力に対し、お茶を濁す程度にしか聞いてきませんでした。円を強くしすぎて国力を急速に落としていった日本に学んだからでしょう。また日本と違い軍事力を持っていましたから、米国のいうことをはねつけられたという点もあったでしょう。そして最大の理由は、今まで中国には人民元を強くするメリットがなかったせいだと思います。

日本には、米国からの圧力だけではなく、日本自身にも円高によるメリットが存在したのです。インフレを抑えるというメリットです。特に完全雇用のときには、インフレを抑える手段は通貨高が一番効果的です。

日本は完全雇用でしたから、インフレを抑えるための通貨高が必要だったのだと思います。

一方、中国は、まだ完全雇用ではありません。安い労働力が、地方にまだ豊富に存在するのです。ですから通貨高にするメリットがないのだと考えられます。

米中貿易戦争において、米国が関税を上げるのなら、中国は人民元を安く誘導して輸出を守るだろうと思います。日本は通貨を動かせないと思っている人が多いようです。確かに国力に合致した通貨を動かすのは大変ですが、国力とかけ離れた通貨を元に戻すのはそう難しいことではありません。特に中国は、実需以外の海外との資金移動を厳しくとりしまっているので、為替の操作が日本よりよほど容易に行えるはずです。

**Q　ドル／円の現在の107円程度は適正な交換レートでしょうか？**

**A**　私は、107円はものすごい円高だと思っています。これまで見てきたように、日本は40年間で世界で断トツのビリ成長。それは円高すぎたせいだと思います。

よく実質為替レートで適正レートを議論する方がいらっしゃいますが、いつと比べるかによって、逆の結論を導き出せます。私が大学生の頃は1ドル＝360円の固定為替レートだったわけですが、そのときと比べれば、今の107円だろうが、150円だろうが間違いなく円高です。国力に比べて今は通貨が強すぎる。だから、修正があってもおかしくないと私は思っています。

それ以上に日銀財務が極めて脆弱です。そういうことを考えると、円はかなり安くなってもおかしくないと思っております。ただし、ポジションを持つ場合は、あくまでも自己責任でお願いいたします。儲かるとお礼もいってくれないのに、損すると人のせいにする方が余りに多いので（笑い）。

# 第7章 為替先物をマスターする

## 直物市場・先物市場とは何か

今、直物市場が1ドル＝110円だと仮定します。

直物市場とは、今日契約してすぐ決済が行われる市場のことです。皆さんが銀行やホテルの店頭または両替商でドルと円を交換する場合、即時にやってくれます。しかし、為替の変動リスクを含め、かなり高いコストを払わされます。ドルを買うときは直物市場よりかなり高いレートで、売る場合にはかなり安いレートでの取引となるのです。

一方、プロ同士の売買の場合、または個人でもお札の交換がなければ、契約した直後に決済も終了するというわけにはいきません。その代わりレート市場価格とほぼ同じか、わずかな差になります。この決済までの時間は短縮化が図られていますが、それでもお札での決済のような即時性はまだ実現していません。

円の決済は日銀で、ドルの決済はＦＲＢで行われるからです。

ただ即時性はないのですが、これも契約と決済がほぼ同時ということで「直物取引」だと理解してください。

先物市場とは、他の先物市場と同様、「契約は今日するが、決済は将来」という市場のことです。自動車会社が1年後に、米国で売れた車の代金のドルが入ってくることがわかっている。それを今日の段階でレートを決めておきたいな、と思うときに利用するマーケットです。

## 1年後の先物ドル／円レートを計算する

直物市場のドルが1ドル＝110円。円金利は1％、米金利は5％のときの、1年後の先物のドル／円レートはいくらになるかを計算してみたいと思います（図表7－1）。

このような条件の場合、皆さんが銀行に行って「1年後にドルを買いたい。今レートを決めたい」といったときに、銀行がいくらのレートを提示するかの計算です。

今110万円を銀行から借りたとします。円の金利は1％ですから、1年後には銀行に1111万円を返さねばなりません。今日、借りた110万円をドルに転換します。直物は1ドル＝110円ですから1万ドルを手にします。この1万ドルを運用すると1年間のドル金利は5％ですから1万500ドルになるわけです。

### 図表7-1　ドル／円の1年後の先物レートを計算①

ドル／円=110　円金利 1%　ドル金利 5%

1,100,000円 × 1.01 = 1,111,000円

10,000ドル × 1.05 = 10,500ドル

10,500ドル × @110 = 1,155,000円

10,500ドル × @109 = 1,144,500円

10,500ドル × @108 = 1,134,000円

10,500ドル × @107 = 1,123,500円

10,500ドル × @X = 1,111,000円

**X = 105.80**

この一連の取引は儲かるか、損するか？　1年後に手にする1万500ドルを円に換算して手にする円が、返済額の111万1000円より大きければ儲かるし、少なければ損するわけです。

もし銀行の提示する1年後のドル／円のレートが、今の直物と同じ1ドル＝110円ならば、1年後に手にする1万500ドルを円に替えると115万5000円になります。返済額の111万1000円より大きいですから、儲かります。儲かるのであれば、同じことをする人間がたくさん出てきます。何度か出てきた裁定者ですね。

日本の金融のすごく偉い先生が「こういうときにはドル金利が下がったり、円金利が上がったり、またはこの先物の為替レートが変わり調整される」などと為替の教科書入門編に書いていましたが、とんでもないです。それで文句をいったことがあるのですが、米国や

日本の短期金利市場は、為替の先物のレートがいびつだからといった理由では動きゃしません。

短期金利市場の規模がどでかいので、為替の先物レートがいびつだからといっても、その影響など微々たるものでしかないのです。また円金利やドル金利は、中央銀行が決めているのであり、こんな裁定者の行動くらいでは微動だにしないのです。

唯一、裁定者のアクションで動くのは、先物レートなのです。1年後のドル／円レートが変わることによって、調整されていくのです。

1年先の為替先物レートが110円だったら、裁定者が出現する。ほぼノーリスクで儲かってしまうのですから。1年後のドル／円レートが109円でも、108円でも、107円でも裁定者は現れる。裁定者がいなくなるのは、105円80銭なのです。

つまり、借りることによって支払う円と、ドルで運用して円に戻したときに受け取る金額が同じになるレートまで先物は下がっていくのです。

これが先物レートです。要するに、円で運用しようとドルで運用しようと同じになるような、1年後のドル／円レートということです。皆さんが銀行に「1年後のレートを提示してくださいよ」といえば、このレート（この例でしたら105・80円）を提示されるわけです。

## ドル金利の条件を変えて計算する

**図表7-2　ドル／円の1年後の先物レートを計算②**

ドル／円=110　円金利 1%　ドル金利 11%

1,100,000円 × 1.01 = 1,111,000円

10,000ドル × 1.11 = 11,100ドル

11,100ドル × @110 = 1,221,000円

11,100ドル × @109 = 1,209,900円

11,100ドル × @108 = 1,198,800円

11,100ドル × @107 = 1,187,700円

11,100ドル × @X = 1,111,000円

**X = 100.09**

前項の例と他の条件は同じで、ドル金利だけが5％ではなく11％だったと仮定して1年後のドル／円レートがどうなるか、計算してみましょう（図表7－2）。日米金利差がより開いた場合ですね。

同じ計算をやります。

円金利は1％ですから、1年後には銀行に1111万1000円を返さなくてはいけません。

一方、手にした1万ドルを運用すると、1年間の米金利は11％ですから、1年後には1万1100ドルになります。このとき裁定者がいなくなる1年後のドル／円レートは図表7－2の通り、100円9銭になるのです。

## 日米の金利差が開けば、大量の先物ドル買いが入る

以上の2つの計算例を比べてみると、わかることが

あります。

まず一つは、日米金利差が4％から10％に開けば、先物のドルが安くなるということです。1年先の先物レートが金利差4％のときは１０５円80銭だったものが、金利差が10％に開くことによって、１００円９銭に下がったのです。これは何を意味するか？

金利差がべらぼうに開くと、1年先の先物レートもべらぼうに下がるということです。金利差がべらぼうに開いた結果、1年先のドル／円レートが1ドル＝50円だとします。今日、直物は1ドル＝１０７円。みずほ銀行に行って「1年後のレートを提示してください」と求めたら、50円という回答が来るということです。

くどいようですが、先物とは、今日値段を決めますが、決済は1年後です。たとえば仮に、今日、1年後に1ドルを50円で買う約束をしてしまうのです。その間、どんどんドル安・円高が進んでいった。その結果、1年後の直物は1ドル＝70円だった。私は万歳！　です。そして、みずほ銀行から1年前に1ドル＝50円で買う約束のドルを、決済して手に入れる。それを直物の70円で売れれば、1ドルにつき20円儲かるからです。

この例からわかるように、金利差が開くと、ドーッと先物のドル買いが入ってくるのです。儲かる確率が上がるからです。

為替が丁半博打だったら（もちろん違いますが）、ものすごく確率がいいですよね。1年後の直物が50円以上なら儲けになるからです。

1年後の直物が、今日の直物と同じ107円だったら57円の利益、大儲けもいいところです。

## 日米の金利差が開くとドル直物が上がる仕組み

実は、前項で述べてきたことが、日米金利差が開くと瞬時に直物のドルが高くなる理由なのです。マスコミや識者、コメンテーターは、キャリートレードのせいだと説明しますが、キャリートレードなど瞬時にはできません。

キャリートレードとは「低い金利の通貨を借りてきて、それを高い金利の通貨で運用する」というオペレーションで、「借りる」だけでも時間がかかるのです。「ドルと円の金利差が開くと、円債で運用するよりもドル債で運用するほうが儲かる。したがって円債からドル債に乗り換える人が増えるのでドルが買われる」というような書き方をしている為替の教科書もあるかと思うのですが、これでは金利差拡大が〝瞬時〟に直物のドル高に結びつく説明にはなりません。

「こういう動きを見越して投資家が先走ってドルを買う」との説明なら、まだわからないでもないのですが。

それにどれだけの人が、定義通りのキャリートレードをしているかは疑問です。確かに先に述べた財務省のドル買い介入はキャリートレードであり、ミセス・ワタナベと称される個人投資家の行うFXもキャリートレードです。ただし、その他にキャリートレードといわれるような行動をしている経済主体は見つかりません。

ヘッジファンドなども大量に円など借りません。そもそもそんなことをしているはずです。米銀もそんなことはしません。そもそもそんなことをしてバランスシートを膨らませて薄利なら、犯罪者のごとくに（少しオーバーか？）怒られます。ROA（総資産利益率）が下がると株価が下がりますので。

金利差が開いた途端にドル／円の直物が上昇するのは、ヘッジファンドをはじめとする投資家が、一斉にドルの先物買いに走るからなのです。「キャリートレードをする人が増えるからドルの直物が上昇する」との説明は、わかりやすいかもしれませんが、実際は違うのです。

## 先物マーケットには「直物取引」と「幅の取引」がある

ここで疑問を持たれる方も多いでしょう。ドルの先物買いが増えるのはわかる。しかし、なぜそれで直物のドルが上昇するのだ？　と。

例えばソロス・ファンド・マネジメントが先物のドル買いをしたいとJPモルガンにいってきたとします。それに対し、JPモルガンは「1年後のドル／円はいくら」とレートを提示します。

何のビジネスにしろ、ＪＰモルガンが顧客に価格を提示する場合、リスクを取りたくないですから、すぐにマーケットで反対取引をします。そうして鞘を取って利益を確定してしまうのです。為替でも同じです。顧客ビジネスの基本は、顧客と取引したら、マーケットで反対取引を行い、利益をすぐに確定する、です。

会社として大きな勝負をするとき、別にプロップデスク（顧客ビジネスではなく、ＪＰモルガンのお金でＪＰモルガンの利益のために動く。いわば社内ヘッジファンド）という部隊があり、そこで行っていました。私を含めた各支店の資金為替部長以上の経験を持つ人たちで構成された10人ほどの部隊でした。ただ私が退職した後、ＦＲＢの規制の関係で、この部隊は銀行組織を離れ、ヘッジファンドとして独立せざるを得なくなりましたが。

話を元に戻します。顧客ビジネスのチームがソロス・ファンド・マネジメントに1年先の先物レートを提示した後、反対取引をしようにも、「為替の先物」という一つのマーケットはありません。

そこでＪＰモルガンの対顧客ディーラーが行う反対取引とは、「直物のドル買い」と「幅の取引」の2つなのです。「直物」と「どのくらい直物より下がるか」との幅。この2つの取引を行うことによって、反対取引を完結させるのです。

## 先物取引を絵画売買に喩える

為替の先物取引を絵画取引で説明すると、わかりやすいと思います。横山大観の絵がオークションに出てきた。予想入札価格は1億円。私は、どうしても手に入れたいが、1年後にしかお金が入らないので、今は買えない。したがって1年後に買いたいと裕福な画商に頼んだとします（以下、画商の利ザヤは省いて説明します）。

画商は私との決済（=絵の引き渡しとお金の受け取り）が1年後だとしても、今オークションに参加して、この絵を手に入れないと他のお客さんに取られてしまう。そこでオークションに参加し、運よく予想価格の1億円で手に入れることができた。でも私への転売の決済日は1年後だ。そこで1年間は、絵画を美術館に貸し出すこととする。A美術館は1年間で200万円、B美術館は300万円、C美術館は500万円の賃借料を払うという。そこで画商は500万円でC美術館に1年間貸し出すことにした。1年後にC美術館から返ってきた横山大観の絵を私は受け取ります。値段は1億円－500万円で9500万円とします。

この例において、オークションが直物市場、美術館への賃貸料が「幅の取引」となるのです。先物の私の買い（=1年後の私の絵画の買い）が直物市場（=絵画のオークション）に買いとなって現れるとは、こういうことです。

1年分の運用益があれば、先物の値段は安くなるわけですが、ドルという円より高い金利の通貨を持っていれば、1年分より高い運用ができるので、ドル／円の先物価格は直物より安くなるのです。「美術館に200万円で貸せるか、300万円で貸せるか、500万円で貸せるか？」が「幅の取引」。ドルを金利5％で運用したらあまり儲からない。しかしドルを金利11％で運用すれば、より大きく儲かる。ですからドル金利が11％のときの先物は、ドル金利が5％での運用のときより安くなる、のです。

ここまでをまとめますと、ヘッジファンドは日米の金利差が開けば、瞬時に先物でドルを買う。すると瞬時に、直物のドルが買われる。また、それを予想した直物プレーヤーもドルを買う。これが、金利差が開いたときのマーケットの動きです。

ところで第6章で、為替が動く要因について、私自身の経験からは、日米の金利差と経常収支が二大要因だと述べました。前章では、為替先物を説明してから、ということで金利差の話をしませんでしたが、これで日米の金利差が、いかに為替を動かす要因として重要かがおわかりいただけたかと思います。

## ヘッジ付き外債投資は円債投資と利回りが同じ

先物の仕組みを理解すると、いくつかわかることがあります。証券投資の「為替ヘッジ付き投資」と「為替ヘッジなし投資」との違いです。今でこそ、外債も金利が低くなりましたが、少し前までは外債投資のほうが、金利がかなり高かったと思います。「外債投資をしましょうよ、金利高いですよ」とのセールスを証券会社から受けた方も多いことでしょう。

「でも満期のときに円高になったら、損をしてしまう。だったら為替で損をしないように、為替のヘッジ付きの外債投資をしよう」と思い、「為替ヘッジ付き外債投資」をされた経験を持つ方もいらっしゃるのではないでしょうか。

ただ「為替ヘッジ」とは「満期時の先物契約（ドル債だったら先物のドル売り）」をしていることです。

ドル債投資の場合、最終利回りの確定は、満期のときの為替いかんです。運用益と元本を円に戻すときのドル／円レート、すなわち先物のドル／円レート次第なのです。

しかし先物取引を行ってしまえば、すべての不確定要因がなくなり、購入時で円での利回りが決まります。今の直物レート、将来の為替先物レート、ドル債の利回りがすべて確定です。その為替先物レートは「円で運用しようとドルで運用しようと、同じ利回りになるように決まっている」のですから、「為替ヘッジ付き外債投資」の利回りは、円債投資の利回りと変わらないはずなのです。変わっているとすれば「外債だから、または円債だから」ではなく、発行体の信用リスクが高いせいでしょう（リスクが高い発行体の債券の利回りは高くなります）。

投信ですと、運用先が先物を高いときに売ったり、安いときに買い戻したりして、少しでも利回りをよくしようとトレードをする商品があるのかもしれませんが、それはそれでリスクを取っているわけで、原則としては「ヘッジ付き外債投資を買えば、円債の利回りと変わらない」ことは覚えておいていただければと思います。

## 為替先物はどういうときに使うのか

為替の先物には、どういう利用方法があるかをお話しいたします。

企業が多用するのは、実需のヘッジです。自動車メーカーが100億円を使って車を生産し、米国で売り、1億ドルが入ってくる。このビジネスが儲かるか損するかは、もし何もしなければ1年後の為替いかん、すなわち神頼みになってしまいます。

1年後の直物が1ドル＝100円となったら、儲けなしです。100億円の投資で100億円の収入なのですから。1年後の直物が95円にまで下落していれば、100億円の投資で95億円の収入ですから、5億円の損失です。そんな不確実なことはできませんから、先物で損益を確定しようとします。

先ほどの例ですと、今の直物110円。1年物円金利が1%、ドル金利が5%ならば、1年先の先物レートは105円80銭でした。ですから105円80銭で1年後決済のドルを売っておく。

そうすれば、収入は円で105億8000万円となりますので、このプロジェクトの利益も本日、5億8000万円と確定できるわけです。

## ドル預金の満期時に為替先物は使える

ただ、個人の方には前項で述べた使用法が、なかなか難しいのは事実です。先物を使う機会もそう多くはないと思います。個人の方で使えるとすれば、例えばドル預金の利益確定のときかもしれません。先ほどの例で考えてみます（ここでは税金は考慮しません）。

直物が1ドル＝110円のとき、110万円を1万ドルに替えて、金利5％のドル預金をした。満期時には1万5000ドルの利息を受け取り、為替ヘッジはしていないとします。

このようなときに始めたドル預金ですが、預金2カ月後に急にドルが1ドル＝120円まで急騰した。しかし、これは一時的で、どうも1年後には90円まで下落しそうな雰囲気だ。

そうなってしまうと、このドル預金は最終的に損になってしまう。せっかく、今、一時的にしろ1ドル＝120円まで上がっているのだから、この機会を利用して10カ月後（＝満期時）の先物レートを確定してしまおう。こういう使い方が考えられます。

直物120円のときの10カ月後の先物は計算しないとわかりませんが、当然今の直物の120円よりは低いが、外貨預金をした2カ月前の直物の1ドル＝110円よりは高いと仮定しましょう。例えば116円だとします。そうすると、高い金利で運用し、かつ為替でも儲かったのですから、いい運用ができた、ということになるのです。

ただ、銀行にとってみると、為替の先物取引は信用リスクを負うことになりますので、すべての人の要望には応えてくれないかもしれません。

## 外貨預金の為替益が雑所得という問題点

理論的には今まで述べてきた通りなのですが、実務でいえば、税金を考慮に入れなければなりません。ドル預金は為替益が総合課税（所得の合計額に対して累進課税となる）になってしまうのです。所得税率の高い方には、総合課税はつらいです。所得の高い方にはドルのMMF（マネー・マーケット・ファンド／短期金融資産投資信託）のほうがいいよ、と申し上げています。

ドルのMMFは短期の米国債や信用度の高いドル社債で運用している投資信託なのですが、為替益は20％の源泉分離課税（所得ごとに定められた税率により課税となる）で済むのです。

1ドル＝100円が1ドル＝1000円になると、為替で900円儲かるわけですが、900円の20％、180円だけ税金を払えばいいのがMMF。それに対しドル預金では、900円の為替益が総合課税になってしまうのです（1社に勤めるサラリーマンだと雑所得が合計20万円までは非課税）。最高税率45％の方（地方税と合わせて55％）は、為替益900円のうち、55％も税金で持っていかれるわけです。後でお話しする「暗号資産」の利益も雑所得で総合課税なのですが、国会議員のとき、随分と国税当局にクレームをつけました。

税の区分には、利子所得、配当所得、事業所得、給与所得、不動産所得、山林所得、譲渡所得など10区分あります。

外国為替や暗号資産によって得た利益は、他の所得分類には入らないから、雑所得になるというのが国税当局の認識です。雑所得は他の分類の損益と通算もできなければ、翌年への損の繰り越しもできないもので、納税者にとっては、一番不利な税区分なのです。

東京大学の名誉教授で税務大学校の非常勤顧問もやっておられた金子宏先生という、租税法学界の権威とまでいわれている方がいらっしゃいます。その金子宏先生の『租税法』（弘文堂刊）という教科書の第23版（2019年2月刊）には「為替の益は、譲渡所得とも考えうる」と書かれています。暗号資産に関しても同様です。

先ほどお話ししましたように、「雑所得とは、他の分類に入らない区分」との法律の建て付けなのですから、国税当局は「譲渡所得ではない」と立証しなくてはいけないはずです。立証責任は国税当局にあるのです。

租税法の権威が「譲渡所得かもしれない」とおっしゃっているのを否定するのは、国税当局も大変でしょう。裁判にでもなれば国税当局は負けるのでは？　と個人的には思います。国税当局は税の論理でモノを考えます。それが仕事なのですから、国税当局が雑所得と認識するのは、それはそれで仕方がないと思います。

しかし、政治家は違います。税法も政治家が作るわけです。学術的に全くお話にならない税区分を主張するのは、政治家といえどもアホです。しかし、もし学説的に「譲渡所得かもしれない」のなら、税をいかに多くとるかの基準ではなく、どの税区分が、日本経済の発展に最もよいかで判断すべきだと思うのです。それが政治家の役目です。

私は、日本経済が40年間世界断トツのビリ成長だった大きな理由の一つが「国力に対して強すぎた円」だと思っているので、このドル預金の税制を20％の源泉分離課税にして、円安誘導を図るべきだと思います。そうすれば景気もよくなり、税全体としての増収も見込めます。

外貨預金の税制に関しては全国銀行協会にも助言したのですが、ちっとも興味を示しませんでした。外貨預金を集めれば大きな収益源になると思うのですが、日本の銀行員は相変わらず官僚的だなと思った次第です。

## 海外不動産を買うときに為替先物を利用できる

個人で為替先物を使う機会はあまりないのでは？　と申し上げましたが、海外不動産を買う場合には、為替先物を使うといいと思います。国内で借金して家を建てるときも、融資金利が決まるのは、竣工間近のときです。竣工時までに金利が急騰しないか不安（固定金利の場合）だと思います。現在のように、いつXデイが来るかわからないときは、特に不安です。

そんなときは、債券先物またはミニ債券先物を利用するといいだろうと述べました。国内不動産の購入なら、それだけでいいのですが、海外不動産を借金で買う場合は、金利に加え、為替も心配となります。海外不動産を買うときも、物件を実際に見に行ったり、銀行への融資を依頼したりするので、物件の購入、資金の払い込みはかなり先になります。

きっと購入資金の融資は、邦銀から円で借りると思うのですが、その円のドルへの転換レートは未定になります。

特に私が危惧しているように、Xデイが間近に迫れば、長期金利もドル／円レートも暴騰している可能性があります。そのための保険の意味でも、こういう時期には、為替先物取引は重要だと思います。

## 銀行員は為替先物を理解していない

実際、私は二十数年前にハワイの物件を買ったのですが、為替先物で為替は事前に押さえておきました。

そのときに感じたのは、普通の銀行員も為替先物は理解していないな〜ということです。今まで為替で述べてきた例を使うと、次のような状況でした。

今の直物が１０７円30銭から40銭。このようなとき、銀行に「半年後のドル買いをしたい」と頼んだわけです。

このとき、銀行の担当者に「藤巻さん、１０５円20銭で売って差し上げます」といわれました。銀行はドルの売りサイドですから、なるべく高いところで売りたいのに直物の買い手レートである１０７円30銭よりかなり低いレートを提示してきたのです。そこでいうことが、ふるっていました。「藤巻さんは特別なお客様ですから、マーケットの買い手レートより、かなり低いところで売って差し上げます。出血大サービスです」と。

「何をいっているんだ？　この人は」と心の中で思いましたね。６カ月先の先物レートは、今まで勉強してきたように、直物よりも、かなり低いのです。日米金利差が大きければ大きいほど、先物のドルは安くなります。例えば１０３円20銭とかですね。そのときに１０５円20銭で売ってくれても、全く「出血大サービス」でもなんでもないのです。

この担当者は私をだまそうとしたのではなく、先物のドル／円レートは日米金利差によって直物より低くなることを知らなかったのだと思います。

こういうケースのとき、為替先物を学んだ皆さんは「ア〜、サービスしてもらって儲かった〜」などと喜んではいけないですよ、ということです。

ところで、先ほどヘッジファンドは日米の金利差が開くと、先物のドルを買って勝負すると述べましたが、決済日まで必ずポジションを持ち続けるわけではありません。決済日を同じにしたドル売りをして、利益を確定することもできるのです。

先物は、今日の段階では値段を決めるだけで、決済は将来ですから、信用力さえあれば、お金が手元になくてもできる取引。だから、プロにとっては扱いやすい商品なのです。

また先物の注文を受けると、受けた銀行は直物と、幅の取引をすると申し上げました。その幅を取引するトレーダーもいます。通常、為替のデスクには直物トレーダーと幅を取引する先物トレーダーがいるのです。

**Q** **銀行が顧客に対して為替先物を売る（顧客が買う）場合、直物で為替を買っておくという話でしたが、銀行はそれを実際にドルで運用することによって、先物の理論価格になる効果を得ているのでしょうか？**

**A** ちょっと違いまして、例えばお客様に106円30銭で1年先の先物を売ったとすると、銀行は通常、マーケットで106円10銭の1年先の先物を買い戻し、20銭の利益を確定しようとします。

ただ1年先のドル/円の先物市場とか、1年と9日後のドル/円の先物市場などは存在しません。将来のすべての日に市場が立つのなら、無限の数の市場が必要になってしまいます。

実際には、直物市場と幅の取引の組み合わせで、1年先のドルを作り出すのです。

銀行はお客様に先物を売った後、ドルの直物市場で直物を買います。それから市場で「幅」を買うのです。幅の取引とは、今日ドルを売って1年後に買い戻すときのことです。

90銭の幅を買った銀行は1ドル=107円で売ったドルを、1年後に106円10銭で買い戻すことができるわけです。ですから直物市場と幅の取引をすることで、お客様との反対取引をマーケットで成立させ、顧客ビジネスを完結させるのです。

# 第8章 株価指数先物をマスターする

## 新聞の株価指数先物欄の読み方

日経平均先物の話をしたいと思います。ただ先物の概念は、今まで学んだ金融先物、債券先物と基本、変わりませんので、簡単にお話しします。

図表8－1は2020年7月7日の日経新聞のマーケット欄です。一番左の列に20／9と書いてありますが、これは2020年9月限月の意味です。日経平均先物は、すべての限月の第2金曜日が決済日になります。先物は、限月のうちの決済日が、商品によって違います。最終取引日も違います。覚えられる方は覚えておかれたらいいと思いますが、私は記憶力がよくないので、気になったときにチェックしていました。覚えていなくても儲けるためには何の支障もありませんでした。

日経平均先物の決済日は、その限月の第2金曜日ですから、この図表8－1の20／9とは、

## 図表8-1　2020年7月6日の株価指数先物マーケット欄

◇株価指数先物・配当指数先物・VI先物（円・ポイント・枚）

| 年/月 | 始値 | 当日始値 | 高値 | 安値 | 終値 | 前日比 | 売買高 | 建玉 |
|---|---|---|---|---|---|---|---|---|
| 〈日経平均先物・大阪取引所（大取）〉 | | | | | | | | |
| **20/9** | **22500** | 22450 | 22540 | 22260 | 22290 | −190 | 70600 | 264633 |
| **20/12** | 22340 | 22300 | 22390 | 22120 | 22140 | −200 | 328 | 73505 |
| 21/3 | 22170 | 22210 | 22210 | 22150 | 22150 | −120 | 11 | 5252 |
| 〈ミニ日経平均先物・大取〉 | | | | | | | | |
| 20/9 | 22495 | 22460 | 22550 | 22260 | 22290 | −200 | 1038704 | 423297 |
| 20/12 | 22345 | 22305 | 22395 | 22115 | 22150 | −195 | 9049 | 10799 |

出典：2020年7月7日、日本経済新聞

２０２０年９月の第２金曜日を決済とする先物取引です。その次の行の20／12は、２０２０年12月の第２金曜日が決済日の日経２２５（日経平均株価）の取引になります。

## 今、株を買うべきか売るべきか

ファイナンシャルプランナーやアナリストが、株式分析をします。「どの株が買いだ」などですが、そういう分析が貴重なときもあるのは事実です。ここ数年はＧＡＦＡの株を買っていれば、大儲けだったでしょう。

しかし、それ以上に重要なのは、今、どの資産にどれだけの資金を配分するかのポートフォーリオの組み立てです。年金の運用は特にそうです。

実は１９９０年代、ＪＰモルガン東京の従業員の年金運用は、モルガン信託に任せていましたが、ＪＰモルガンの年金運用実績は、他の基金に比べて抜群に好成績でした。

実は、運用方針を決定する委員会の委員長を私がやっていたのですが、平均的配分ではなく、規制の範囲内で最大限、外国株で運用するよう指示をした（当時は資産の運用割合の最大限が規制されてはいましたが）のが当たったからなのです。外国株のうち、どれを買うかは、ファンドマネージャーに任せればいいのです。どの資産にどのくらいの割合を向けるかで、運用実績の大半が決まるのです。どの株を買うかの個別株の選択は、極論すれば誤差のうちでしかありません。

これは個人での運用も同じです。「今買うのは外国株と外国の不動産で、日本株、日本国債、円も売り」「今は何もせずに、ほとんどの資産を現金や銀行預金で持っている時期だ」などというポートフォーリオの組み立てが、個々人の資産を増やすか減らすかの最大要因だと思います。ならば個別株に頭をひねるより、ポートフォーリオ構築のための情報収集のほうが重要だと私は思っています。

## 株価指数先物は重要な戦略になりうる

また、ポートフォーリオの組み立ては、なにも「買い」だけではありません。ほとんどすべてを現金の形で持ち、そのごく一部を証拠金として使って、株、債券、円を先物で売り建てるのも、立派なポートフォーリオです。

特にXデイが来るときは、有効な戦略です。年金も、必ず「何かで運用する」必要もなく、これまでご紹介したような戦略を考えるべきです。日本の機関投資家がベアマーケットに弱いのは、この概念がないからです。ヘッジファンドが、ブルマーケットでもベアマーケットでも、マーケットが動きさえすれば儲かるのは、この戦略を理解しているからです。

その意味で株価指数先物を知ることは、他の先物同様、とても重要なのです。

## 私が個別株を買わないワケ

個別株については、社長などと頻繁に飯を食って会社の事情に精通した人のほうが、勝つ確率が高いと思います。どちらかというと、情報戦の趣もあるわけです。

ですから私は個別株の取引はほとんどしたことがありません。忙しすぎて、すべての会社の生の情報を手に入れるだけの時間がなかったからです。

その代わり日経225などのインデックス（指数）の取引をしていました。これなら情報戦というより、経済の動向や金融政策の影響などのマクロの分析力の勝負になるからです。

日経225は、東証一部上場225銘柄の修正平均株価です。日経225は、その指数の動きを取引するのですから、日経平均全体が上がるか下がるかの勝負です。

いわば、景気がよくなるか悪くなるかの分析・予想の勝負ともいえます。

## 日経平均先物とは何か

２９１ページに載せた新聞の株価指数先物欄を再度見てください。20／9の欄に始値が２２５００とあります。

これは、この日最初の取引が1枚、２万２５００円で行われたということです。日経２２５先物の1枚とは、日経平均株価指数の１０００倍です。ですから、この図表を見るときは、０を3つつけて考えてください。日経平均株価指数が２万２５００円から２万２５１０円に10円上がったとします。

1枚は日経平均株価指数の１０００倍ですから、1枚買った人は10円×１０００倍で、1万円儲かったことになります。「1枚10円の動きで1万円」は覚えておきましょう。

この日、２０２０年9月決済の日経２２５先物を、始値の２万２５００円で1枚売って、大引け（終値の欄参照）の２万２２９０円で買い戻したとします。２万２２９０円－２万２５００円＝－２１０円と２１０円下がっています。

始値で売った人は、10円の下落で1万円の儲けですから、この人は、この日21万円儲けたことになります。当然、朝買って、終値で売り返した人は21万円の損です。

２０２０年12月決済を例にすれば、始値の２万２３４０円で1枚売り、大引け（終値の欄参照）の２万２１４０円で買い戻したとします。２万２１４０円－２万２３４０円＝－２００円ですから、２００円下落しています。10円の下落で1万円の儲けですから、この日20万円儲けたことになります。当然、朝買って、終値で売り返した人は20万円の損失です。

債券先物と同じように、その日のうちに反対取引をして、宵越しのポジションを持たない人は、証拠金さえも用意する必要はありません。もちろん損したら、その分は払わなければいけませんが（これは取引所との関係の話で、仲介をする証券会社等からは多めのお金を預けるよう要請されると思います）。

宵越しのポジションを持っている場合には、イニシャルマージン（最初の証拠金）と、それから今回の例でいうと、朝買ったままの場合は21万円、もしくは20万円の評価損を抱えていますので、その分も取引所に差し入れなくてはいけません。この分は、バリエーションマージンといわれます。

証券会社が、取引所の要求する金額より多めの金額を預けるよう顧客に要求するのは、安全のためです。単に取引所に差し入れる金額だけを顧客から預かっているだけでは、証券会社は忙しくてたまりません。

例えば今日20万円損した。「取引所に20万円のバリエーションマージンを追加で差し入れなくてはいけませんので、◯時までに入金願います」などと、連日、顧客に要求の電話を入れなければなりません。顧客に電話が通じなかったら、代わりに証券会社が取引所にお金を差し入れなくてはなりません。証拠金は証券会社が顧客に代わって取引所に差し入れるからです。その事態を避けるために、証券会社は顧客に多めに資金を預託してもらうのです。

## 日経225のミニ先物は個人向け商品である

1日に20万円も損をするなんて冗談じゃないと思う方には、日経２２５ミニ先物があります。ミニ長期国債先物は債券先物の10分の1でしたが、日経２２５ミニ先物も同じで、日経２２５先物の10分の1のサイズです。

これですと、日経２２５の1日の21万円の「益または損」は2万１０００円の「益または損」に、日経２２５の1日の20万円の「益または損」は2万円の「益または損」となります。

なお、日経２２５先物も日経２２５ミニ先物も、先物である以上、レバレッジが効きます。日経２２５先物だと1枚あたり１００万円ぐらいではないかと思う（正確には取引する証券会社にお聞きください）のですが、証券会社に預託しなくてはなりません。それで２２００万円分くらいの取引ができます。預託金の20倍ほどの取引ができるわけです。

ですから、レバレッジが効く。少ないお金で儲かる可能性も高いのですが、少ないお金で大きく損することもあります。調子に乗りすぎないことです。とかく初心者は最初の成功体験で、どんどん気が大きくなる傾向がありますので注意が必要です。大きすぎるレバレッジには気をつけるようにしてください。

私は部下のトレーダーに「血《ち》反《へ》吐《ど》を3度吐かなければ一流のトレーダーになれない」とよくいっていましたが、大損することによって、それがどれほど苦しいか、金銭的に耐えられるかどうかがわかるのです。そういう経験をするまでは、大きなレバレッジは避けたほうがよいと思います。

また先物は、売りが先行できます（ショートができる）。もしXデイが来て株価が暴落すると思ったときは、非常に有効な手段になります。

現物でショートするのは、借株市場で借りるなどとても大変で手間もかかりますから、先物市場の利用が賢明です。

# 第9章　債券先物オプションをマスターする

## 債券先物オプションは宝くじになりうる

次にオプションの話です。オプションは意外と使いやすいです。個人投資家でも使いやすい商品ではないかと思っています。

例えば、今まで市場があまり動かなかった。しかし今後は大きく動く可能性があるときには、非常に面白い金融商品です。個人的には、まさに今こそ、オプション活用の時期ではないか？と思っています。ひょっとすると、宝くじみたいになるかもしれないとさえ考えています。

とはいえ宝くじを買うより、オプションのほうがよほど儲かる確率が高く、いざというときに、ほんの少額持っているだけで、自分の資産を守る保険になるのではないでしょうか。

前章で、日経225先物の話をしましたが、読んでいて「そうはいっても、やはり怖いな」と感じる方もおられたと思います。どのくらい損が膨らむかもわからないし、予想が百パーセント当たるわけでもないから「自分には向かないだろう」と考えた方も多いかと想像します。

例えばコロナ禍の後、世界中の株は大暴落するのではないか？　と恐怖にかられた方も多いのではないでしょうか。実は、私もそう思ってしまいました。

## 先物が怖い人は、オプションのほうがいい

私は、日本のXデイが怖くて、株からは手を引いていました。日本株だけでなく、米国株からもです。Xデイが来れば当然、日本株は崩れるだろう。「強い国のリスク資産を買え」ということで米国株をかなり早い段階から強く推薦していた私ですが、日本株がクラッシュすれば米国もさすがに影響を受けるだろう、と米国株からも早すぎる撤退をしてしまったのです。

そういう私ですが、コロナ禍発生直後は、思わず「日経225先物を大量に売ろうか」と思ってしまいました。売らなくてよかったです。ご存じのように、世界中が財政ファイナンスを行い、お金をじゃぶじゃぶにしたせいで、株価はすぐに回復したからです。

マーケットでは、予想が百パーセント当たるわけはないのです。「だから先物は怖い」と思われるのなら、代わりにオプションが魅力的な商品だと考えています。

## 個人投資家はオプションでは「買い」に徹する

オプションとは「保険のようなもの」と考えていただくと、わかりやすいと思います。オプションを買うのは、保険を買うようなものです。払った保険料以上の損失はありません。

一方で、何かあると大量のお金が入ってきます。しかし「オプションは保険と同じ」ということは、「個人投資家は保険屋さんサイドになってはいけない」ということです。何かコトがあると、大量のお金が出ていってしまうからです。破綻です。

「保険は買うだけにしろ」とは、これからお話しするコールオプション（買う権利）にしろ、プットオプション（売る権利）にしろ、「買う」だけしかやってはいけませんよ、ということです。買うだけなら安全です。払ったお金以上の損失は発生しないからです。事前に最大損失額がわかるので、自分のお財布と相談しながら、意思決定ができます。

個人投資家はコールオプションにしろ、プットオプションにしろ「売り」は絶対ダメです。「売り」を行うのは「保険屋さんになる」ということなのです。24時間、起きていて、世の中の動きを見ていなければなりません。私が申し上げた「魅力的で、いざというときに自分を守る保険になる」金融商品とは、オプションを「買った」ときの話であり、個人投資家は「売る」のは絶対に避けるべきです。これだけは最初に強く申し上げておきます。

もちろん、コールオプションやプットオプションの売りを現物商品と絡めたり、コールオプションやプットオプションを絡めると、目的に合う損益計画ができることもあるのですが、少しでもオペレーションを間違ったりタイミングを間違えたりすると、大やけどを負います。オプションを取り扱うときは「買いだけに徹する」というのが、私からの強いアドバイスです。

## 現役時代、大儲けできたのはオプションを多用したから

私はJPモルガン時代、オプションを多用して、ものすごく大きく儲けました。東京市場で断トツに大きなオプションの購入者だったと思います。

その私でさえも、現役時代にオプションを売ったのは、数回しかありません。売りはオプションのマーケットメーカーに任せておいたほうがいいと思います。

脱線ですが、邦銀が国債市場で、オプションの売り手に回っていたことがあります。とんでもない会計基準だったと思うのですが、オプションを売るとその期の利益、その後の実現損または利益は、翌期以降になるので、利益が少ない期に、利益かさ上げ手法として使われていたのです。完璧な時価会計である米銀のトレーダーだった私は、そのせいでかなり安いオプション料（プレミアム）でオプションを買えた時代でもありました。何はともあれ、日本の金融界は時価会計への完全移行が遅れているので、いろいろなゆがみが生じたと思います。本書の本題ではないので、この件はここまでとします。

さて、ＪＰモルガン勤務時代、私がどのようにオプションを利用していたかをお話しします。米銀では1年間の業績でボーナスが決まるわけですが（多いときにはボーナスが年棒の何倍から何十倍にもなります）、最初の2カ月ぐらいは種銭すなわちオプション料を稼ぐために、先物で勝負をしました。ここで稼いだ利益の何十%かをオプション料として使うのです。もちろんこの最初の2カ月でそれなりに稼がないと、苦しい年となります。

例えば年間の収益目標が30億円くらいのときに、最初の2カ月で20億円くらい儲けたとします。そこでこの半分の10億円をオプション料に使うと決めます。全部外れても最低10億円は残ります（私の場合、10億円の純利益だとボーナスはほとんど出なかったと思いますが）。

この10億円をオプション料として使い、残り10カ月間でオプションで２４０億円儲ける。その他50億円を為替、金利スワップ、国債先物、日経２２５先物等から稼いで、その年の純利益は３００億円というのが、私の例年の収益構造だったのです。このことからおわかりのように、私にとってオプションは非常に重要なツールだったのです。

ただ最近のように、日銀がすべてのマーケットを支配し、値段が全く動かないときは、私が今ＪＰモルガンに勤めて同じことをしていても、全く儲からなかったことでしょう。それどころかオプション料を払い続け、毎年損を出し続けていたとも思います（オプション料の損に限定されているので、額は大きくないものの）。

## これからはオプションが魅力的だと思う理由

ただ、逆にいうと、動かないマーケットが継続するとオプション料はどんどん安くなります。後で詳しくお話ししますが、火災が減ると、火災保険料が安くなるのと同じです。そして万が一、Xデイが来れば、すべてのマーケットはとんでもなく大きく動くでしょう。その意味で、少ないオプション料でXデイが起これば、大儲けなのです。私が先ほど「宝くじみたいになるかもしれない」と申し上げたのは、そんな理由からです。ほんの少額、オプションを持っているだけで、Xデイへの備えが充分にできるかもしれないのです。

## オプションを始める前に覚えておいてほしいこと

最初に覚えておいてほしいのは、コールオプションとプットオプションがあるということです。コールは「買う権利」、プットは「売る権利」ですから、丸暗記してください。また、図表9－1の損益図も丸暗記してください。権利を行使した際の損益図です。これは必須です。これを覚えないでオプション取引をするのは、危険でさえあります。

上がコールオプションを買ったときの損益図（権利を行使したときの損益図）、下がプット

## 図表9-1　オプション取引の損益図

コールオプションを買ったときの損益図

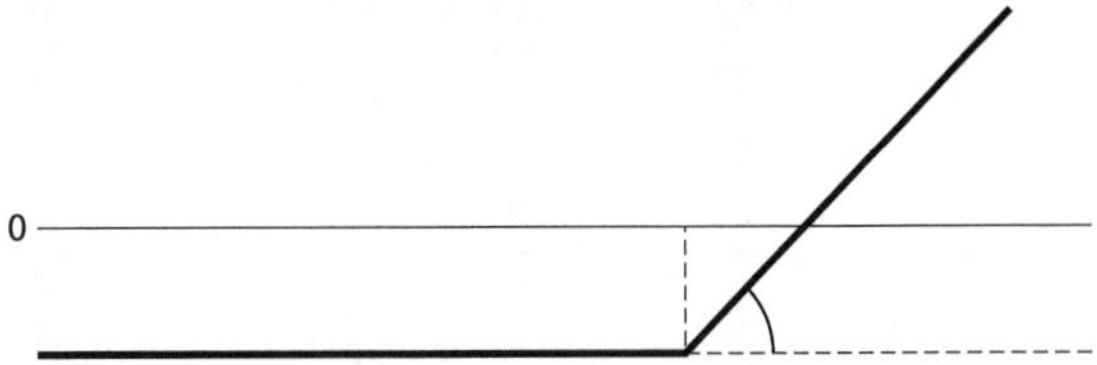


プットオプションを買ったときの損益図

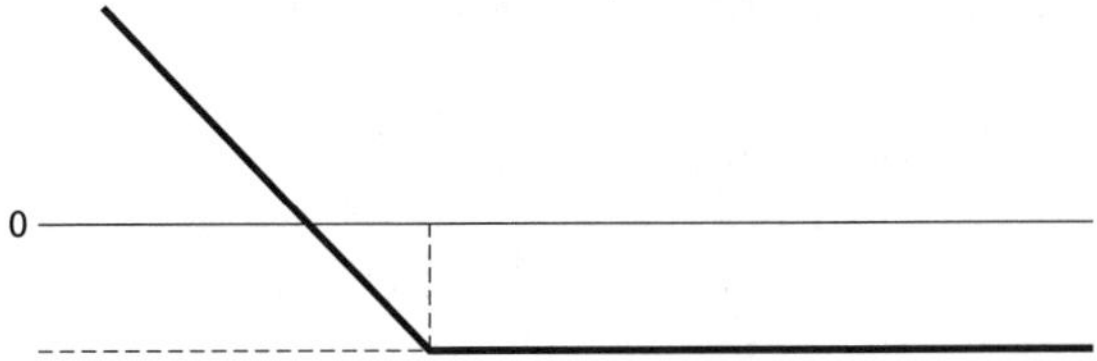


## 図表9-2　コールオプションの買いと売りの損益図

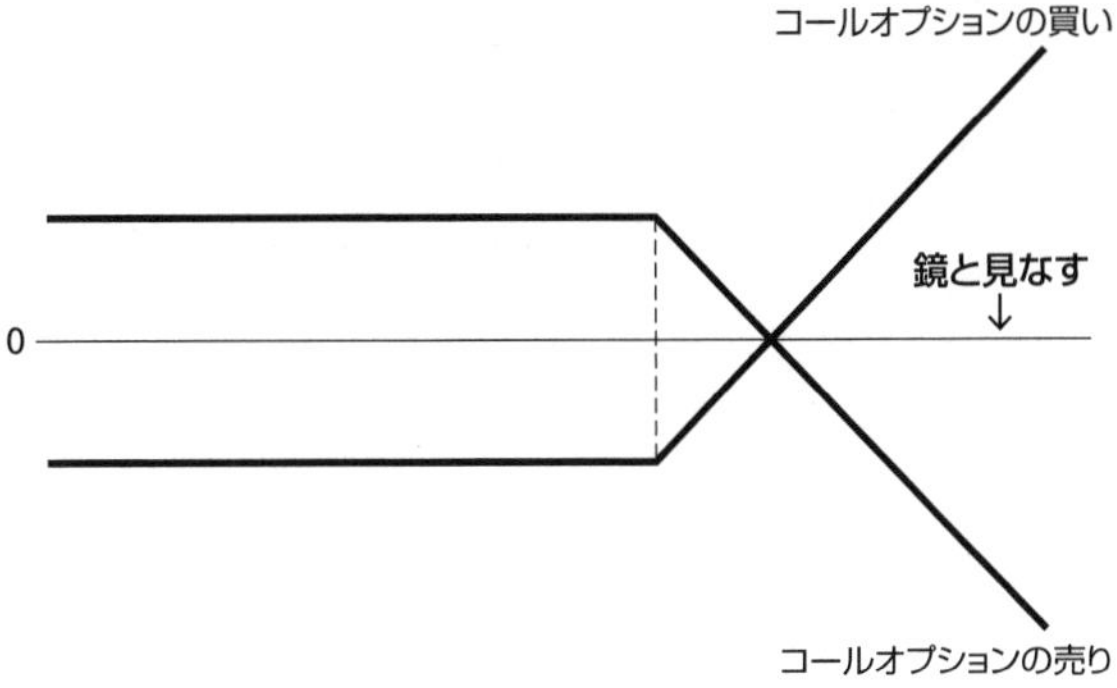

### 図表9-3　ストライクプライスとは

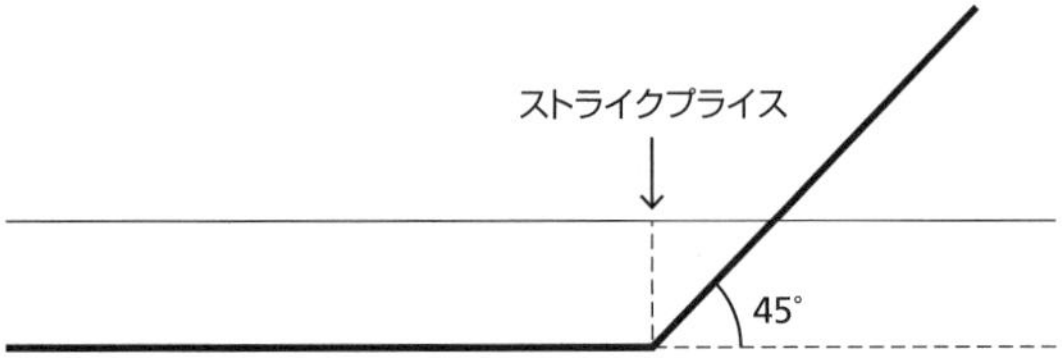


オプションを買ったときの損益図（権利を行使したときの損益図）です。とにかく丸暗記！　です。

オプションを売ったときの損益図は、買ったときの損益図を覚えていれば、簡単に描けます。

図表9－2の通り、0と書いた線上に、鏡が置いてあると考えてください。コールオプションの買いの損益図の鏡に映った形が、コールオプションを売ったときの損益の形状図となります。

プットオプションの損益図も同じです。0と書いた線上に鏡が置いてあると考えてください。プットオプションの買いの損益図の鏡に映った形が、プットオプションを売ったときの損益図となります。

損益図を描くうえで、さらに2つのことを覚えてください。損益図を描くのが非常に楽になります。

一つは、「ストライクプライス」のところで屈折する、ということです（図表9－3）。

2つ目は、屈折後は45度。なおストライクプライスとは、「エクササイズプライス」とも呼ばれますが、権利を行使できる価格のことです。

この2つが重要です。これらさえ覚えれば、損益図は簡単に描けます。いいですか。覚えていただきたいのは、コールオプションの買いとプットオプションの買いの基本形。そして屈折後は45度。屈折するところはストライクプライス、ということです。

## オプション価格の決定要因とは

オプション価格の決定要因を簡単に説明しておきます。オプションの値段の決定要因は2つです。本源的価値と時間的価値です。

本源的価値というのは、行使価格と市場価格の差。時間的価値というのは、将来期待できる利益の可能性。これらは具体例を聞きながらでないとわからないと思いますので、後で具体例を見ながら説明します。

時間的価値というのは、ボラティリティと期間で決定します。これも、今聞いてもなーんにもわかんないと思いますので、具体例をもとに再度、説明いたします。

## 新聞の債券先物オプション欄の読み方

図表9－4が2020年7月11日の日経新聞に載っている7月10日の債券先物欄と債券先物

## 図表9-4　2020年7月10日の債券先物と債券先物オプション欄

◇債券先物（大取、円、%・億円、始値は前日夜間取引を含む）
▽10年物（6%国債）

| 年/月 | 始値 | 当日始値 | 高値 | 安値 | 終値 | 前日比 |
|---|---|---|---|---|---|---|
| 20/9 | 152.09 | 152.18 | 152.26 | 152.06 | **152.22** | +0.12 |
| 20/12 | − | − | − | − | − | − |

| | 利回り | 売買高 | 建玉 | | 利回り | 売買高 | 建玉 |
|---|---|---|---|---|---|---|---|
| 20/9 | 0.511 | 20450 | 73958 | 20/12 | − | − | 0 |

◇債券先物オプション（8月物、大取、円・枚）

コール

| 行使価格 | 終値 | 前日比 | 売買高 | 建玉 |
|---|---|---|---|---|
| 151.5 | − | − | − | 0 |
| **152.0** | **0.34** | +0.09 | 115 | 1280 |
| 152.5 | 0.10 | +0.03 | 391 | 2179 |
| 153.0 | − | − | − | 556 |
| 153.5 | − | − | − | 72 |
| 合計 | | | 531 | 4097 |

プット

| 行使価格 | 終値 | 前日比 | 売買高 | 建玉 |
|---|---|---|---|---|
| 150.0 | − | − | − | 0 |
| 150.5 | − | − | − | 156 |
| 151.0 | 0.01 | − | 50 | 843 |
| 151.5 | 0.03 | −0.01 | 255 | 1546 |
| 152.0 | 0.10 | −0.04 | 268 | 568 |
| 合計 | | | 673 | 3675 |
| HV　（年率）　9月 | | | | 1.3 |

出典：2020年7月11日、日本経済新聞

オプション欄です。上半分が債券先物の市況ですが、この日の債券先物の9月限月（9月の決済）の終値は152円22銭だとわかります。

下半分がオプションの市況です。権利行使価格（ストライクプライス）が152円のコールオプションの終値は34銭でした。これはコールオプション（買う権利）ですから、日本国債先物を152円で買える権利です。義務ではありません、権利です。実行しても実行しなくてもいいのです。

「債券先物オプション」という表題のすぐ後に8月物と書いてありますが、これは8月決済のオプションで、権利を行使できる最終日は7月末です。今は覚える必要はありませんが、いざオプションを始めるとき

に証券会社に聞いて、確実に頭の中に入れるかパソコンの横に明示しておいてください。忘れてしまい、権利行使期限をすぎてしまうと、せっかくの価値がパーになってしまいますので。

8月限月の取引では、7月末までだったら、債券先物の値段がいくらになっても、152円で買える権利があるということです。その権利を34銭で買ったのです。34銭とは34万円だということです。

なぜ34万円かを説明します。頭がごちゃごちゃするという方は読み飛ばし、1銭は1万円と丸暗記するだけでいいでしょう。

債券先物のところでお話ししましたが、債券先物市場では1枚1億円の債券が（152円22銭ですから）1億5222万円で取引されている。ここで100円を152円22銭と表現しているわけですから、1銭は1万円なのです。

## 本源的価値とは

ところで、今この152円で買える権利を行使するとします。債券先物市場は152円22銭ですから、152円で買って152円22銭で売るので、22銭の儲け。これを本源的価値といいます。先ほど、本源的価値とは「行使価格と市場価格の差」とお話ししましたが、行使価格の152円と市場価格152円22銭の差の22銭が、本源的価値なのです。

## 時間的価値とは

オプション価格34銭と、この本源的価値の差の12銭。これが時間的価値です。今日行使すると22銭儲かります。しかし本日は7月10日、権利行使期限は7月末までですから、権利行使期限まではもっと儲かる可能性がある。その可能性が時間的価値なのです。

7月末だったら、債券先物価格は153円まで行く可能性もある。153円まで行けば152円で買える権利を持っていますから、その権利を行使して債券を手に入れ、それを直ちに市場で、153円で売れば1円の儲け。1ベーシスポイント1万円ですから、100万円の儲けです。ただコールオプション購入に34万円かかっていますから、純利益は66万円となります。

その儲かる可能性は、一つには権利行使期限が先であればあるほど、高くなります。当たり前ですね。明日までの行使期間なら152円から153円まで上昇する可能性は小さいかもしれませんが、あと1カ月あれば、その可能性はかなり高くなるからです。155円まで行く可能性すらあるのですから。

儲かる可能性のもう一つの要因はボラティリティ、変動率です。今みたいに市場が全く動いていないと、今後も動かないだろうということで、153円とか155円になる可能性は低いため、時間的価値は減少するのです。

ところがボラティリティの大きいマーケット、すなわち価格変動がものすごく大きくて、債券先物価格が今日は１５２円、昨日は１５２円70銭、一昨日は１５１円、その前の日は１４８円などと大幅変動するマーケットならば、１５５円になる可能性はかなり高い。ですから時間的価値は上昇するのです。ボラティリティの大きいときでも、本源的価値は変わらないので、オプションの価格（＝プレミアム）は高くなるのです。

## コールオプション損益図の描き方

図表９－４のコールオプションの３行目、行使価格１５２円50銭のところを見てみましょう。10銭で売買されました。行使価格の１５２円50銭は債券先物価格より高いですから、本源的価値はありません。この10銭は、すべて時間的価値です。

この損益図（権利を行使したときの損益図）を描くと、図表９－５のようになります。

まずコールオプションの基本の図を描いてください。権利を行使したときの損益図です。屈折するところは、ストライクプライス（権利行使価格）の１５２円50銭です。先物が１５２円50銭以下でしたら、このコールオプションは無価値です。「権利を行使したときの損益図」と今まで書いてきましたが、１５２円50銭以下では、この権利を行使するわけがありません。このコールオプションを行使するより、債券先物市場で買ったほうが安いからです。本源的価値

## 図表9-5　権利を行使したときの損益図①

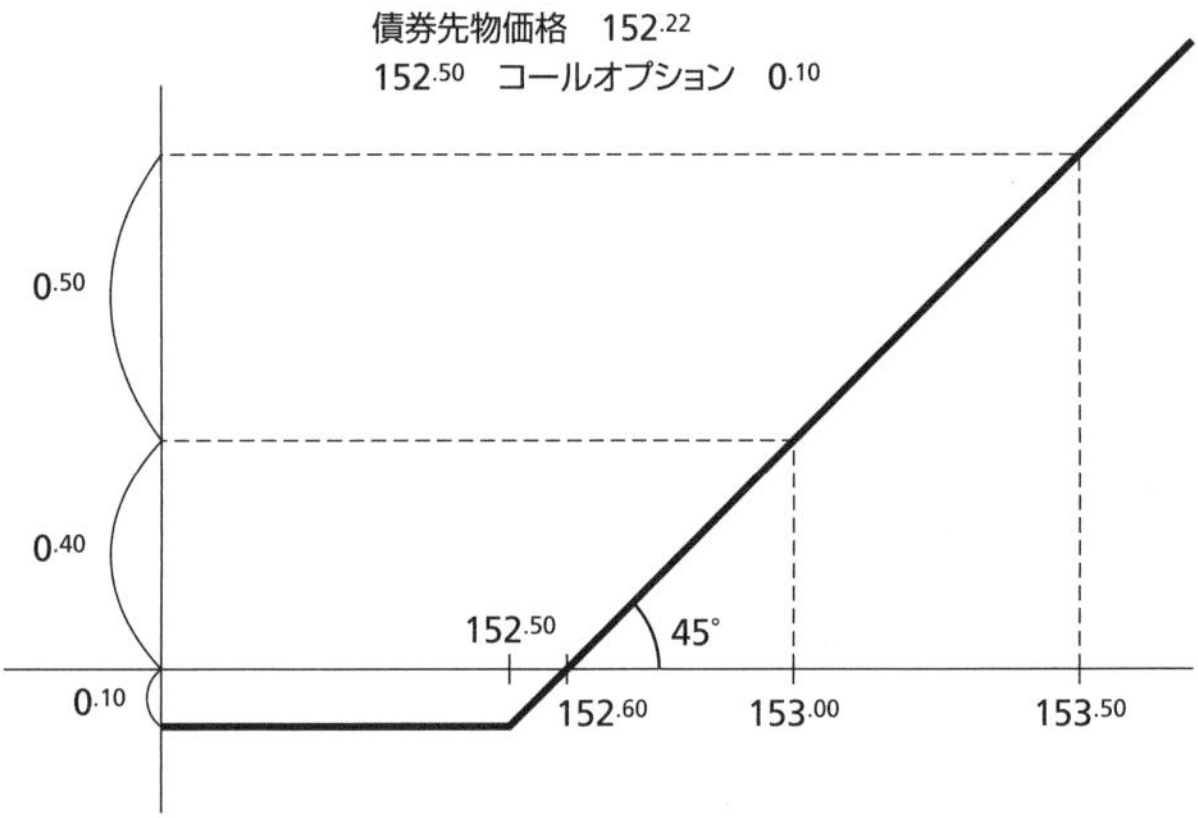


がゼロなのです。くどいようですが、これは権利であり義務ではないのです。

そうなると、10銭で買ったのですから、債券先物価格が152円50銭以下の場合、このオプション購入者の損失は10銭のオプション料だけです。オプションが無効になったので10銭払った分を損したということですね。火災保険の保険料と同じです。火事が起こらなかったので、火災保険料は損したけど、損はそれだけ、ということです。

一方、債券先物価格が152円50銭以上になると、このオプション購入者は、債券先物市場で買うよりオプションを行使したほうが有利です（152円50銭で買える）。権利行使して、それを債券先物市場で売った差額が利益です。損益図は152円50銭で屈折しますから、水平線と交わるのは152円60銭のところです。屈折した後は45度の線ですから、10銭上に上がれば、10銭右で水平線と交わりますよね。

債券先物市場が１５２円60銭のとき、このオプションの購入者は、オプション行使で１５２円50銭で手に入れた債券を、先物市場で１５２円60銭で売るのですから10銭の儲けです。

しかしオプション料を10銭払っていますから、10銭の儲けは相殺され、損益はゼロということになります。

それでは債券先物価格が１５３円になったらどうでしょう？　１５２円50銭の購入権利を行使し、手に入れた債権を債券先物市場で売れば、50銭の儲け。すなわち50万円の儲けです。

ただ、このオプション購入に10銭払っていますから、純利益は50銭－10銭で40銭、40万円ということになります。

さらに債券先物価格が上昇すれば、もっと儲かります。１５３円50銭になれば、90万円の儲けとなります。要は保険と同じように、損は10銭に限定。価格が上がれば大きく儲かるというのがコールオプションの買いなのです。

ところでオプションの売りをやってはいけないとオプションの最初に申し上げましたが、この権利行使価格１５２円50銭のコールオプションを売った人の損益図を考えてみましょう。

水平線に鏡を置けば、簡単に描けると申し上げました。

債券先物価格が１５２円50銭以下なら10銭の儲けです。しかし、行使価格の１５２円50銭から屈折して、そこから45度で右下に向かっていきます。債券先物価格が上昇していけば、損はどんどん拡大していくということです。まさに保険屋さんと同じ損益図です。私が個人投資家に「売りはダメ」と強く申し上げる理由です。

## 債券先物オプションは、プットの買いが魅力的

今、長期国債の金利はほぼ０％ですから、金利のマイナス幅がどんどん大きくなっていく（＝価格が上昇していく）ことは現実問題として、そう期待はできないと思います。もちろん、「絶対ない」とはいいきれません。２０２０年の４月に原油先物が大きなマイナス価格を記録したことからもわかる通り、マーケットには「絶対」はないのです。

しかし、長期金利がどんどん下落していく（＝価格上昇）ことはなかなか考えにくい。だとするとコールオプションの買いは、あまり魅力的な取引とは思えません。

一方、今、魅力的なのはプットオプションです。プットオプションの市況を見てみましょう。行使価格１５１円50銭のプットオプションの値段は０・０３。３銭です。３万円。３万円払うと、７月末までに１５１円50銭で売れる権利が買えるのです。

現在（７月10日）の債券先物価格は１５２円22銭ですから、本源的価値はゼロで時間的価値

### 図表9-6　権利を行使したときの損益図②

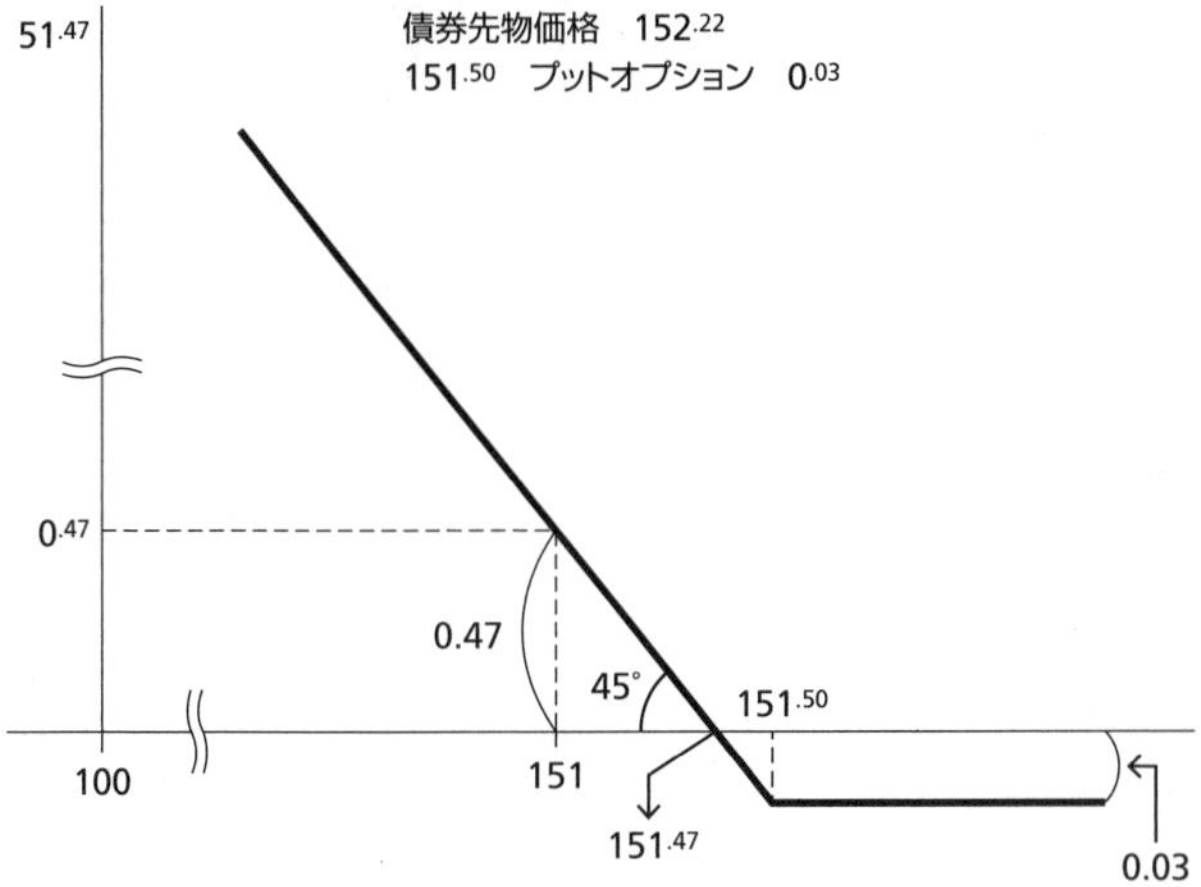


が3銭ということです。

この取引の損益図は図表9－6の通りです。損失はプレミアムの3銭に限定。これ以上、損失は増えません。一方、債券先物価格が下がっていくと、利益は非常に大きくなります。151円50銭の権利行使価格で屈折して、45度の左上がりで上がっていくのです。

債券先物価格が151円になれば、先物市場で151円で買ってきた債券を151円50銭で売る権利を行使すればいいのです。50銭、50万円の儲けです。ただ3銭、プットオプションの購入にあてていますから、50万円マイナス3万円で、47万円の純利益となります。

## Xデイが来たときの儲けを計算する

そんなときXデイが来たとします。今、長

期金利はほぼ0％ですが、6％まで急騰したとしましょう。債券先物は6％、10年の仮定国債の取引をしていることを思い出してください。

6％まで利回りが上昇するということは、価格は100円まで下落するということです。今の152円22銭から100円まで下落すると、151円50銭のプットオプションの購入者はどのくらい儲かるのでしょうか？

151円50銭－100円ですから、5150ベーシスポイント。1ベーシスポイントが1万円ですから、5150万円の儲け。3万円払っているから5147万円の儲けとなるのです。「宝くじみたいだ」と申し上げたのは、そういうことです。

今現在、マーケットはあまり動いていません。ということはボラティリティが小さいので、時間的価値が低い。すなわちプットオプションが安く買える状態にあるということです。

3銭という安い値段で買って突然Xデイが来れば、大儲けになる。もっとも8月物のオプション行使日は7月末までですから、7月末までに何かが起こらないと、3銭の損となるわけです。

少なくとも毎月、3万円分、馬券を買うより確率は高いのかな？　と思います。

ちなみに2020年7月31日、権利行使期日の債券先物価格は152・37円で、それまで一度も151円50銭以下にはなっていません。したがって実際には、この151・50円のプットオプションの購入者は3万円の損になり、残念でした、という結果でした。そう簡単に宝くじには当たらないということでもあります（苦笑い）。

## 利益確定の方法

オプションの本源的価値がプラスになった場合（＝プットオプションの場合、先物価格が、購入したオプションのストライクプライスより低くなった場合）、個人の参加者は利益確定を考えると思いますが、その方法は、オプションマーケットで反対取引をすることです。

一見、マーケットボリュームが小さく見えても、少し譲歩すれば、買い手は出てきます。最悪の場合でも、本源的価値では売れるわけです。買い手はタダで時間的価値を手に入れられるので、買い手が出ないはずがないのです。

## オプションをヘッジとして使う方法

以上述べてきたのは、トレーディングの手段としてのオプションですが、オプションをヘッジとして使うこともあります。

債券先物を151円で1枚買った人がいたとします。今は152円22銭ですから、今売ると122ベーシスポイント、すなわち122万円の儲けです。ミニ債券先物は10分の1ですから、

**図表9-7　債券先物を151円で購入した場合**

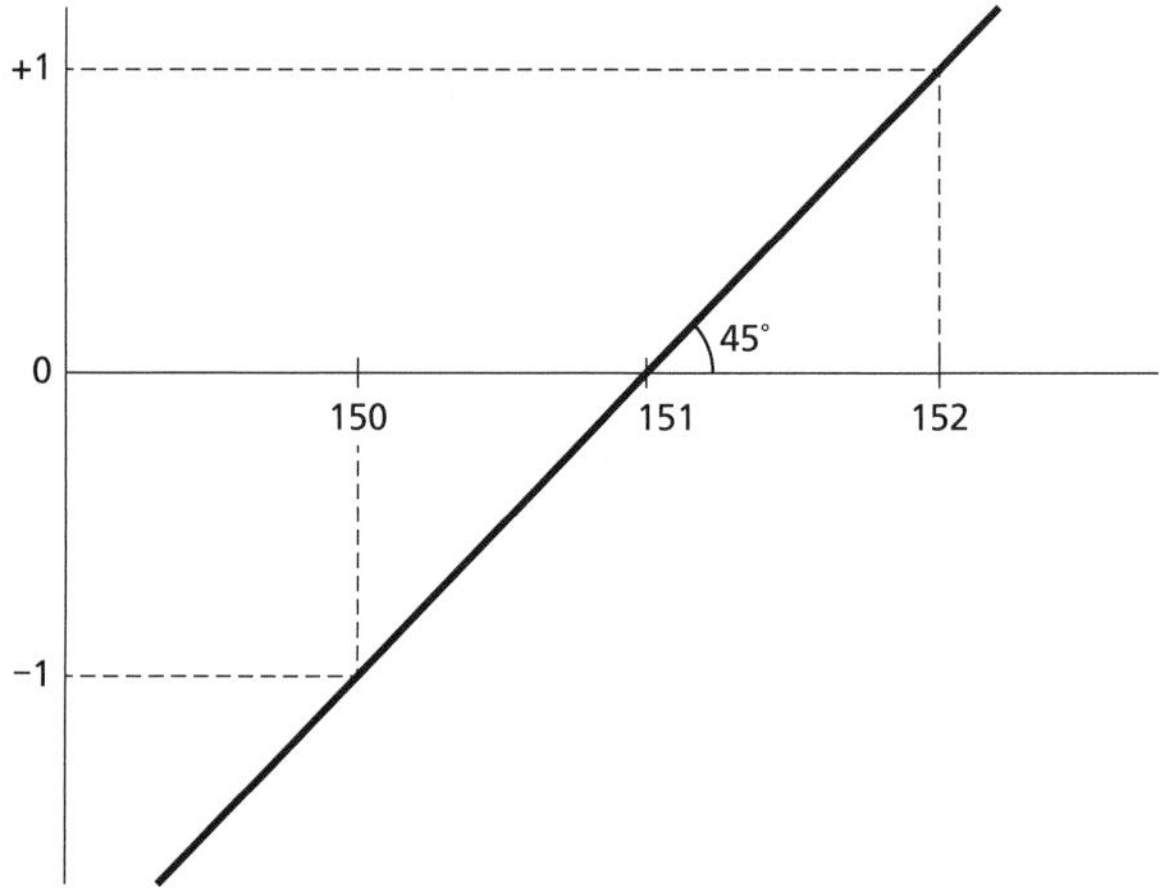


12万2000円の儲けとなります。損益図は図表9－7の通りです。

購入価格の151円のところで水平線を横切ります。151円の債券先物価格が1円上昇すると、儲けは1円になります。ですから角度は45度です。

ところが翌週1週間、休暇で旅行をするためマーケットを見ていられない。しかしもう一段上昇しそうだ、そうはいいながらも、キナ臭いにおいもする。日銀が債務超過になるかもしれない。そうすると長期金利暴騰（＝価格暴落）の可能性大だ。100円まで下落したら5100万円も損してしまう。売ってしまうのも一法。しかしキナ臭いことはキナ臭いが、その可能性は、まだそれほど大きくなく、価格上昇の可能性のほうが高いのではないか？　今売れば12

## 図表9-8　権利を行使したときの損益図③

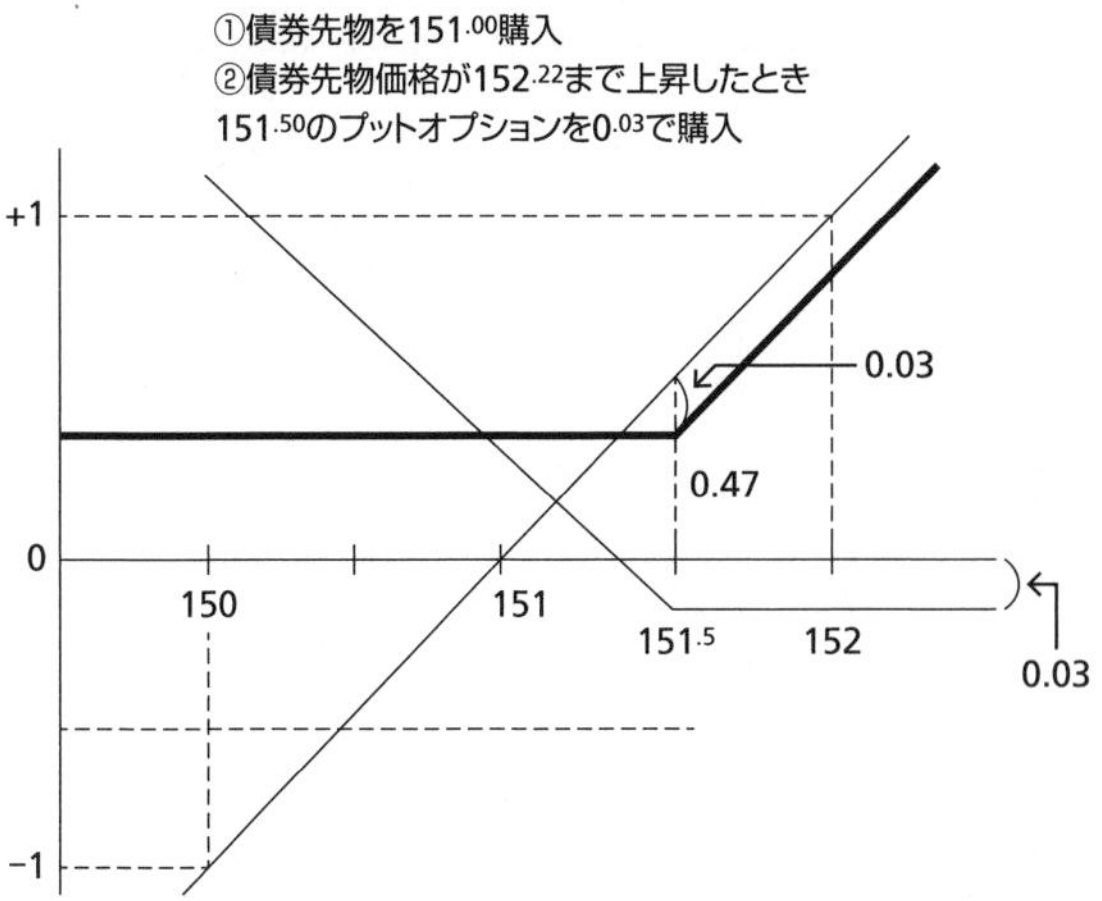


2万円の利益だが、もっと大きな利益を狙えるはずだ、でもホリデー中は、マーケットを見ていたくないから、ヘッジをしておきたい。

こう思う人は、権利行使価格151円50銭でプットオプションを買うのです。そうすると、この現物買いと、151円50銭のプットオプションを買ったものの合成損益図は図表9－8の通りです。太線が合成図です。

確かに、債券先物だけ買ったときより、債券先物価格が上昇を続けた場合、儲けは3銭だけ少なくなります。しかし、ここで勝負を降りないで、さらなる大きな利益を狙えます。

一方、自分の予想が外れて、債券先物価格が151円50銭以下になっていったとしても、47銭の利益は確保できるのです。

ましてやXデイが来ても、47銭の儲けは確保されていますので損はしないわけです。

休暇明けで、やはりもう一段値が上がりそうだ。マーケットにいつでも対応できるから、最大限の儲けを追求したい。そう思うなら、休暇前に買ったプットオプションを売却してしまえばいいのです。

ちなみにオプションの売りはいけないと最初に申し上げましたが、売り持ちポジションはいけないと申し上げたのであり、買い持ちの解消の売りは、もちろんやっていいのですから、誤解されませんように。

# 第10章 日経平均オプションをマスターする

## 日経平均オプションのプットの買いが増えたのはなぜか

2020年6月26日の日経新聞のマーケット欄に「第2波警戒で取引急増」という記事が載っていました。次のような記述です。

「オプション市場ではプットの売買が活発だった。2万1000円割れを意識する投資家が少しずつ増えており、『上昇を前提に持ち高を組んでいた国内外の生保や投信投資顧問などの機関投資家が、下値へのリスクに〈保険〉をかけようと買っている』（国内証券）

さらに8月7日の日経新聞マーケット欄にも同じような記事が載っていました。

「投資家が8月の株価の急変動に備える動きが広がっている。6日の日経平均株価のオプション市場で、株安局面で利益が出る『売る権利（プット）』の売買が活況となり、日経平均の2万2000円割れが利益につながるプットの取引が増えた」

「みずほ証券の三浦豊シニアテクニカルアナリストは『再び日経平均の2万2000円割れを意識して（保険）として買った投資家が増えている』とみる」

オプションを知らない方には、なかなか理解の難しい記事だったと思いますが、ここまでオプションを学んでこられた皆さんは、この記事をもう充分ご理解いただけるのではないかと思います。

プットオプションの購入は、単にディーリングのためかもしれませんし、保有株や株先物のヘッジのためなのかもしれません。しかしプットの買いが増えてきたのは、市場が相場下落のリスクにも目を向け始めたという点は事実です。

## 新聞の日経平均オプション欄の読み方

図表10－1は2020年7月11日の日経新聞に載った、日経平均オプション欄です。前日7月10日の記録です。10日の日経225先物の終値は2万2290円でした。

下段右側がプットオプション9月物ですが、その2万2500円のプットオプションを終値の845円で買ったとしましょう。

つまり、日経225先物が2万2290円のときに、2万2500円のプットオプションを845円で買った。直ちに実行すれば、2万2500円－2万2290円ですから、210円

## 図表10-1　2020年7月10日の日経平均オプション欄

**◇日経平均オプション・大取（円・枚）**

| | 権利行使価格 | 8月 終値 | 8月 前日比 | 8月 売買高 | 8月 建玉 | 9月 終値 | 9月 前日比 | 9月 売買高 | 9月 建玉 | 10月 建玉 |
|---|---|---|---|---|---|---|---|---|---|---|
| コール | 22000 | 800 | −155 | 51 | 719 | − | − | − | 1581 | − |
| | 22125 | 715 | − | 47 | 47 | − | − | − | 61 | − |
| | 22250 | 630 | -35 | 200 | 873 | 950 | − | 1 | 1174 | 1000 |
| | 22375 | 565 | −130 | 120 | 72 | − | − | − | 152 | − |
| | 22500 | 475 | −105 | 1185 | 4973 | 725 | −120 | 12 | 2698 | 840 |
| | 22625 | 435 | −120 | 168 | 247 | 640 | − | 18 | 34 | − |
| | 22750 | 355 | −125 | 1338 | 2631 | 680 | +55 | 1 | 752 | 715 |
| | 22875 | 325 | −95 | 168 | 583 | 555 | −45 | 9 | 1 | − |
| | 23000 | 265 | −80 | 1288 | 3032 | 520 | −70 | 253 | 3275 | 615 |
| プット | **21500** | 325 | +55 | 1221 | 7310 | **535** | +50 | 74 | 6135 | 720 |
| | 21625 | 350 | +55 | 273 | 623 | 620 | − | 3 | 144 | − |
| | 21750 | 385 | +70 | 1501 | 2363 | − | − | − | 1244 | 775 |
| | 21875 | 420 | +65 | 136 | 204 | 585 | −5 | 16 | 27 | − |
| | 22000 | 460 | +60 | 1453 | 5806 | 715 | +100 | 5 | 4388 | 890 |
| | 22125 | 495 | +70 | 358 | 223 | − | − | − | 1 | − |
| | 22250 | 550 | +95 | 1074 | 1092 | 815 | − | 460 | 881 | 990 |
| | 22375 | 605 | +140 | 269 | 442 | 805 | −10 | 2 | 153 | − |
| | **22500** | 660 | +110 | 604 | 3393 | **845** | +55 | 380 | 2497 | − |

総売買高コール　25305枚　プット　51894枚　日経平均HV　25.7
当日総建玉コール　563554枚　プット　1057088枚

出典：2020年7月11日、日本経済新聞

儲かります。これが本源的価値です。残り〈210円−845円〉の−635円が時間的価値です。行使期間が長いというより、コロナ禍が始まって以降、ボラティリティが高かったせいだと思います。

### ヘッジとして日経平均オプションを使う

日経平均オプションを2万500円のとき、1枚買ったとします。損益図は図表10−2の通りです。何度もいいますが、水平線に対して45度で交わっています。

買ったのはいいのですが、新聞記事にあるように、他人同様、下落の

図表10-2　日経平均オプションを2万500円で1枚買った場合

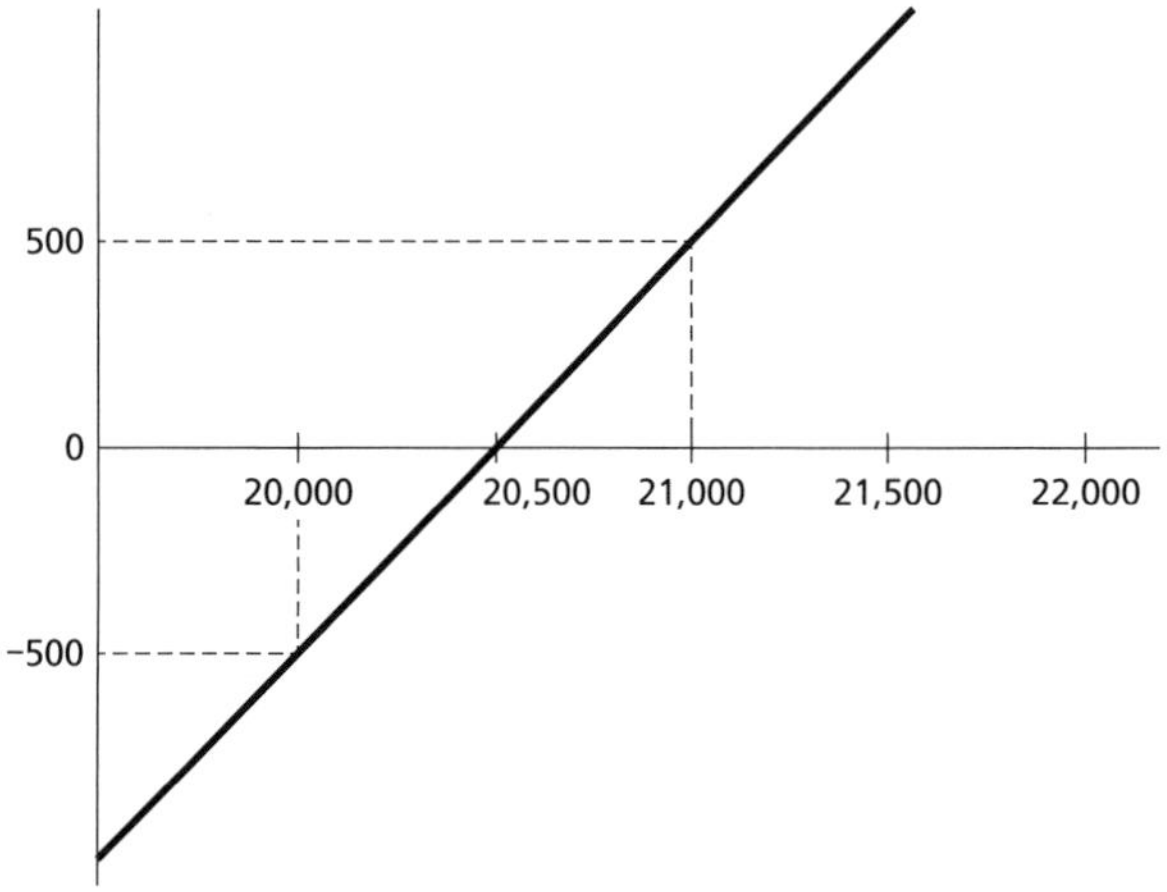


心配も出てきた。今、日経225先物は2万2290円です。2万1500円のプットオプションの価格を見ると、535円です。

そこで535円出して、権利行使価格2万1500円のプットオプションを1枚購入することにしました。この損益図は権利行使価格2万1500円で屈折して、45度で左上がりになります。

合成図は次の図表10－3の通りで、太線が合体した損益図になります。できれば練習の意味で、自分で描けるか試してみてくださいね。

図表10－3を見るとわかるように、日経平均が2万1500円を超えて上昇するときは、プットオプションを買う前に比べると535円ずつ少ないですが、価格が上昇する毎に儲けは大きくなっていきます。第8章の「日経平均先物

## 図表10-3 日経平均オプションを2万1500円で1枚買った場合

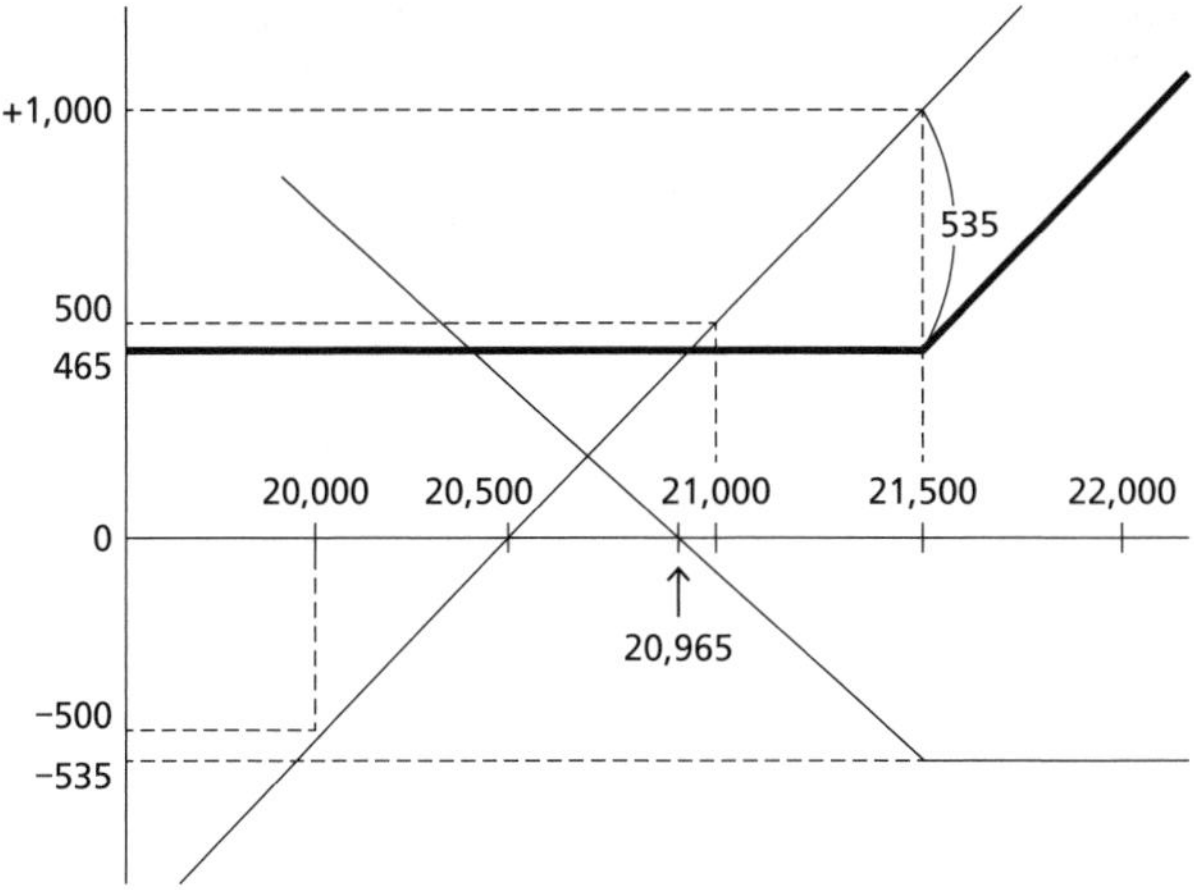


とは何か」のところで「0を3つつけて考えてください」と申し上げた通り、1枚につき53万5000円、オプションを買う前に比べると利益は少ない、しかし先物価格が上がれば上がるほど、儲かり続けるのは変わりありません。

その一方、市場の不安が当たって日経225が下落しても、535円のオプション料を払った後でも465円、すなわち46万5000円の利益は確保できるのです。たとえ日経225が大暴落しても、です。

### オプション取引が少ないときの取引法

債券先物にしても、日経225先物にしても、オプションの売買高はそう多くはありません。

今、債券のオプションの売買額は50枚とか25枚など極めて少ないです。

債券先物の取引ボリュームは、今でこそ、かなり減りましたけど、昔は１日に７万枚とか８万枚とか取引されていました。それらと比べると、断然少なくなりました。

私が現役金融マンだった頃も、今ほどではありませんが、決して多くはありませんでした。なぜ流動性が少ないマーケットが大嫌いなフジマキが多用していたのでしょうか。マーケットが小さければ、そんなに利用できないではないかと思うのも当然かもしれませんが、私は全く困っていなかったのです。

例えば、前章で、債券先物８月物の１５１円50銭のプットオプションが３銭、すなわち３万円で売買されているという話をしました。こういうとき、私は１枚あたり５銭とか６銭を払うのです。そうすると、売り手が雲霞《うんか》のごとく現れます。

私は投資家サイドですから、１枚あたり３００万円儲かりそうだというとき、その種銭が３万円だろうが５万円だろうが６万円だろうが、関係なかったのです。誤差の範囲です。それより量を確保したい。それならば支払うオプション料が３億円だろうが５億円だろうが６億円だろうが、儲けの額に比べれば誤差の範囲でしかなかったのです。

一方、オプションのマーケットメーカーは、ボラティリティトレーダーです。

ボラティリティの変動を絶えず見て、ポジションをカバーしたり勝負したりしている。本源的価値や行使期限までの日数が変わらなければ、オプション価格の変動は、ボラティリティの変化によります。

理論値から出したオプション価格が3銭の相場のとき、5銭や6銭払う人が現れれば「そらボラティリティが理論値以上に跳ね上がったぞ、儲けの大チャンスだぞ。誰か計算のできないアホが入ってきたぞ」と飛びついてくるわけです（笑い）。そのうちに「そのアホはフジマキだ」とマーケットに知れ渡り、ボラティリティ理論値以上に跳ね上がると「あ、フジマキがマーケットに出ている」と市場にすぐ知れ渡るようになったのです。国内でも海外でも、です。ボラティリティトレーダーは過去のボラティリティが継続するとの前提で価格を出すのですが、私はボラティリティが大きく変わると読んだから購入したと考えてもいいのかもしれません。

## 私が自分のポジションを公表していた理由

私はJPモルガンでは、世界最大の勝負をさせてもらっていた人間です。いわば社内ヘッジファンド（当時の米銀には許されていました）であり、著名ヘッジファンドのオーナーたちと同じくらいの勝負をさせてもらっていたのです。クォンタム・ファンドのスタンリー・ドラッケンミラー氏、ポール・チューダー・ジョーンズ氏、ルイス・ベーコン氏、ニック・ロディティ氏らからは頻繁に電話がかかってきて意見交換をしたり、彼らが来日したときは必ず私のオフィスを訪ねてきてくれたものです。

　出張の際には、彼らのオフィスもよく訪ねました。ところで、私が彼らと違っていたのは「自分のポジションを公言していた」ことです。プロパガンダと名づけ、ポジショントークであることを明示しながら、マーケットに対する意見を公表していたのです。普通リスクテイカーが自分のポジションを明示することは絶対にありません。

　例えば、リスクテイカーの誰かが「ドルを売るチャンスだ」といえば、市場のプロは「あ、彼は安いところで買いたいのだな」と思うのが普通です。売りたいのに自分で売る前に「ドルを売るチャンスだ」と公言し、ドルの価格を下げてしまっては、自分で自分の首を絞めるようなものです。そんなアホなことはしません。

　しかし私は自身のポジション（＝勝負内容）を公言していました。それはまずは「ＪＰモルガンのお客さんが私のポジションを聞きたがり、話すことによりＪＰモルガンのビジネスにつながった」からです。とはいえ、それは一種のノーブル・オブリゲーションにすぎず、ＪＰモルガンのビジネスにはつながっても、私のボーナスが増えるわけでもなかったのです。それでも私が自分の勝負内容を公言したのは「自分の利益につながった」からにほかなりません。

　私がＪＧＢ（日本国債）を売るべきだといえば（もちろん売った後で、です）、世界の投資家が皆、私についてきてくれたからです。個別株でこれをやると、力ずくでできるので相場操縦といわれる可能性大なのですが、私がやっているのはインデックス投資における取引です。

国家であろうと、どんな巨大な組織であろうと、指数は動かせるものではありません。

昔ＰＫＯといって、日本政府が株価安定のために、年金のお金を使って市場に買い介入をしました。そうすると、日経２２５は逆に下がったものです。政府でさえ日本の株式市場全体をコントロールできなかった証拠です。市場参加者は「年金という買い手がいるうちに売ってしまおう」と思ったのでしょう。ということで、どんな組織でも指数は動かせないというのが当時の世界の常識だったのです。ある個人のマーケット予想に、自由意志で他の投資家がついてくることは、相場操縦とはいえません。

米国の弁護士に「フジマキのやっていることは、合法的相場操縦だな」といわれたこともあります（注：当時は考えられないことでしたが、今の国債市場では、日銀がモンスターとなり、完璧に市場を押さえつけています。市場原理の働かない〈＝損する、儲かるの基準で行動しない〉機関が市場の7割、8割を買い占めると、国債先物市場でもコントロールできる場合があるようです。もうすぐ、その咎《とが》を受けるとは思いますが）。

私が日本国債先物を買った後、「これから日本国債が上がるぞ（＝金利低下）」と発言すると、皆同じ行動を取ってくれるので価格が上がり、儲かります。

それは私がデイトレーダーのような短期トレーダーではなく、長期で勝負をするトレーダーだと皆が理解していたのが一つの理由でしょう。少しくらい値が上昇しても、フジマキが売りにくることはない、と読んでいるわけです。そして2つ目の理由が私自身が売りたいがために「値が上がるぞ」とはいわないことを市場関係者（特に外国人）が理解してくれていたからです。それは主として、オプションでポジションを取っていたからなのです。

その説明のために、デルタの話をします。オプションにおいてデルタとは「原資産（先物）が動いたときに、オプションの価格がどのくらい動くかを表す変化率」のことです。一度オプションを買い、現資産の価格がその方向通りに動いていくと（＝コールオプションなら価格が上がっていくと、プットオプションだと価格が下がっていくと）、デルタの値が大きくなっていきます。マーケットには出ていかなくても、発言通りのポジションが大きくなっていくということです。

本源的価値がマイナス（行使価格が現物より、離れているところ）のオプションをかなり買っていましたが、それが行使価格に近づくと、デルタが急速に大きくなっていくのです。逆に外れると小さくなっていきます。予想が外れたからといってフジマキがマーケットに出ていって反対取引をすることはないと、マーケットは知っていたのです。予想が外れた場合は自然にデルタが縮小していき、最後は失効してしまうからです。

充分儲かった後は利益確定の売りを入れますが、大きく動くまで、私は発言と反対方向の行動は起こしません。

ですから「フジマキは自分がやりたいことと反対のことを大声でいう、売りたいがために『値が上がるぞ』、買いたいがために『値が下がるぞ』とはいわない」人間だとの定評が立ったのです。だから皆が私についてきてくれたのです。オプションで勝負していたがゆえに、市場の多くの人がフォロワーになって軍団ができたのです。

ちなみにＪＰモルガンをやめた後、私が「国債価格が下がるぞ」と発言すると国債価格は上がり、私が「日経２２５が上がるぞ」と発言すると日経２２５は下がりました。私の発言と逆の方向に動くのです。「常勝将軍といわれていた私は何だったのだ〜？」と考えていて、わかりました。「ディーラー現役のときは、私の予想を聞いてマーケットが動いていると思っていたが、違ったのだ。私の背後にあるＪＰモルガンのお金の威力になびいていたのだ！（発言通りに大きなお金を動かしていたから、マーケットは動く。その動きを読む人がいて、フジマキに同調する）。この発見をテニスのときに（マーケット経験のある）ミヤベ先輩に話したところ、大いに褒められました。「フジマキ君はさすがだ！　普通の人なら、それを理解するのに10年かかるのに、君はたったの7年で理解した」ですと。アチャー！　でした（笑い）。

# 第11章　為替オプションをマスターする

## 為替オプションが魅力的なワケ

為替のオプションは取引所がないため、銀行や証券会社との相対取引になります。

そのせいか、為替のオプションは個人投資家はなかなかできないのではないかと思います。

証券会社や銀行は、なかなか相対取引の相手になってくれないようです。金融庁を怖がっているのかな？　とも思います。オプションと聞くと、金融庁も世間も「素人をだますことに使われる」と思いこんでしまっているのでしょうかね～？　私は金融庁も「買いだけに絞って」、個人投資家も自由に取引できるようにすればいいのにと思います。特に為替のオプションはXデイが来るかもしれないというようなときには、自分を守る最高のヘッジ手段だと考えています。

何度も申し上げるように支払ったプレミアム以上に損はしないのですから、リスクコントロールは簡単です。ただ「売り」は、保険屋さんになるのと同じだから危険です。

私が損をしても「証券会社がフジマキをだましている」などとは金融庁は絶対思わないでしょうが（笑い）。友人にも「為替オプションはこういう時代には魅力的だぞ」と勧めても、残念ながら、相手になってくれる金融機関がないという話でした。大企業だとやってくれる可能性もあるので、大企業のサラリーマンなら勉強しておくべきでしょう。

私は日銀が債務超過になる可能性が高く、そのときは円が暴落すると思っているので、為替オプションにすごく魅力を感じるのです。今直物は、107円ですが、例えば権利行使価格が、120円とか130円とか140円とかでドルを買う為替オプション（140円でドルを買うオプションとは、1ドル＝140円でドルを買って円を売るので「ドルコール／円プット」といいます）など面白いですね。この1〜2年為替マーケットはほとんど動いていないので、オプション料がすごく安いのです。特に、現在の直物からかけ離れている行使価格（＝アウト・オブ・ザ・マネーといいます）のオプションは、ものすごく安いですね。

## 為替オプションの損益図

直物が107円のとき、行使期間が半年後の1ドル＝120円のドルコール／円プットを、20万円のプレミアム（オプション料）で、100万ドル買ったとします。損益図は図表11－1

## 図表11-1　為替オプションの損益図

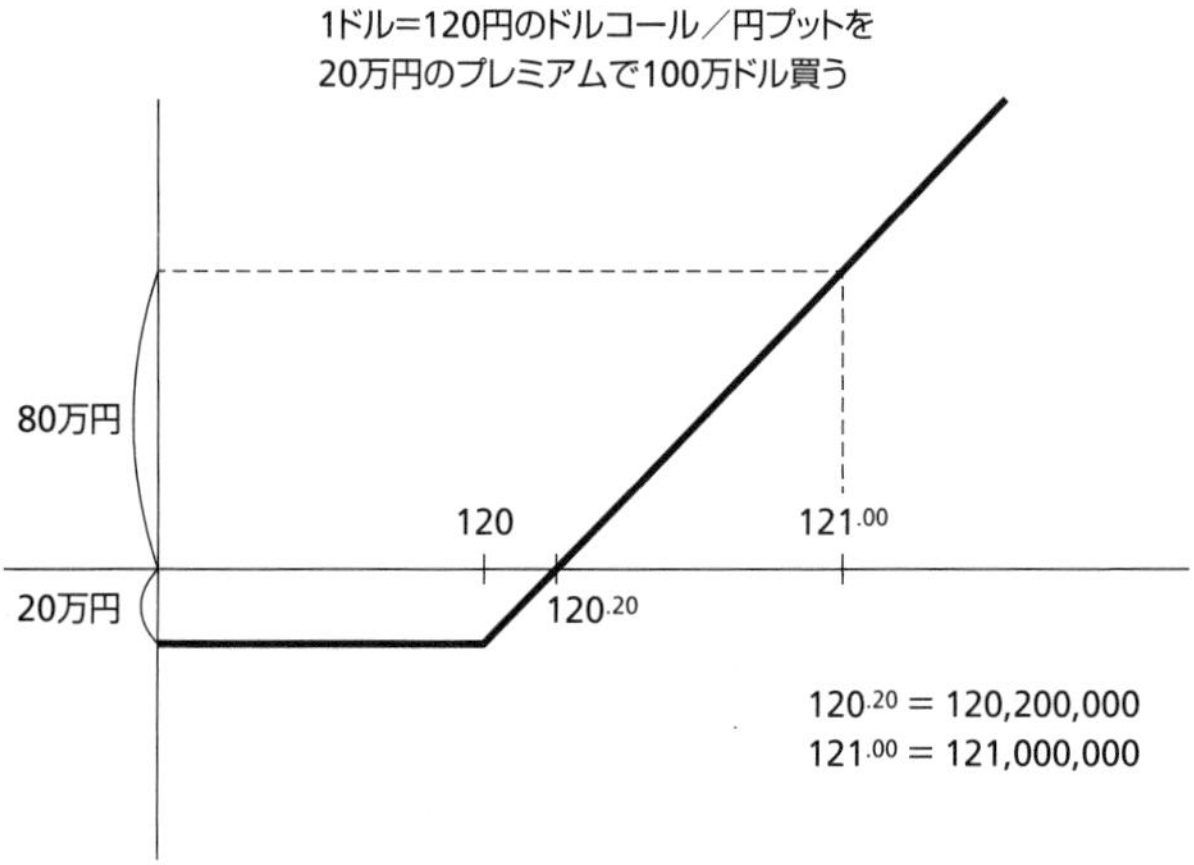


の通りです。
行使価格は120円ですから、それよりドル／円が高いところは45度の直線です。直物のドル／円が120円以下だったら20万円の損。しかし1ドル＝120円を超えてくると、利益が出始めます。
例えば直物が121円になったら、1ドル＝120円で買う権利を行使して100万ドル買い（相手に1億2000万円支払）、その100万ドルを直物市場で売ります（1億2100万円受け取り）。結果100万円の儲けです。ただしこのオプション購入に20万円かかっているので、100万円－20万円で80万円の純利益となるのです。
例えば円が急落して、130円になったとしましょう。そうすると100万ドルですから、

1000万円儲かるわけです。20万円購入時に払っていますから、純利益は980万円となります。

**Q** 国債暴落への備えとして先物やオプション取引は非常に有効だと思いますが、どのタイミングで仕込めばよいとお考えですか？　今のうちからやっておくのか、あるいは、何かのサインがあったときなのか、もしそうならどんなサインを見ればよいか、教えていただけると幸いです。

**A** Xデイが10年も先だったら話は別ですが、それほど遠くないのなら、債券先物、またはミニ債券先物で、もう売りポジションを作っておいてもいいのではないかと考えています。講義の中でお話ししたと思いますが、売りとは資金調達なのですよ。

今は金利が低いですから、調達コストはかなり安いということです。ですから、売ったままで、売りポジションを長く放置しておいても、そうめちゃくちゃに高いコストはかかりません(限月を先にのばしていくときの手数料は、それなりにかかります)。

また、オプションに関しても、講義のときにお話ししましたけど、今までマーケットが平静だったので、ボラティリティが非常に低かったわけで、今、プレミアムが極めて安い状態です。

安い価格で仕入れて、ドカッと大きい動きをカバーできるのは魅力的です。ドカッ、と大きい動きが予想されるのなら、行使価格が現物より、かなり離れているところのオプションの購入は、価格がかなり安くなるがゆえにとても魅力的かもしれません。

そこまで為替が大きく動かなければ、プレミアムは損となりますが、自分の全財産に対する保険料と考えてもいいかと思います。

逆にいえば、それくらいの範囲に抑えておいたほうがいいのかもしれません。皆さんは損失に慣れた（＝損に対する耐性を鍛えられた）プロではないので。

ところで債券先物のプットオプションの購入は、当たれば「宝くじ」になりますが、現在は翌月の取引しかないようなので、いくら少額とはいえ、毎月「スカ」が続くと嫌になってしまうかもしれません。その意味では、いつ始めるかは難しいところです。

# 第12章 暗号資産をマスターする

## 先が読めない時代に有効なビットコイン

暗号資産も今、学ぶべき金融商品だと思いますし、将来は広く決済にも使われるようになるとも考えています。

ただ当面は、一部の通貨、例えばデジタルゴールドともいわれるビットコイン等は、インフレヘッジ用としての意義があると思っています。またビットコイン以外でも、流動性のある暗号資産は避難通貨としての役割があると思います。

コロナ禍に伴い、世界中の中央銀行が資金供給を行い、今、世界中でお金がじゃぶじゃぶです。すべての国の法定通貨の価値が下がっていく。金の価格や株価が上昇しているのは、そのせいだと思います。発行上限のあるビットコインは、金や株と同じ観点から魅力的なのです。

## 避難通貨として重要な暗号資産

また、いざというとき、海外に資金を逃がす方法として暗号資産は有効でしょう。Xデイが近いとなると、最終的には海外にお金を逃がすのが最も安全なのですが、一般的な日本人が海外にお金を逃がすのは非常に難しい。海外の銀行は、今マネーロンダリングのチェックが厳しくて口座を簡単には開けないからです。開いても英語や最低限の金融知識がないと、保持することさえ大変です。そうなると暗号資産は、海外送金の一つの手法かなと思います。

２０１３年のキプロス危機の際には、預金引出制限や海外送金制限など資本規制が行われたのですが、それを察知したキプロスの富裕層や、キプロスをタックスヘイブンとして利用していたロシア人が、「これは大変」と仮想通貨を買って、海外にお金を逃がしました。

その例からしても、暗号資産は避難通貨になりうると思うのです。

## 口座開設と購入訓練はお早めに

このような意味から、現時点では避難通貨として買っておいてもいいのかな、と思っています。

暗号資産は口座開設に結構な時間がかかります。取引業者によっても違うでしょうが、申し込んだ後、葉書で住所確認などが行われるので、口座開設までに1週間や2週間はかかるはずです。ましてやXデイが来そうになれば、申し込みが殺到し、さらに時間がかかると思います。口座開設が終わったときには、すべてが「後の祭り」にならないようにしたいものです。

私は暗号資産の口座開設は息子にやってもらいましたが、パソコンやスマホからの申し込みは、お年を召された方には大変かもしれません。しかし、ITに慣れた若い方には簡単ですから、私のように若い方にお願いしてみるといいと思います。

また口座ができたら、何回か購入の練習をしておくといいでしょう。パソコンかスマホを使って売買します。まずは銀行から取引業者への送金です。少額送金をして、その後、1000円でも5000円でも自分で購入してみてください。こういう取引は、何度かやってみないとわからないものです。

これ自体にはお金も時間も、そうかかるものではありません。ならば用意できるものは用意するに越したことはないのです。暗号資産は全く信用できないという方もいらっしゃるかもしれませんが、試しにやってみて、それでもやはり「こんなものはダメだ」と思うのでしたら、そこでやめればいいわけで、やってみる前から否定する必要はないと思います。

## ブロックチェーンを支える暗号資産

私は、今の暗号資産の最大の価値は、避難通貨としての役割だと思っています。

しかし、将来的には違う意味で、大変重要だと考えています。ブロックチェーンはインターネットの次の革命といわれています。そのブロックチェーンと暗号資産の関係は、コインの裏表の関係なのです。

政治家の多くは「ブロックチェーンは発展させるべき。しかし暗号資産は、はてなマークだ」といって暗号資産に疑問を持っているようです。しかしそんな都合のいい話はありません。

ブロックチェーン、特にパブリック型のブロックチェーンには、暗号資産が不可欠なのです。ブロックチェーンは中央管理者がいないシステムですが、システムは誰かが管理しなくてはいけない。その管理をするのが、マイニングといって暗号資産を掘り出す人たちです。

「新しい暗号資産を作り出す」ことを報酬として、このシステムを保守してくれているのです。管理者が絶えず面倒を見てくれてこそ、システムは成り立ちます。そういう意味で、暗号資産とブロックチェーンは表裏の関係なのです。次の革命であるブロックチェーンを発展させるためには、暗号資産を発展させる必要があるのです。

## 暗号資産は貿易の決済手段として優れている

暗号資産は、貿易の決済手段として、法定通貨より優れていると思います。まず法定通貨での国際間の決済は、コストが高い。外国への送金手数料が高いことは、経験してご存じの方も多いのではないでしょうか。

そしてより重要なのは、今の法定通貨での決済には近所に銀行があること、銀行に口座を持っていることが不可欠の点です。日本人には信じられないかもしれませんが、世界には銀行口座を持っていない人が17億人もいるといわれています。そういう人たちは今、世界の貿易からは、つまはじきにされているのです。

私が、フィリピンからバナナを3房買ったとします。フィリピンには、銀行のない地域がいくつもあるそうです。そういう人たちに、私はバナナ代を支払いようがない。まさか日本の銀行で円をフィリピンペソに替えて、そのペソを郵便で送るなんてことはできません。しかし、暗号資産ですと、スマホさえ持っていれば、決済ができるのです。今どきスマホを持っていない人は世界でも少ないのです。

また暗号資産の送金手数料は、極めて安い。バナナを日本に送る費用はかかるかもしれないにしろ、決済費用はほぼないに等しくなります。そういう面で17億人が世界の貿易に参加できるのです。

米国議会で「暗号資産の税制をどうするか」という公聴会が開かれたことがあります。公聴人の一人が「暗号資産に関しては無税であるべき」と主張しました。その人の「何であっても、競争によって人類にとって最も効率的で安価なシステムができあがる。決済も同じで法定通貨に独占させておくことはよくない。決済にも競争が必要だ。だから暗号資産も無税にすべきだ」との発言を聞いたときは「目からうろこ」でした。米国人が「競争を貴《とうと》ぶ」精神こそ、米国の強さの源泉であることを再認識した次第です。

確かに決済は、法定通貨に限定する必要はないでしょう。決済手段としては、安く、かつ17億人を世界貿易に組み込む暗号資産のほうが優れていると思います。

そう考えると、暗号資産の未来は明るいと思うのです。とりあえずは避難通貨として、将来的には極めて優秀な安い決済システムとして、ということを考えての私の判断です。

## 日銀デジタルの仕組みとは

2020年7月14日の日経新聞1面に「政府の骨太の方針に『中銀デジタル通貨の検討』が明記される」という記事が載っていました。日銀デジタルと暗号資産とは何が違うのでしょうか。暗号資産は、ブロックチェーンの技術を使いますが、中央管理者がいません。暗号資産を掘り出す人、すなわち発掘する人たちがそのシステムを保守・管理しているのです。一方、この日経新聞に出ていた日銀デジタルには日銀という管理者がいます。そこが最も大きな違いです。

それでは、日銀デジタルとは具体的にどういうモノか？　皆さんは例えばＳｕｉｃａ《スイカ》とか

ＰＡＳＭＯ《パスモ》などのＩＣカードを保有していると思います。ほぼあれと同じです。ただＳｕｉｃａとかＰＡＳＭＯは民間の会社が管理し、入出金は民間の銀行を通して行います。ＰＡＳＭＯは株式会社パスモが発行しています。駅でＰＡＳＭＯに現金をチャージすると、株式会社パスモが使っている銀行（どこだか知りませんが、みずほ銀行だとします）に入金され、後に株式会社パスモの口座からサービスを提供した会社（例えば東急電鉄）の口座に振り込まれます。みずほ銀行という民間銀行を通じて、決済が行われるわけです。

また、残高が少なくなると自動的にチャージされ、それが皆さんのクレジットカード利用額として引き落とされるサービスもあります。それは皆さんの銀行口座からカード会社の銀行口座に資金が振り込まれ、さらにサービス提供会社（例えば東急電鉄）の銀行口座に振り込まれるのです。このようにＳｕｉｃａやＰＡＳＭＯは民間銀行を通じた決済を行っているのです。

一方、日銀デジタルになると、日本人全員、全企業が日銀に口座を持つことになります。

現在、日銀に口座を持てるのは政府のほかに、銀行、証券会社、短資業者など限られた企業だけですが、日銀デジタルが使われるようになると、日本人全員、そして全企業が日銀に口座を持つことになります。民間銀行を通さずに決済が行われるわけです。

ただ、これは貿易には使えません。私にバナナを売ってくれたフィリピン人は日銀に口座を持っていないからです。ですから、貿易は暗号資産、国内取引は暗号資産と日銀デジタルの併用時代が来るのではないかと思っています。

## 日銀デジタルのメリットとは

日銀デジタルになると銀行がなくなるのでは？　との質問をよく受けます。銀行はなくなりません。日銀は貸し出し業務はやらないからです。したがって銀行には預金集め業務や国内送金業務はなくなっても、貸し出し業務が残るのです。

銀行は日銀から日銀デジタルを借りて、それを融資に回すという機関に変わるのだと思います。ただ、そういう機関は法律上、銀行とはいわないので、「銀行は貸金業者に変わる」というのが正しい表現かもしれません。

私が「現在の日銀はつぶさざるを得ないと思っている」ことはすでにお話ししました。

現在の日銀には、じゃぶじゃぶにばらまいた紙幣の回収方法も、政策金利を上げる方法もないからです。新しい中央銀行と新しい紙幣を作るか、現在の円紙幣を無効にして新しい紙幣を発行するしか「異次元緩和からの出口」はないと思うからです。

新しい中央銀行が、紙幣の代わりに日銀デジタルを発行したら、どんなメリットがあるのでしょうか？

現在の中央銀行が、単なる「政府の紙幣印刷所」から、昔のような「金融政策決定機関」に戻れるのが最大のメリットだと思っています。

日銀デジタルだと現物がないので、タンス預金ができません。したがって、以前、私がお話しした「マイナス金利政策」が可能になるのです。ハイパーインフレという副作用しかない「異次元緩和」の代わりに、私が二十数年前から主張していた「マイナス金利政策」でデフレから容易に脱却できるのです。その意味で、日銀デジタルは、日銀にとって非常に重要なツールだと思います。

マイナス金利政策と、そのためのデジタル通貨の必要性については、世界的な米国の経済雑誌に論考を載せたこともあります。それを読んでいただいたのか否かは知りませんが、ハーバード大学のロゴフ教授も同じような主張を始められました。

預金金利もマイナスになるといって反対する人は多いのですが、そのことによって景気がよくなるのであれば、短い期間の預金のマイナスなど大した問題ではないでしょう。Xデイが来て、ハイパーインフレでとんでもない時代を経験すれば、国民も導入に賛成するようになると思うのです。異次元緩和と、それに続くハイパーインフレよりよほどマシですから。

## フェイスブックが作ったLibraはどうなるか

Libra《リブラ》にも注目しておくべきでしょう。フェイスブックが作ろうとしている暗号資産です。

ただ、いろいろな国から反対があり、一歩後退した観はあります。

当初は単一の暗号資産として発行する計画だったのですが、各国政府の抵抗にあってからは、主要通貨に連動する複数の暗号資産を発行するというように後退してしまったみたいです。ドル Libra とかユーロ Libra とかシンガポールドル Libra とかですね。

ところが円 Libra は発表されていないのです。シンガポールドル Libra の発行が決まっているのに、です。円 Libra は見捨てられたのでは、などという話も出ているようです。税制改革なくしては、日本は暗号資産に関しても世界に後れをとると危惧します。

**Q　Xデイに備えて、個人レベルで資産を守るための具体的な対策プランを教えてください。**

**A**　基本は、ドル資産と仮想通貨を買っておくこと。そのうえでの話ですが、Xデイが来れば、まずは日本売りが起きるでしょう。為替で円が売られ、株価が下がり、債券価格が大幅下落（＝長期金利が暴騰）。ですから、それに合わせた商品を選べばいいと思います。

株でしたら、株先物の売り。ミニ先物でもＯＫです。日経２２５プットオプションの購入、債券先物の売り、債券のプットオプションの買い。為替ならＦＸでドルの直物売り、ドルコール／円プットの買い、などでしょうか。

皆さん自身がオプションや先物を使うのが怖ければ、そのようなものを組み込んだ投資信託もあります。

債券ベアファンドは債券価格が下落（＝長期金利が上昇）したときに儲かる商品ですし、「ドルが上がって円が安くなると儲かる」ドルブルファンドもあります。2～3倍のレバレッジが効いているようです。1000ドル分買うと、1000ドルのドル／円のポジション（注：勝負が継続している状態を「ポジションを持つ」といいます）ではなく、2000ドルのポジションになる効果があります。為替が1円動くと2倍、または3倍動く効果を持った投資信託が売られています。

**Q** **仮想通貨には様々な種類がありますが、ビットコインなどの評価をお聞かせください。**

**A** 仮想通貨にはいろんな種類があり、その性格も違っています。例えばご質問のビットコインはデジタルゴールドといわれていて、金と同じような存在です。また決済通貨として、非常に期待される暗号資産もあります。

ビットコインの価格が今、上昇しているのは株とか金と同じ理由だと思います。世界的に財政ファイナンスをしているので、法定通貨の価値低下（＝インフレ）を世界の投資家が予想しているからでしょう。現在で考えれば、避難通貨となりうる暗号資産を推奨します。避難通貨になるために流動性が必要です。ビットコインのほかにイーサリアムとかリップル、Libra等が流動性のある暗号資産といえるでしょう。

**Q** ジム・ロジャーズ氏はビットコインに代表される仮想通貨（暗号資産）はいずれ衰退し、すべてがゼロになるだろうと考えているそうです。その理由は、「本物のマネーとして成功するようになったら、政府は仮想通貨を違法な存在にして排除するようになるだろう。政府のコントロールが利かないところで、私たちが勝手にマネーを動かすことは許しがたいからだ」と。将来の備えとしてビットコイン（暗号資産）の取得を考えていましたが、ビットコインは選択しないほうがよいのでしょうか？

**A** ご自身で暗号通貨を経験されてから、判断されるとよろしいでしょう。
確かに通貨発行益がなくなるとか、金融政策が働かなくなるとかで、各国政府は嫌がるとは思いますが、便利で効率的なものを人々が使うのを禁止することは、政府にもできないと考えています。世界には17億人も銀行口座を持っていない人がいます。彼らは現在、世界の貿易から除外されているわけですが、彼らが世界貿易に組み込まれるメリットを排除することは政府といえどもできないと思います。独裁国家ではないのですから。

ベネズエラ人はハイパーインフレが来たとき、自国通貨を誰も使いませんでした。政府が決済通貨として使用を禁止していたドルを使っていたわけですが、最終的には、政府もやむなく、ドルを法定通貨の一つとして認めざるを得なくなったのです。

通貨は、相手が受け取らなかったら、いくら「法定通貨だからこれを使え」といっても、通貨の役割を果たしません。世界中が、決済に暗号資産を使用するようになれば、政府でも禁止は無理でしょう。

特に今みたいに財政ファイナンスで法定通貨の価値が下落している状況では、ヘッジの一つとして世界中で使われていくのではないかと思います。

## 著者略歴

### 藤巻健史《ふじまきたけし》

一九五〇年、東京生まれ。一橋大学商学部を卒業後、三井信託銀行に入行。一九八〇年、行費留学にて米国ノースウエスタン大学大学院ケロッグ・スクールでMBAを取得。帰国後、三井信託銀行本店外国部、ロンドン支店勤務等を経て、一九八五年に米モルガン銀行(現JPモルガン・チェース銀行)に転職。同行で資金為替部長、東京支店長兼在日代表などを歴任し、東京市場屈指のディーラーとして世界に名を轟かせ、JPモルガンの会長から「伝説のディーラー」と称された。二〇〇〇年、モルガン銀行を退職後、世界的投資家ジョージ・ソロス氏のアドバイザーを務めたほか、一橋大学経済学部で十三年間、早稲田大学大学院商学研究科で六年間、半年単位の講座を受け持つ。日本金融学会所属。現在(株)フジマキ・ジャパン代表取締役。東洋学園大学理事。二〇一三年から一九年までは参議院議員を務めた。二〇二〇年に旭日中綬章を受章。

幻冬舎新書 610

藤巻健史の資産運用大全

二〇二一年一月二十五日　第一刷発行

著者　藤巻健史
発行人　志儀保博
編集人　小木田順子
編集者　四本恭子
発行所　株式会社　幻冬舎
〒一五一―〇〇五一　東京都渋谷区千駄ヶ谷四―九―七
電話　〇三―五四一一―六二一一（編集）
〇三―五四一一―六二二二（営業）
振替　〇〇一二〇―八―七六七六四三
ブックデザイン　鈴木成一デザイン室
印刷・製本所　中央精版印刷株式会社


Printed in Japan　ISBN978-4-344-98612-1 C0295
ふ-20-1

幻冬舎ホームページアドレス https://www.gentosha.co.jp/
＊この本に関するご意見・ご感想をメールでお寄せいただく場合は、comment@gentosha.co.jp まで。

# 幻冬舎新書

## ずば抜けた結果の投資のプロだけが気づいていること
「すごい会社」の見つけ方

苦瓜達郎

2017年までの6年連続で「最優秀ファンド賞」「優秀ファンド賞」を受賞し、過去1年間の運用実績が年44・3%というシニア・ファンドマネジャー。その投資法を余すところなく語り尽くす。

## 生命保険はヒドい。騙しだ

副島隆彦

日本のセイホは欧米に比べ、客の取り分がものすごく小さい。25年間、払った1400万円もほぼパーだ。無知で保険会社のいいようにされてきた恥の経緯を晒した〝実録・私がバカでした〟読本。

## お金が貯まる5つの習慣
節約・投資・教育・計算そして感謝

平林亮子

「タバコを吸わない」「宝くじを買わない」「食事はワリカンにせずオゴル」「いつもニコニコする」など、公認会計士として多くの金持ちと付き合う著者が間近で見て体得した、お金操縦法を伝授！

## 貧乏国ニッポン
ますます転落する国でどう生きるか

加谷珪一

コロナ不況で戦後最悪といわれる日本経済。しかし実は以前から、低物価・低賃金・低成長と、先進国としての地位も揺らいでいた。私達はどうしたら生き残れるか？　データで示す衝撃の現実と打開策。

# 幻冬舎新書